ララチッタ

Honolulu

ホノルル

ララチッタとはイタリア語の「街＝La Citta」と、
軽快に旅を楽しむイメージを重ねた言葉です。
きれいなビーチに、買い物スポット
おいしいスイーツやかわいい雑貨など…
大人女子が知りたい旅のテーマを集めました。

ララチッタ ホノルル

CONTENTS

Relaxation
リラックス

Area Guide
人気エリア

Travel Information
トラベルインフォメーション

付録MAP

マークの見かた

㊋ 交通
㊟ 住所
☎ 電話番号
㊕ 開館時間、営業時間
㊡ 休み
㊮ 料金
㊮ 予約が必要。または予約することが望ましい
㊐ 日本語スタッフがいる
㊐ 日本語メニューがある
㊖ 英語スタッフがいる
㊖ 英語メニューがある
ドレスコードがある
カード クレジットカードでの支払い不可

その他の注意事項

●この本に掲載した記事やデータは、2023年6月の取材、調査に基づいたものです。発行後に料金、営業時間、定休日、メニュー等が変更になることや、臨時休業等で利用できない場合があります。また、各種データを含めた掲載内容の正確性には万全を期しておりますが、お出かけの際には電話等で確認・予約されることをおすすめいたします。なお、本書に掲載された内容による損害等は、弊社では補償いたしかねますので、予めご了承くださいますようお願いいたします。
●本書掲載の電話番号は特記以外、現地の番号です。すべて市外局番から記載しております。
●休みは基本的に定休日のみを表示し、年末年始や復活祭、クリスマス、国の記念日など祝祭日については省略しています。
●料金は基本的に大人料金を掲載しています。

事前にチェックしよう！

ホノルル早わかり

日本はもとより世界中からバカンス客が集まるハワイ・オアフ島。その中心部ホノルルはエリアによって魅力が多様化しているので、ここでバッチリ旅の予習をしましょう。

基本情報

国名：アメリカ合衆国
ハワイ州　州都：ホノルル
人口（オアフ島）：約91万2000人（2023年）
面積（オアフ島）：約1548㎢
時差：マイナス19時間
通貨：ドル（$）。$1＝約142円（2023年8月現在）

1 ノースショア／ハレイワ
カイルア 2
コオリナ 3
4 ホノルル
N

世界中のサーファー憧れの街

1 ノースショア／ハレイワ →P120

North Shore/ Haleiwa

ノースショアには世界有数のサーフスポットが点在。ノスタルジックな趣を残すハレイワの街歩きも魅力的だ。

1：古き良きハワイの風情を残す街並み。サーフショップをのぞいたり、シェイブアイスなど名物グルメを楽しみたい　2：ノースショアへの快適なドライブを楽しみたい

おしゃれロコが憩うビーチタウン

2 カイルア →P118

Kailua

センス抜群のブティックが続々と登場し、おしゃれタウンに急成長。地元誌が注目するレストランやカフェも必見だ。

絵はがきのような美しいカイルア・ビーチでは、さまざまなマリンアクティビティも楽しめる

晴天率No.1のリゾート

3 コオリナ →P124

Ko'Olina

ハワイ初のディズニー・リゾートをはじめ、大型リゾートホテルが立ち並ぶ注目エリア。空港から車で30～40分。

アウラニ・ディズニー・リゾート&スパ コオリナ・ハワイは夢のリゾート

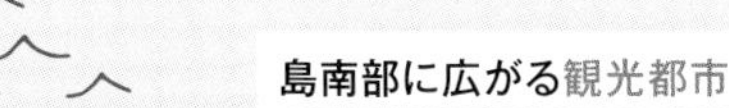

島南部に広がる観光都市

4 ホノルル

Honolulu

ハワイ州の州都で、観光、ショッピング、グルメのすべてが揃う。アラモアナセンターなど大型のショッピング施設や有名ホテルが集中している。

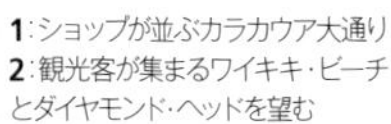

1：ショップが並ぶカラカウア大通り　2：観光客が集まるワイキキ・ビーチとダイヤモンド・ヘッドを望む

ホテルが集中するハワイの中心

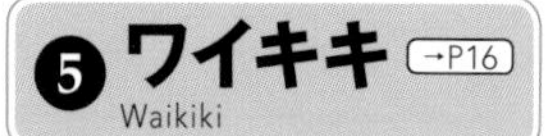

全長約3kmのワイキキ・ビーチに沿ってホテルが林立する島内屈指の繁華街。観光客のほとんどがこの地区に滞在し、昼夜問わず賑わいをみせる。

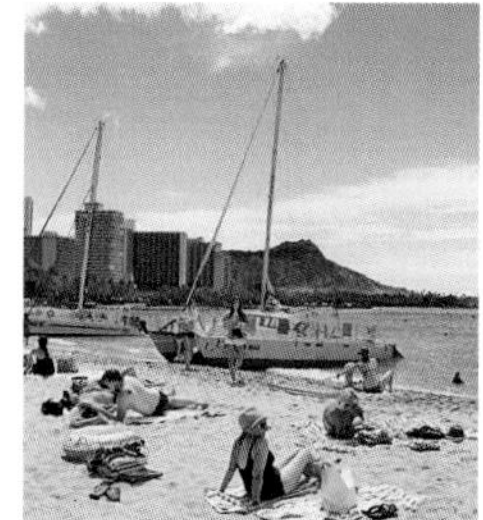

多くの観光客が訪れるワイキキを象徴するビーチ。ビーチ沿いにはホテルが立ち並ぶ

ホノルル屈指の高級住宅街

6 カハラ
Kahala

ワイキキの東、ダイヤモンド・ヘッドを越えた海岸線に豪邸が並ぶエリア。セレブ御用達スーパー、ホールフーズのあるカハラモールが人気。

歴史的建造物と金融街が融合

平日はビジネス街として活気づく、港に面したエリア。イオラニ宮殿やチャイナタウンなど、ハワイの歴史や文化を感じられるスポットも数多い。

官庁やビルが集中する政治・経済を担うオフィス街だが、イオラニ宮殿など歴史的建造物も多く残るエリア

ロコも納得のグルメタウン

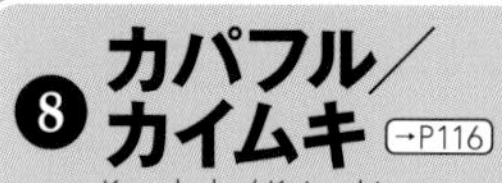

カパフルにはマラサダで有名なレナーズなどローカルフードの名店が揃う。ノスタルジーを感じられるカイムキでも穴場のグルメが楽しめる。

ローカルに愛される小さな店が集まるエリア

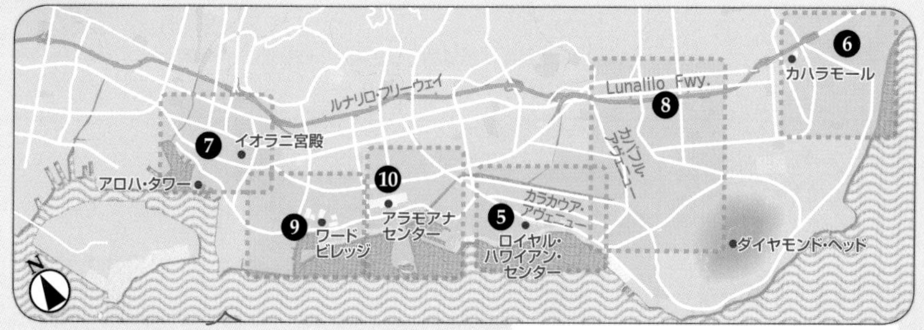

一日中楽しめるお買い物の宝庫

10 アラモアナ
→P42
Ala Moana

ハワイ最大級のショッピングセンター、アラモアナセンターを擁す地区。そのほか周辺には大型スーパーやセレクトショップ、アジアングルメの人気店などが点在する。

アラモアナセンターにはデパートや話題のショップ、各種グルメが充実しており、一日では回りきれないほど

開発が著しい話題のスポット

アラモアナの西に位置する。個性的な店舗が集うワードビレッジや、倉庫街のアートが目を引くカカアコ地区が街歩きのハイライト。

カカアコエリアに点在するウォールアートを見て回るのも楽しい

ホノルルを楽しみつくす！

4泊6日王道モデルプラン

ショッピングスポットにグルメ、マリンアクティビティやロミロミなど、
ハワイでの楽しみ方は盛りだくさん。4泊6日で大満足なプランをご提案。

DAY1

初日はのんびり♪
ワイキキ散策を楽しむ！

9:00
ダニエル・K・イノウエ国際空港に到着

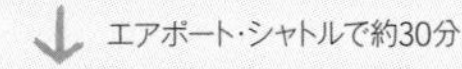
↓ エアポート・シャトルで約30分

11:30
ワイキキのホテルに荷物を預ける
（→P102）

チェックイン前にフロントで荷物を預けよう

↓ 徒歩約5分

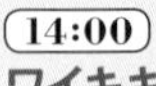
14:00
ワイキキ散策しながらショッピング。ワンピ、水着をGET！（→P38）

ワイキキを散策しながらショッピングスタート！

↓ 徒歩約10分

19:00
ワイキキのサンセットを堪能
（→P16）

美しい夕日を眺めながらビーチでのんびり

↓ 徒歩約10分

19:30
初日の夜はアメリカンなステーキを！
（→P86）

DAY2

海で遊んだあとは
アラモアナセンターで買い物三昧

8:30
朝食はウベ・シナモンロールを堪能
（→P68）

↓ 車で10分

10:30
話題のスタンド・アップ・パドル・ボードに初挑戦！（→P19）

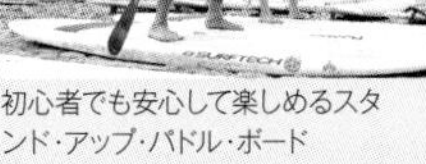
初心者でも安心して楽しめるスタンド・アップ・パドル・ボード

↓ 徒歩20分

13:40
ローカルフードでエネルギーチャージ！
（→P76）

エッグベネディクトも人気

↓ ザ・バスで約20分

14:30
アラモアナセンターでショッピングを満喫！（→P42）

ハワイ最大のショッピングセンターには必ず訪れたい

↓

19:30
「マリポサ」で絶景ディナーを楽しむ（→P47）

「マリポサ」のテラス席は常に人気が高い

アレンジプラン

海派ではなく山派という人は、ダイヤモンド・ヘッド・トレイル（→P25）に行くプランもオススメ。

DAY3
ローカルタウンへ
カイルアで心も体もリラックス

6:30
レンタカーでカイルアへ出発!(→P118)
↓ 車で約30分

7:00
マカプウ岬へのトレッキングで青い海に感動!(→P25)
↓ 車で約25分

10:30
美しいカイルア・ビーチを満喫
↓ 車で約5分

13:00
カイルアタウンを散策(→P118)

真っ白な砂浜が印象的な美しいカイルア・ビーチ

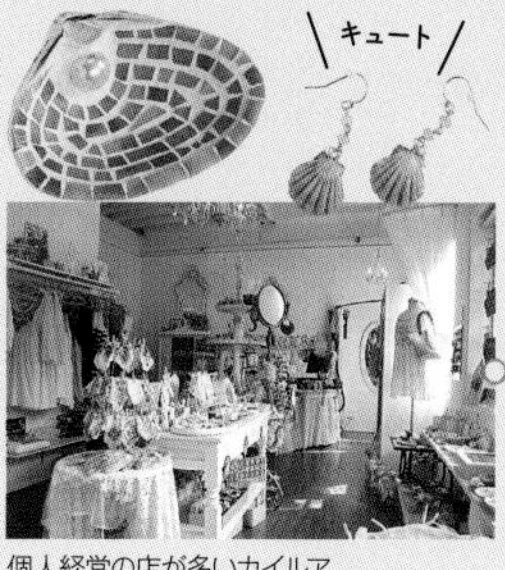
個人経営の店が多いカイルア

マカダミアナッツソースがたっぷりかかったパンケーキは一度は食べたい

DAY4
屋外で過ごす一日
パークヨガで気分爽快!

7:30
サタデー・ファーマーズ・マーケット KCCでハワイの朝市を体験(→P28)
↓ ザ・バスで約15分

9:30
カピオラニ・パークの朝ヨガで心身ともにスッキリ(→P26)
↓ ザ・バスで約20分

14:00
スーパーマーケットでバラマキみやげをゲット(→P64)
↓ 徒歩10分

16:00
ハワイ伝統のロミロミでリラックス(→P98)

ハワイ産の食材が並ぶ朝市は何時間いても楽しい

朝の澄んだ空気の中で行うヨガ

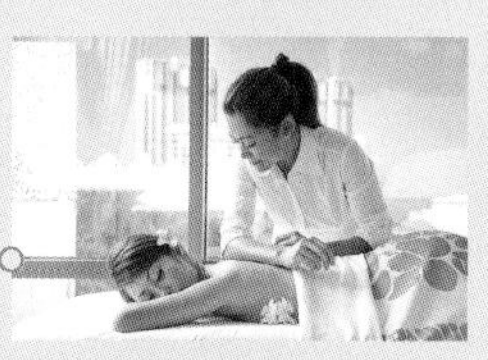
やさしいもみ心地で人気のロミロミ

アレンジプラン
朝早いのは苦手…という人は、サンセットタイムに夕日を見ながら行うヨガもあるので要チェック。

DAY4
最終日はホテルで
優雅なテラス朝食でシメ!

7:00
絶大な人気を誇るパンケーキを(→P71)
↓ エアポート・シャトルで約30分

10:00
ダニエル・K・イノウエ国際空港へ

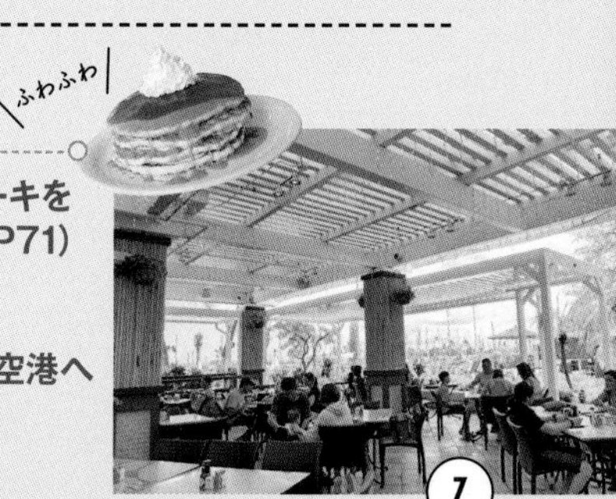

SPECIAL SCENE10

ホノルルで叶えたい♥

とっておきシーン10

圧倒的なスケールの自然に囲まれ、快適な気候に恵まれたハワイ。グルメにショッピング、マリンスポーツやさまざまなエンターテインメントと、魅力が盛りだくさん。なかでも絶対に体験したい10のシーンを厳選しました。

SCENE 1

P16~17

誰もが訪れる
王道ビーチ

ワイキキ・ビーチ

輝く白砂とエメラルドグリーンの海、ヤシの木にカラフルなビーチパラソル。南国リゾート・ハワイを代表するスポットがここ。のんびり昼寝するもよし、マリンアクティビティに挑戦するもよし。トロピカルドリンクを片手に、思い思いに常夏ハワイを満喫したい。

東西3kmに渡って延び、8つのビーチから構成されている定番ビーチ。

大人気のグルメイベント

ファーマーズ・マーケットで食べ歩き

ハワイ各地で開催されているファーマーズ・マーケット。ローカルの農家や食材の生産者が新鮮な野菜、フルーツ、料理を提供している。朝早くから開催しているマーケットもあるので、朝食をここで食べるのもおすすめ。

新鮮な
パイナップルも

ベトナムのサンドイッチなどの軽食から、フレッシュなジュースやスイーツまで、バラエティに富んだ食べ歩きが、なんといってもいちばんの楽しみ!

メイド・イン・ハワイが勢揃い！オアフ島最大規模のサタデー・ファーマーズ・マーケット KCC(→P28)

SCENE 3

P36

夕暮れのなかで
優雅なひととき

フラショーを鑑賞

ワイキキ・ビーチ沿いのホテルのバーやクヒオ・ビーチ、インターナショナル・マーケットプレイスなどではサンセットとともにフラショーを開催。ハワイアン音楽に癒やされながら優雅なショーを鑑賞しよう。

ハウス ウィズアウト ア キー(→P96) では毎日17時30分からライブ演奏、18時からフラショーが行われる

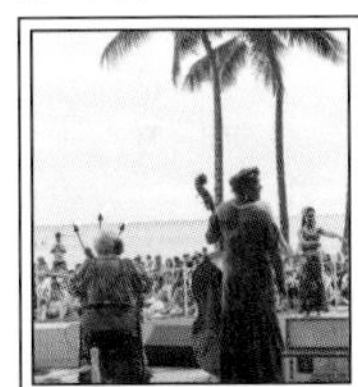

クヒオ・ビーチでも無料のフラショーを開催(→P36)

SCENE 4

P25

絶景を求めて
トレッキングに
トライ!

ダイヤモンド・ヘッド登山

約30万年前の噴火で生まれたダイヤモンド・ヘッドは、ハワイのシンボル的な存在。高低差171m、上りの所要時間は約50分のトレッキングを楽しみたい。頂上から眺めるワイキキの絶景が見事。

歩道は整備されているが、歩きやすい靴と動きやすい格好で出かけよう。日焼け対策も忘れずに

12~3月なら早朝登山で山頂からご来光が見られることも

SCENE 5

P20

白砂がまぶしい
幻のビーチへ

サンドバーで感動体験

オアフ島北東部のカネオヘ湾は、サンゴにブロックされて波がとても穏やか。干潮時にだけ真っ白な砂浜が現れ、周囲のエメラルドグリーンの海がひときわ美しい。

ツアーに参加すれば、ボートから降りてサンドバーを歩いたり、シュノーケルを楽しむこともできる

浅瀬のエメラルドグリーンと水深の深い海域のコバルトブルーの対比もみどころ

SCENE 6

P62~63

買ったり食べたり
一日いても飽きない

スーパーマーケットでお買い物

食品から日用雑貨、地元産の農産物と見ているだけでも楽しくなるスーパーマーケット。ナチュラル志向などこだわりの品揃えの店が次々と登場し、地元客はもちろん観光客にも評判だ。デリなどグルメも充実している。

オリジナルトートも人気商品のひとつ

マウイ島生まれのナチュラルフードストア、ダウン・トゥ・アース(→P63)は地元密着型のスーパーマーケット

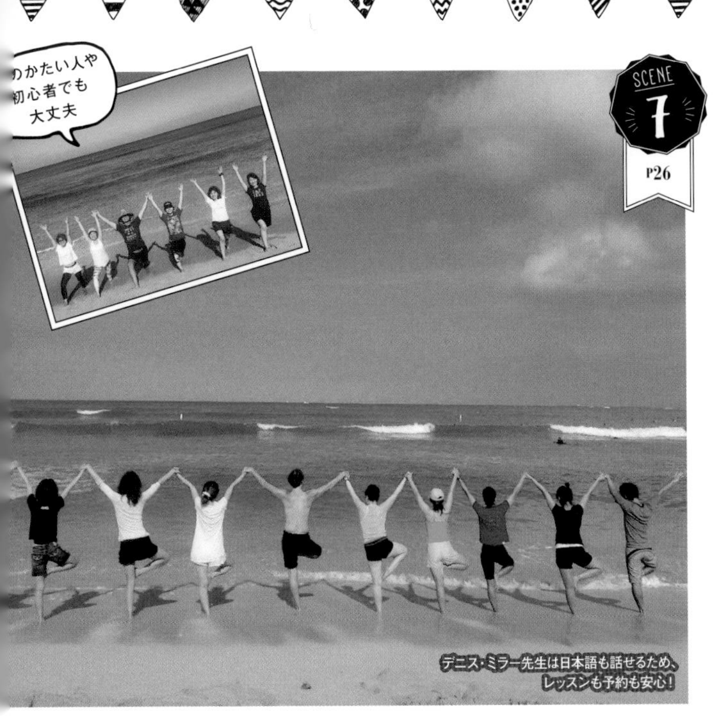

デニス・ミラー先生は日本語も話せるため、レッスンも予約も安心！

早起きが
気持ちいい

ビーチでヨガ

朝の新鮮な空気のなか、体を動かして一日をスタート。素足で踏みしめる砂の感触も気持ちいい。海と大地のエネルギーを取り込めば、心身ともにすっきりと目覚めること間違いなし。

チョコレート・パイナップル・スポーツ・ヨガ・スタジオ
㊋カピオラニ公園 スタンディングサーフスタンディン像前に集合　☎808-922-0171
㊐火・木・土曜7～8時　㊡雨天時は休み　㊙$10（要予約）
※詳細は要問合せ
URL waikikiyoga.com/

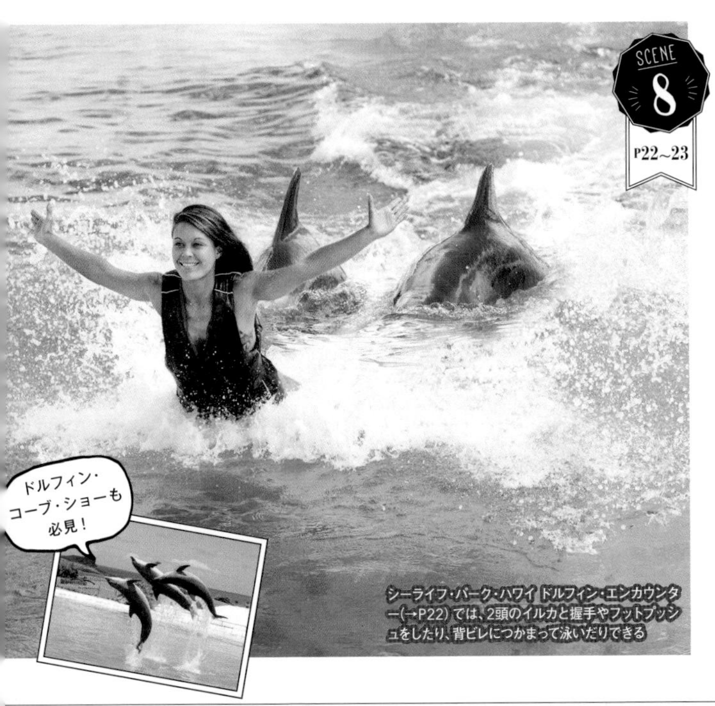

シーライフ・パーク・ハワイ ドルフィン・エンカウンター（→P22）では、2頭のイルカと握手やフットプッシュをしたり、背ビレにつかまって泳いだりできる

海のアイドルに
大接近

イルカと泳ぐ

野生のイルカと出会うなら、遭遇率が98%以上と評判のウエストコーストのツアーに参加しよう。プールで一緒に泳いだりふれあったりする施設も大人気。かしこいイルカに癒やされる。

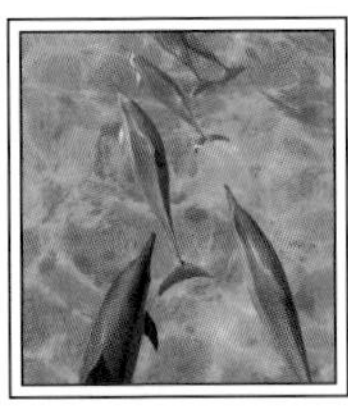
ドルフィン＆ユー（→P23）のツアーで野生のイルカに遭遇

ふわふわで彩り豊か
本場で味わう定番パンケーキ

日本にも次々と上陸したハワイのパンケーキ。ふわふわの生地、フルーツやクリームの華やかなトッピング、個性あふれるソースなど、ひとつとして同じものはない。さて今回はどこへ行く?

王道、エッグスン・シングス(→P47)のパンケーキはクリームのトッピングがたっぷり

カフェ・カイラ(→P70)のパンケーキにはフルーツをトッピングしてカスタマイズできる。写真はフルーツ全部のせ$25.50

海が目の前という格別のシチュエーション
オン・ザ・ビーチの優雅な朝食

朝日が降り注ぐなか、きらきら輝く海を眺めながら、ちょっと贅沢な朝食タイム。パンケーキ、エッグベネディクト、ロコモコ、フレンチトーストなど、お気に入りのメニューを心ゆくまで味わいたい。

ハウ ツリー ラナイの人気メニュー、クラシックエッグベネディクト$20

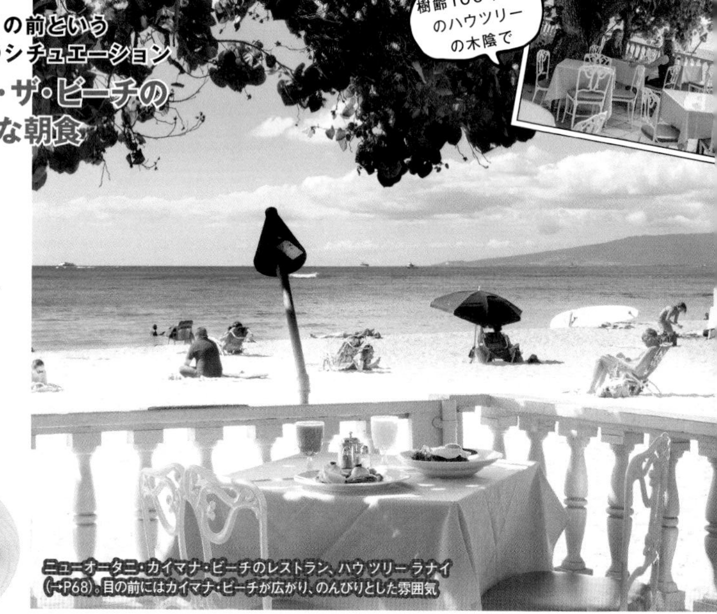

ニュー・オータニ・カイマナ・ビーチのレストラン、ハウ ツリー ラナイ(→P68)。目の前にはカイマナ・ビーチが広がり、のんびりとした雰囲気

Lala Citta Honolulu

Topic 1

ハワイを体感

Activity

きれいなビーチでのんびりリラックス、
緑あふれる山でトレッキングや乗馬に挑戦。
フラやウクレレを学んでみるのも楽しい!

ワイキキを攻略しよう

ワイキキ・ビーチを120%楽しむ♪

全長約3kmのワイキキ・ビーチは、
ハワイの代名詞ともいえる世界有数の観光スポット。
日光浴やマリンアクティビティなど、
気分に合わせた過ごし方で楽しみたい。

1.ワイキキの海をセーリングするカタマランは常時ビーチに係留されている 2.緑あふれるカピオラニ・パーク（付録MAP●P11D4） 3.エメラルドグリーンのカイマナ・ビーチ 4.「サーフィンが大好き」というロコガールたち 5.波打ち際にパラソルとチェアを置いてのんびり過ごすのも贅沢なひととき 6.ペットと散歩する人の姿もよく見かける 7.ピンクのパラソルと青い空のコントラストがきれい 8.人で賑わうクヒオ・ビーチエリア 9.美しいサンセットは滞在中に一度は見たい

ワイキキ・ビーチ

ワイキキ 付録MAP P9D3

Waikiki Beach

誰もが一度は訪れる王道ビーチ

ヤシの木が並び、東にダイヤモンド・ヘッドを望む、ハワイで最も賑わい、そして最も有名なビーチ。全長約3kmと長く、エリアごとに砂浜の様子や楽しみ方が少しずつ違うので散策してみよう。

DATA ㊟カラカウア通り沿いの海側

・ビーチで便利なグッズ

●ココで買えます!

ABCストア38号店

ABC Store #38 付録MAP●P8B4

DATA ㊟205 Lewers St Ⓗインペリアル・ハワイ・リゾート1F ☎808-926-1811 ㊙6時30分～23時 ㊡なし

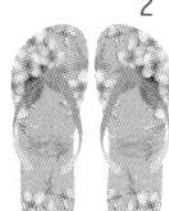

1.ワイキキ最大のコンビニチェーン
2.上品なプルメリア柄のアイランドガール・スリッパ$17.99

・レンタルできる物

ビーチにはパラソルやチェアをレンタルしているショップが多数ある。料金などは事前に確認しておこう。

まめちしき ワイキキ・ビーチの中ほどに、オリンピックの競泳で金メダル3個を含む6個のメダルを獲得したハワイ出身のデューク・カハナモク像（付録MAP●P9D3）が立つ。世界各地にサーフィンを広め近代サーフィンの父ともよばれた。

5

6

7

8

9

手軽にできるアクティビティ

1 サーフィン・レッスン

波の穏やかなワイキキ・ビーチで初心者から上級者まで安心してサーフィンを楽しめるレッスン。所要約85分、要予約。㊎グループレッスン$90〜

2 アウトリガー・カヌー・サーフィン

泳げない人でも楽しめる。所要約30分、要予約。㊎＄35〜（最少催行3人）。ロイヤル・ハワイアンのみ

3 スタンドアップ・パドリング

今や世界中でブームのニューマリンスポーツ。所要約85分、要予約。㊎グループレッスン$90〜

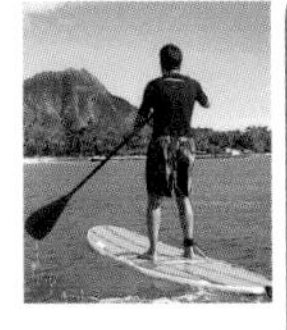

●ココで体験！

ワイキキ・ビーチ・サービス
Waikiki Beach Services
付録MAP●P9C4

1955年に設立。ウォーター・アクティビティのほか、ボードのレンタルも。

DATA ㊟Ⓗロイヤル ハワイアン ラグジュアリー コレクション リゾート内、シェラトン・ワイキキ内 ☎808-927-7411 ㊐ロイヤル・ハワイアン7〜17時、シェラトン・ワイキキ8〜17時 ㊡なし URL www.waikikibeachservices.com

ワイキキ・ビーチ・サービス
ロイヤル ハワイアン ラグジュアリー コレクション リゾート
ヒルトン・ハワイアン・ビレッジ・ワイキキ・ビーチ・リゾート
Kuhio Ave.
Kapahulu Ave.
Kalakaua Ave.
Monsarrat Ave.
デューク・カハナモク像
クヒオ・ビーチ Kuhio Beach
グレイズ・ビーチ Gray's Beach
ワイキキ・ビーチ Waikiki Beach
クイーン・カピオラニ像
カピオラニ・パーク
クイーンズ・サーフ・ビーチ Queens Surf Beach
デューク・カハナモク・ビーチ Duke Kahanamoku Beach
カイマナ・ビーチ Kaimana Beach
ニューオータニ・カイマナ・ビーチ

ビーチを120%満喫！

ハワイでデビューしたい！ マリンアクティビティ

ハワイのキレイなビーチでのんびり過ごすのもいいけれど、せっかくだからマリンアクティビティでガッツリ遊びたい！ 親切に教えてくれるインストラクターがいるところをセレクト。

ワイキキ 付録MAP P13D3 潜水艦

SUBMARINE

気軽に海中さんぽに出かけよう！

南国ハワイの海にはトロピカルな魚やウミガメのほか、沈没船などもあり魅力満載。日本語案内付きのガイドツアーもあるので、子どもから大人まで楽しめる。

DATA ●アトランティス・アドベンチャーズ(Atlantis Adventures)
住 Hヒルトン・ハワイアン・ビレッジ・ワイキキ・ビーチ・リゾート(→P104)前の桟橋に集合 ☎808-973-9811
時9～15時の1時間おき※所要時間2時間 休なし
料大人$148、子ども$66※どちらも税別
URL jp.atlantisadventures.com(申込先)
参加条件：身長92cm未満の方、はしご(傾斜約65度)を昇り降りできない方は参加不可

普段なかなか見ることができない海の生き物を間近で観察できる

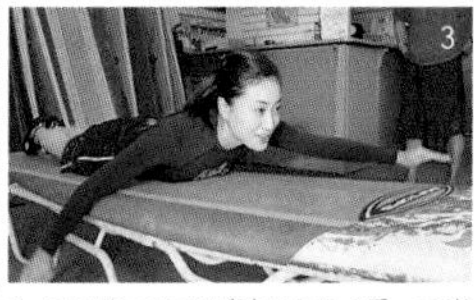

1.コツをつかめば波にうまく乗って岸までたどり着ける　2.海に入る前にビーチで基本動作のおさらいを　3.初めに屋内のスクールで基本動作を学ぶ

SURFING

ワイキキ 付録MAP P11C4 サーフィン・レッスン

大会優勝経験のある先生の人気レッスン

サーフィンの世界大会での優勝経験をもつ、ハンズ・ヒーデマン氏がオーナーを務める。さまざまなテクニックを習うことができ、グループのほか、1対1で教えてもらえるプライベート・レッスンがある。レッスンは初心者でも上達すると評判。

DATA ●ハンズヒーデマン・サーフスクール(Hans Hedemann Surf School)
住150 Kapahulu Ave. Hクイーン・カピオラニ・ホテル ロビー ☎808-926-7778(日本語) 時8時～、11時～、14時～の1日3回 休なし 料プライベート$175(2時間)、グループ(3～4人)1人あたり$95(2時間)※送迎、サーフボード、ラッシュガードを含む。要予約 URL www.hhsurf.com J

まめちしき サーフィン・レッスンを受ける際、ボードの長さは身長などによって決まるが、初心者は2m前後のものが乗りやすくておすすめ。また、幅と厚みがある程度あるもののほうが、より安定して波に乗れる。

STAND UP PADDLE BOARD

スタンド・アップ・パドル・ボード

海上を、ボードに乗って行く気持ちよさがたまらない!

先生が基本から丁寧に教えてくれるため、初心者でも気軽に参加できる。ハワイの海を遊び尽くす最高のパートナーだ。用具の貸し出しもしている。

DATA ●ワイキキ・ビーチ・アクティビティーズ(Waikiki Beach Activities)
住ヒルトン・ハワイアン・ビレッジ・ワイキキ・ビーチ・リゾート(→P104)内ビーチスタンド(ハウ・ツリー・バー前)、またはラグーンスタンド(ヒルトンラグーン前)集合 ☎808-951-4088 時8時30分~17時(ビーチスタンド)、9~17時(ラグーンスタンド) 休なし 料1時間$54.80(税別) URL www.waikikibeachactivities.com

Lessonスタート!

1 受付する

まずはヒルトンのラグーンサイドにある受付でチェックインする

2 漕ぎ方を学ぼう

陸上でボードの前後の見分け方、パドルの持ち方、基本姿勢などを教わる

3 ゆっくり漕ぎ出そう

先生の指示に従ってボードに立ち、ボードを押してもらって、いざ海へ!

4 海上でもプチレッスン

海上で実践。お腹に力を入れて、手を伸ばしてなど随時アドバイスが飛ぶ。残り時間は自由に楽しもう!

CATAMARAN

ワイキキ 付録MAP P8B4

カタマラン セーリング

揺れが少なく、のんびりと風を感じながら楽しめる

波に揺られながらハワイ島を体感!

ワイキキのビーチを出発して、ダイヤモンド・ヘッドを背景にカクテルのマイタイなどを飲みながらセーリング。サンセットタイムは特にロマンチック。

DATA ●マイタイ カタマラン セーリング(Mai-Tai Catamaran Sailing)
住2255 Kalakaua Ave. ☎808-922-8887 時11時~、13時~、17時~(サンセット)※所要時間90分
休なし 料大人$47、4~12歳$24
URL www.alohawaiitour.jp(申込先アロハワイ)

ワイキキ・ビーチだけじゃない！

ロコ自慢のとっておきビーチへご案内

エメラルドグリーンの海は眺めているだけでも心が癒やされる。ワイキキから足をのばせば、ハワイには穴場ビーチがいっぱい。のんびり派もアクティブ派も楽しめるビーチをご紹介。

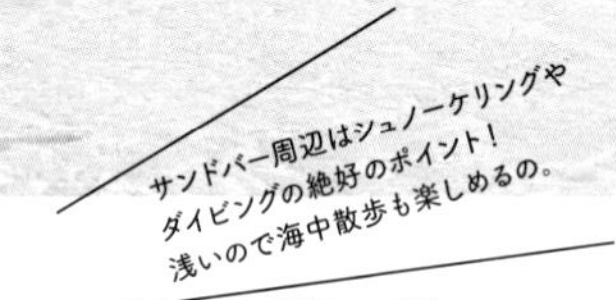

サンゴが波をブロックしているため、湾内は穏やか

サンドバー
Sandbar

サンゴ礁に囲まれた幻のサンドバー

オアフ島北東部に位置するカネオヘ湾に出現する白砂の浅瀬（サンドバー）。引き潮のときにのみ浮かび上がる奇跡の浅瀬に自力で行くのは難しいが、現地に精通したスタッフが案内するツアーでなら楽々アクセス。限りなく続くエメラルドグリーンの浅瀬で海中散歩を楽しんだり、色鮮やかな熱帯魚が泳ぐなかでシュノーケリングを体験して過ごしてみよう。海ガメに出会える可能性も高いが、ハワイの法律でさわることは禁止されているので注意しよう。

ツアーでしか行けない場所！

天使の海ピクニック・セイル

神秘的なサンドバーでシュノーケリングが楽しめ、ハンバーガーランチも付いているお得なツアー。日本語クルー同伴なので安心。幻想的な空間でゆったりと過ごせる。

サンドバーのステイ時間が長いのが特徴

申込みは➡オリオリプラザ・シェラトンP110へ

ハナウマ湾
Hanauma Bay

島内随一のシュノーケリングスポット

映画『ブルー・ハワイ』のロケ地。オアフ島屈指の透明度の高さを誇るハワイの名所。

DATA ㊋ワイキキからザ・バス2、13、23番に乗り、1Lのバスに乗り換え約1時間15分、ルナリロ・ホームロード+カラニアナオレ・ハイウエイ下車徒歩約25分 ☎808-768-6861 ㊔6時45分～16時（ビーチ利用は～15時15分、変動あり） ㊡月・火曜 ㊕$25（事前クレジットカード決済） Ⓟ1台$3（現金のみ）※ビーチへ下りる前に視聴義務のある、環境保護動画（10分程度）の予約が必要。

アラモアナ・ビーチ
Ala Moana Beach

ローカルにも旅行者にも人気のビーチ

ワイキキからも近く、設備も充実しているビーチ。背後には広大なビーチ・パークがあり、休日にはBBQやピクニックを楽しむローカルの人々で賑わう。

DATA
㊋ワイキキから車で7分

「サンドバー」は、約1億年前に噴火口が地震で隆起し、その後長い年月をかけて砂が堆積してできた砂州のこと。砂浜が白いのは、細かいサンゴの砂がビーチを形成しているため。海の色とのコントラストが美しい。

ワイメア 付録 MAP P2B1

ワイメア・ビーチ
Waimea Beach

すばらしい夕日とロコ気分が味わえる

山の緑に囲まれ、いつもローカルの人たちが集まっている。夏期は穏やかでスイミングやシュノーケルを楽しめるが、10〜4月は高波が押し寄せ、サーファーには絶好のポイントとなる。夕日は絶景。

DATA ㊋ワイキキから車で1時間5分

ワイキキ 付録 MAP P7C4

カイマナ・ビーチ
Kaimana Beach

のんびりした大人のためのビーチ

ニューオータニ・カイマナ・ビーチ・ホテルの目の前にあるビーチ。ワイキキの東端に位置し、どこか落ち着いた雰囲気が漂う。すぐ横に終戦記念プールもある。サン・スーシ・ビーチともよばれる。

DATA ㊋ワイキキから車で3分

カイルア 付録 MAP P5C2

ラニカイ・ビーチ
Lanikai Beach

全米ベスト・ビーチに輝く

カイルア・ビーチの東、住宅が立ち並ぶ一角にある穴場。透明度が高い海は遠浅のため危険は少ないが、トイレ、シャワーなどの設備がなく、ライフガードもいないので注意が必要。

DATA ㊋ワイキキから車で40分。H-1フリーウェイウエストへ。ハイウェイ61号線（パリ・ハイウェイ）をカイルア方面へ30分。72号線からカイルア・ロードに入り10分 ●ザ・バス56・57番でアラモアナセンターから約40分、カイルア・ショッピングセンター下車。671番に乗り換え15分、カイルア・ビーチ・パークで下車し徒歩15分

青い海と白い砂浜以外何もない、というシンプルさが人気の秘密

天国に最も近い
といわれている美しい海。
隠れ家的雰囲気が魅力だよ。

シャワーやトイレはカイルア・ビーチで！

ラニカイ・ビーチには設備が何もないので、すぐ近くのカイルア・ビーチを利用したほうがいい。また、駐車場もなく、周辺は駐車禁止なのでカイルア・ビーチの駐車場を利用しよう。

海の生きものに大接近

憧れのイルカ&海ガメと戯れたい！

手軽に参加できるマリンパークの体験プログラムから、野生のイルカや海ガメに出会うことができるツアーまでピックアップ。海の生きものに癒やされに行こう。

1．ドルフィン・エンカウンターではキュートなイルカから握手のサービスが！ 2．映画『ジョーズ』の真似で口を大きく開けて泳ぐ芸も人気 3．裏返ってスイスイ泳ぐ姿は、見ているだけで楽しい気分になれる

マカプウ 付録MAP P5D3

シーライフ・パーク・ハワイ

Sea Life Park Hawaii

海の生きものたちと仲良しに！

マカプウ岬近くにあるマリンパーク。数多くの海洋生物が見学でき、イルカやウォルフィンのショーも楽しめる。イルカと一緒に泳げるほか、水に入らずにプールの外からイルカとふれあえるプログラムなども好評。

DATA ㊋ワイキキから車で25分 ●ザ・バス23番でワイキキから45分
㊟41-202 Kalanianable Hwy.#7 ☎808-259-2500（日本からの予約03-3544-5281） ㊐10～16時
㊡なし ㊕$47（3歳以下無料）
URL www.hawaiisealifepark.jp
☑日本語スタッフ □要予約

おみやげにはコレ！

▲シーライフ・パークの人気者、イルカのぬいぐるみ 各$12.95

▼鮮やかな色合いが可愛らしい小コップ $4.99

イルカと遊べるプログラム

ドルフィン・エンカウンター

イルカと握手や餌付けができるプログラム。水深は大人の腰ほどなので、泳げなくても気軽に参加できる。日本人トレーナーが教えてくれることも。スタッフが握手や餌付けの瞬間を撮影してくれる。

DATA ㊐9時30分～、11時～、13時45分～、2023年6月1日～9月2日は15時15分～（所要約45分。うち水中30分）
㊕$147（入場料込み、$10クーポン券・送迎付き）、写真$20～ 【参加資格】4歳以上（4～7歳の参加は、子供1名につき有料の18歳以上の大人1名の同伴が必要）。要予約

その他こんなアクティビティも！

● ドルフィン・スイム・アドベンチャー

自らの腹部をイルカに付けて一緒に泳ぐベリーライドを体験。所要約60分。$210（入場料込み、$10クーポン券・送迎付き）要予約

● ドルフィン・ロイヤル・スイム

2頭のイルカとふれあえ、背びれを持って泳げる。所要約60分。$272（入場料込み、$10クーポン券・写真3枚・ロゴ入りタンブラー・送迎付き）要予約

ドルフィン&ユー
Dolphins & You

人懐っこいイルカに感動

オアフ島ウエストコーストへ野生のイルカに会いに行くイルカウオッチングツアー！ イルカを見た後は、シュノーケリングやオーシャンアクティビテイの時間も大充実。スタッフのフラショーも堪能して、アロハスピリットがたくさん味わえるツアー。アイランドスタイルのランチつき。

1.2021年からスピナードルフィンと泳げないが対面はできる　2.海ガメは触れないように注意

DATA ☎808-696-4414 ㊐6時～12時30分（クルーズ時間3時間～3時間半）
㊡なし ㊊$189、2～11歳$146
URL www.dolphinsandyou.com/ja
※ツアー定員65名、最小催行人数4名
☑日本語スタッフ ☑要予約

1.昼間は砂浜で甲羅干ししている姿も見られるが、近づきすぎないこと　2.観光客は少なく、静かな穴場ビーチ

ハレイワ・アリィ・ビーチ
Haleiwa Ali'i Beach

海ガメのお昼寝スポットとして有名

ハレイワの街の少し北にあるビーチ。一年を通して砂浜で甲羅干しする海ガメが見られる。至近距離で見られるが、海ガメに触れることは法律で禁じられているうえ、海ガメの病気につながる場合があるので注意。

DATA ㊋ワイキキから車で1時間

シーハワイ・エコ・ドルフィン&シュノーケル・ツアー
Sea Hawaii Eco Dolphin&Snorkel Tour

野生のウミガメとシュノーケル

屋根のあるパワーカタマラン船に乗って、ワイアナエ・コーストをシュノーケル。イルカを見たあとは、場所を変えてウミガメ・海水魚とシュノーケルできる。

DATA ☎808-388-5051
㊐6時30分～12時30分ごろ（所要約7時間） ㊡日曜
㊊$137、8～11歳$100（8歳以上18歳未満は大人同伴が必要）※往復送迎、シュノーケル用具のレンタル含む
☑日本語スタッフ ☑要予約

1.ウミガメと出会えるシュノーケリング　2.ハワイアン・スピナー・ドルフィンに遭遇

マイナスイオンたっぷり!

ハワイらしい絶景を望む 緑豊かな爽快トレッキング

ハワイといえばビーチをイメージしがちだけれど、自然豊かなトレッキングコースもたくさんある。山ガール気分でグリーンシャワーを体いっぱいに浴びに行こう。

カイヴァ・リッジ・トレイル

Kaiwa Ridge Trail

難易度 初心者〜中級者向き
所要 約30分(片道)
距離 0.8km(片道)

ラニカイ・ビーチを見下ろす絶景

約180mの頂上から、カイルアの街並みとラニカイ・ビーチを360度見渡すことができる。登り始めはやや勾配がきついところもあるが、片道約30分ほどで登れる。途中、私道を通る場所もあるので、最低限のルールは守り地元の人に迷惑をかけないよう楽しもう。

DATA ㊋カイルア・ビーチ沿いのモクルア通りを南へ進み、アアラパパ通りからカエレプル通りへ右折。ミッド・パシフィック・カントリークラブのエントランス近くが登山口。車の場合は、カイルア・ビーチ・パークの駐車場に停めてから徒歩で約15分 ㊐日の出〜日没 ㊡なし ㊕無料

START

1 入口は複数の看板が目印

とてもわかりにくいので見落とさないように要注意

2 険しい山道を進む

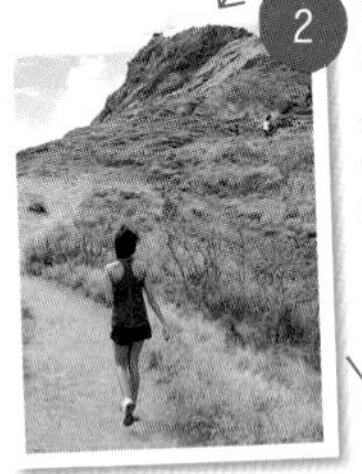

勾配がややきつい上り道を10分ほど進んでいく

3 道が開けて海が広がる

しばらく進み、道が開けて海が視界に飛び込んでくると、あと少し!

ROUTE GUIDE

途中、崖になっている場所があるが、柵はないので滑らないように注意しよう。岩場もあるのでビーチサンダルは厳禁!

GOAL

4 山頂に到着!

真っ青なラニカイ・ビーチとカイルアの街並みが一望!

基本は動きやすい服装で。履きなれたスニーカーと長袖が望ましい。両手が空くリュックと帽子があるとベターです!

飲み物とタオルも忘れずに

まめちしき 「マノア・フォールズ・トレイル」のコース入口から5分ほどの大木がそびえ立つ場所は、アメリカの人気ドラマ『ロスト』のロケ地に使われたことでも有名。生い茂る緑がドラマのイメージにぴったりだったそう。

ダイヤモンド・ヘッド・トレイル
Diamond Head Trail

難易度 初心者向き
所要 約50分（片道）
距離 約1.3km（片道）

気軽に見られるパノラマビュー

ホノルル市内のどこからでも見える標高232mの山。約30万年前に起こった噴火によって形成され、その噴火口の形からレアヒ（まぐろのおでこ）ともよばれる。歩道が整備されていて、気軽に登れるので、老若男女楽しめる。

DATA ㊋ワイキキから車で5分 ●ザ・バス23番で15分 ㊓6～18時（トレッキング開始の最終は、16時30分まで） ㊡なし ㊕$5（車利用の場合、駐車場は1台につき$10）事前オンライン予約が必要。（30日前から可）

1.ワイキキ・ビーチやビーチ沿いのホテル群を一望 2.山道は柵もあるので道に迷う心配はない 3.急勾配の階段が全部で4カ所続く

ROUTE GUIDE

バス停から徒歩15分で登山口があり、入場料を支払う。コースは舗装されているのでトレッキングシューズは不要だが、履き慣れたスニーカーが望ましい。

マノア・フォールズ・トレイル
Manoa Falls Trail

緑が茂る原生林と迫力の滝！

マノアはハワイ語で「広大な、豊かな」という意味。水が豊富にあることに由来する名のとおり、湿潤多雨のエリア。緑の原生林は、ひんやりとした空気が心地よい。林の中にはハワイ固有の動植物が数多く生息しており、貴重な自然が観察できる。

DATA ㊋ワイキキから車で約25分 ㊓日の出～日没 ㊡なし ㊕無料（駐車場料金$5）

難易度 初心者向き
所要 約60分（片道）
距離 約1.3km（片道）

1.緑に囲まれた落差30mの滝、マノア・フォールズがゴール
2.ハワイ固有の植物や希少な野鳥も多く生息する

マカプウ・ライトハウス・トレイル
Makapuu Lighthouse Trail

クジラの姿が見られることも！

オアフ島の東海岸から突き出す岬、マカプウ・ポイントには、往復1時間30分ほどのトレッキング・コースがある。毎年12～4月ごろに岬周辺を回遊するザトウクジラの姿を高確率で見ることができる。

DATA ㊋ワイキキから車で30分 ㊓7時～18時30分（季節により変更あり） ㊡なし ㊕無料

難易度 初心者向き
所要 約50分（片道）
距離 約1.6km（片道）

1.舗装されたゆるやかな坂道を登っていくので子どもや年配の人でも安心 2.地球が丸く見えるような壮大な水平線のパノラマビュー

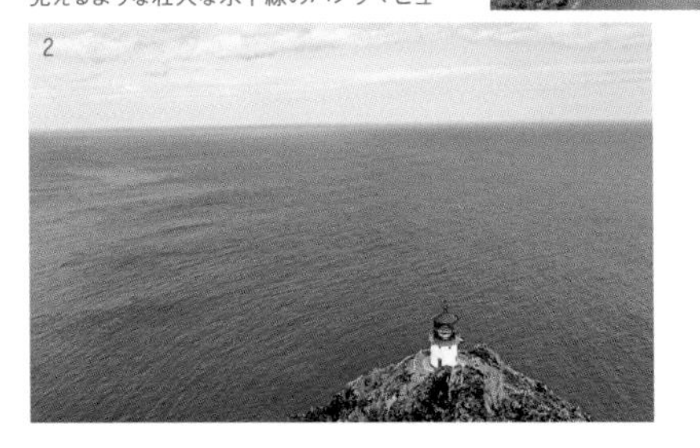

朝からカラダもココロも気持ちよく!

海、空、陸を楽しむ!
厳選!人気アクティビティ

日本でも人気が高いジョギングやヨガを、朝のビーチや公園など開放的な空間で楽しもう。
ここでは気軽に参加できるツアーや体験をご紹介。

YOGA ヨガ

1.サーフボードの上で行うヨガはバランス力が試される 2.自然と触れ合いリラックス

チョコレート・パイナップル・スポーツ・ヨガ・スタジオ

Chocolate Pineapple Sports Yoga Studio

オーシャンビューなヨガ体験

朝ヨガの気持ちよさを体感してください!

美しい海を目の前にしてヨガを体験。日本語も話せるデニス先生の丁寧な指導なら、初心者も安心。動きやすい格好でトライしてみよう!

DATA ㊋集合場所:カピオラニ公園 スタンディングサーフスタンディン像 ※ビーチヨガ7〜8時(火·木·土曜のみ) ☎808-922-0171 ㊡なし(雨天は休み) ㊕$10 ※詳細は要問合せ。
URL waikikiyoga.com/
☑日本語スタッフ ☑要予約

デニス・ミラー先生

アラモアナ 付録 MAP P14B3(発着地)

マジェスティック バイ アトランティス・クルーズ

Majestic by Atlantis Cruises

カクテルクルーズで会場からサンセット

大きな窓からワイキキの夕暮れを望めるサンセット・カクテルクルーズを実施。カジュアルな雰囲気でリラックスでき、家族全員で楽しめる。安定感があり船酔いしにくいクルーズ船で、ロマンチックな時間をすごしたい。金曜限定で花火鑑賞カクテルクルーズも開催している。

DATA ㊋集合場所:ホノルル港の桟橋
☎808-973-1311 ㊡なし ㊕$79(子ども$39.50)
花火鑑賞カクテルクルーズも同様
URL jp.atlantisadventures.com
☑日本語スタッフ ☑要予約

1.海上ですごすマジックアワーはクルーズ船ならではの醍醐味

まめちしき
「スポナビ ハワイ」URL www.sponavihawaii.comでは、ハワイで開催されるおすすめのスポーツイベントやオプショナルツアーのほか、ハワイを楽しむために役立つさまざまな情報が随時更新されている。

PARASAILING

パラセイリング

【所要】約2時間

1.ワイキキ沿岸やダイヤモンド・ヘッドを望める

ハワイアン・パラセイル

Hawaiian Parasail

ワイキキの海と街を見下ろそう

専用のゴンドラに乗り、ボートに引いてもらいながら空中散歩へ。最高高度150mからハワイの絶景を楽しむことができる。二人横並びのシートで会話をしながら美しい海と陸地のコントラストを堪能。爽快な風が最高に気持ちいい。

DATA ㊋集合場所:ヒルトン・ハワイアン・ビレッジ・ワイキキ・ビーチ・リゾート(→P104)前のラグーン向かいの駐車場横付近 ※パラセイリング8～17時 ☎808-591-1280 ㊡なし ㊕$84+税(高度122m/800ft)、$94+税(高度152m/1000ft)、見学のみは$50+税 ※5歳以上が参加可能。 □日本語スタッフ ☑要予約

SEGWAY

セグウェイ

【所要】約2時間

1.歩いて巡るのとはまた違う、街の雰囲気を楽しもう

セグウェイ・オブ・ハワイ

Segway of Hawaii

セグウェイに乗って快適な名所観光

体重移動だけで速度や方向移動をしてくれるセグウェイ。ハワイでは公道を走ることが認められており、初心者でも15分程度で操作可能に。カカアコのウォールアートを巡るツアーも人気。日本語を話すインストラクターもいるので安心だ。

DATA ㊋670 Auahi St. コーラル・コマーシャル・センター ※マジック アイランド ビーチ グライド9時30分～、14時30分～ ☎808-591-2100 ㊡なし ㊕$195 ※10歳以上が参加可能。 ☑日本語スタッフ ☑要予約

CATAMARAN SAILING

カタマラン セーリング

【所要】約1時間30分

アロハワイ

Alohawaii

波に揺られて癒やしのハワイを体感

ワイキキのビーチを出発して、ダイヤモンド・ヘッドを背景にカクテルのマイタイなどを飲みながらセーリングを楽しめる。サンセットタイムは特にロマンチックなのでおすすめ。

1.贅沢なリゾート気分を満喫しよう

DATA ㊋2255 Kalakaua Ave. ※マイタイ カタマラン セーリング11時～、13時～、17時～(サンセット) ☎808-922-8887 ㊡なし ㊕$47～(4～12歳$24～) URL www.alohawaiitour.jp □日本語スタッフ ☑要予約

＼ランニンググッズはここで！／

ランナーズ・ルート

Runners Route

日本人にぴったりなグッズが満載

世界中のランナーが集まるオアフ島最大級のランニング専門店。常に新しいランニングシューズを取り揃えている。オリジナルアパレル、ハワイブランドも豊富。カパフル店も便利な立地だ。

1.ハワイ生まれのブランド「mau mapu」のTシャツ$55
2.ハワイらしいデザインのオリジナルキャップ$29

DATA ㊋ワイキキから車で7分 ㊟1322 Kapiolani Blvd. ☎808-941-3111 ㊊10～20時(日曜～18時) ㊡なし Ⓙ

ローカルみやげもGET！

ロコ気分でGo！ ファーマーズ・マーケット

新鮮な野菜や果物が並ぶ青空マーケット。ロコにも観光客にも人気の名物グルメを、青空市ならではの雰囲気のなかで味わおう。開催日は事前にチェックして。

開催日：毎週土曜
開催時間：7時30分〜11時

ダイヤモンド・ヘッド　付録 MAP P7D3

サタデー・ファーマーズ・マーケットKCC

Saturday Farmers' Market KCC

ハワイ発ナチュラル製品がズラリ！

ダイヤモンド・ヘッドの麓にあるカピオラニ・コミュニティ・カレッジで毎週土曜に開かれる朝市。約95店舗が出店し、早朝から多くの観光客で賑わう。ここでしか入手できないオーガニック製品や地元農家お手製の食品、名物グルメが数多く揃う。

1.正面入口横のインフォメーションセンターに会場MAPがあるのでぜひ入手して！　2.特製スープと太めの麺の相性が抜群な「ザ・ピック&ザ・レディ」のチキン・フォー$15　3.「ハワイアン・スタイル・チリ・カンパニー」のアヒステーキ+シュリンププレート$18。マグロのステーキが美味　4.「ククイ・ソーセージ」のキングコング・ホットドッグ$12。カレーソースがかかっている　5・6.「グローイング・ルーツ・ハワイ」のアサイボウル$12とグアバ・パイナップル・スラッシー$8

DATA 交ワイキキから車で10分 ●ザ・バス2・23・24番でワイキキから15分、カピオラニ・コミュニティ・カレッジ下車すぐ ●ワイキキトロリーのグリーンラインで45分、KCCファーマーズ・マーケット下車（土曜のみ停車） 住4303 Diamond Head Rd. ☎808-848-2074（ハワイ・ファーム・ビューロー） 時土曜7時30分〜11時

チューズデー・ナイト・ファーマーズ・マーケットKCC

Tuesday Night Farmers' Market KCC

土曜のKCCと比べるとコンパクトな火曜市。のんびりとした雰囲気でゆっくり買い物が楽しめる。

DATA 交ワイキキから車で10分 ●ザ・バスでの行き方は土曜と同じ 住4303 Diamond Head Rd. ☎808-848-2074（ハワイ・ファーム・ビューロー） 時火曜16〜19時

「サタデー・ファーマーズ・マーケット KCC」は、オープンと同時に観光ツアーのバスが続々到着し、9時前には名物グルメのブース前には大行列ができる。どの店も売り切れ次第店じまいするので、なるべく早く到着したい。

カカアコ・ファーマーズ・マーケット

Kaka'ako Farmers' Market

開催日:毎週土曜
開催時間:8～12時

カフェエリアでのんびり

30以上のベンダーの大半がオーガニックな商品を扱っている。新鮮な野菜をはじめ、できたてのパンや手打ちパスタ、スムージーなどフード類やドリンクも充実。ライブミュージックが楽しめるカフェエリアもある。

1.地元の人が多く、のんびりした雰囲気
2.瓶もすてきな生ハチミツ

DATA ㊋ワイキキから車で10分 ㊟ワードビレッジ(→P48)内ワード・ゲートウェイ・センター駐車場 ☎808-388-9696 ㊡土曜8～12時

ホノルル・ファーマーズ・マーケット

Honolulu Farmers' Market

開催日:毎週水曜
開催時間:16～19時

体にやさしい食品が集まるイブニングマーケット

有機栽培のフルーツや野菜、オーガニック食品を販売する店など、約35店舗が並ぶ。まさに健康志向な人にはうれしいマーケット。規模はそれほど大きくないが、アクセスがいいので仕事帰りに食材を買いに来る人も。

1.アクセス抜群なのでふらっと立ち寄るのもおすすめ 2.「オール・ハワイアン・ハニー」で人気のオヒア・レフアのはちみつ(8oz) $7 3.空腹で訪れるのが◎

DATA ㊋ワイキキから車で10分 ㊟777 Ward Ave. ニール・ブレイズデル・センターの駐車場 ☎808-848-2074(ハワイ・ファーム・ビューロー) ㊡水曜16～19時

ワイキキ ファーマーズ マーケット

Waikiki Farmers Market

開催日:毎週月・水曜
開催時間:16～20時

ハワイの名産を食べ歩き!

ハイアット リージェンシーホテルで夕方開催される。部屋に持ち帰って食べられるパック詰めのフルーツやサラダ、スイーツなどが多種類あり、価格もお手頃でうれしい。アクセサリーや雑貨、手作りソープなどクラフトも充実する。

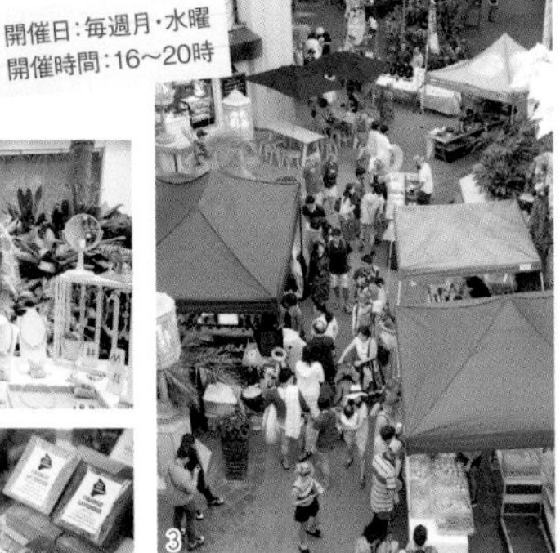

1.工芸品やアクセサリーもいろいろ揃う 2.オーガニックソープなどを販売する店も 3.夜でも立ち寄りやすいワイキキ中心地で開催される

DATA ㊋R.H.C.から徒歩6分 ㊟Ⓗハイアット リージェンシー ワイキキ ビーチ リゾート アンド スパ(→P104)1階 ☎808-923-1234 ㊡月・水曜16～20時

ハワイの伝統を楽しみながら学ぼう！

本場で体験！ハワイアンカルチャー

日本でも人気のハワイアンカルチャー。本場ハワイではショップやカルチャーセンターなどが主催する教室が豊富。ロコガールになりきって、アロハスピリッツにふれてみては？

HULA フラ

知れば知るほど奥深いフラ。本格的なレッスンで、基礎からしっかり学べると大好評。

アラモアナ 付録MAP P13C4

フラ・シャック
Hula Shack

緑あふれる公園でフラを堪能

マジックアイランドで開催されるフラの朝レッスン。ハワイでプロとしてのフラ歴23年のマリー先生が丁寧に教えてくれる。要予約。

DATA ㊈ワイキキから車で5分 ㊟マジックアイランド ☎なし ㊕プライベート／グループレッスン$120／1時間（1〜10名）、タヒチアン$120／30分 ※税・チップ別。希望日時で調整 URL marihayes.com Ⓙ

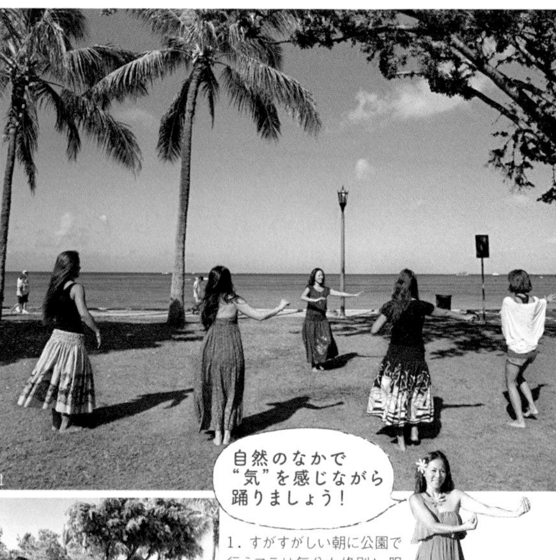

自然のなかで“気”を感じながら踊りましょう！

1．すがすがしい朝に公園で行うフラは気分も格別！ 服装は動きやすいもので 2．基本ステップを学んだあと、課題曲の振り付けに入る。ステップを覚えると楽しさも倍増！ 3．ベテランのマリー先生は笑顔が魅力的

ここでも参加できます

ワイキキ ロイヤル・ハワイアン・センター
Royal Hawaiian Center

付録MAP●P8B3

ハワイで有名なフラ教室を卒業したプアケアラ・アン先生によるフラ・レッスン。初めての人でも習得できる簡単な動きを無料で教えてもらえる。

初心者でも安心

DATA ㊟ロイヤルハワイアンセンターC館1Fロイヤルグループ ☎808-922-2299 ㊐火曜の11〜12時（子どものフラは木曜の12時〜12時30分） ㊕無料

ワイキキ ワイキキ・コミュニティ・センター
Waikiki Community Center

付録MAP●P11C3

フラの師匠・クムフラであるナラニ・ケアレ先生のレッスンは日本から長期で受けにくる人がいるほど人気が高い。

気軽に参加しよう

DATA ㊈R.H.C.から徒歩15分 ㊟310 Paoakalani Ave. ☎808-923-1802 ㊐月曜9時〜10時15分（中級レベル）、水曜11時〜12時15分（上級レベル） ㊕中級レベル$15、上級レベル$20 URL waikikicommunitycenter.org/march-schedule

まめちしき フラには古代から伝わる、打楽器のリズムで踊る古典的な「カヒコ」と、ウクレレなどに合わせて踊る、現代的な「アウアナ」の2種がある。古代ハワイアンは文字をもたず、意思の伝達手段としてフラが使われた。

UKULELE ウクレレ

気軽に持ち運びができて、
どこでも演奏ができる
ウクレレは人気が高い。
やさしい曲から始めてみよう。

ウクレレぷあぷあ

Ukulele Puapua

1.2. 無料レッスンでは、まず基本のコードを4つ教えてもらう。体験後には、店内にズラリと並ぶウクレレを購入したくなりそう。初めての人には初心者用ウクレレ（ケース付き）$64.99がおすすめ

多種多様なウクレレを扱う

初心者用から上級者向けのウクレレまでがずらりと揃い、見ているだけでも楽しいショップ。毎日開催されている無料レッスン(1回30分)では、1曲をマスターできるほど丁寧に教えてくれる。

DATA ㊋R.H.C.から徒歩4分 ㊟2255 Kalakaua Ave. Ⓗシェラトン・ワイキキ1階 ☎808-371-9514 ㊕10〜21時(無料レッスンは16時〜のみ、要予約) ㊡なし ㊎有料レッスン：1回$45／35分 URL www.lelelesson.com Ⓙ

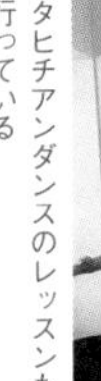

タヒチアンダンスのレッスンも行っている

ここでも参加できます

ポエポエ・ハワイアン・カルチャー センター

PoePoe Hawaiian Culture Center

ハワイアンソングも丁寧に教えてくれる

付録MAP●P13C1

日本語が話せるキース先生ほか、有名講師人によるウクレレレッスンが受けられる。初心者から参加可能。クムフラによるフラレッスン、レイメイキングクラスも開催。

DATA ㊋ワイキキから車で5分 ㊟1750 Kalakaua Ave. ＃206 ☎808-312-4381（ハワイ）、080-3547-0111（日本）両番号日本語対応可 ㊕完全予約制 ㊎プライベートレッスン$100〜、レッスン最後にビデオ撮影可（講師により異なる） URL www.poepoehcc.com/jp/ Ⓙ

LEI レイ

レイとは首に掛ける飾りのこと。ハワイの人たちはお祝いや歓迎、感謝の意味を込めて贈り合う。

レイ・メイキングクラス

Lei Making Class

1. ひとつずつ花を糸で縫い合わせていく 2.感謝や祝いの気持ちを込めて糸を通す

ハワイの伝統文化を体験

無料レッスンでは、レイの特徴や基本的な作り方のテクニックなどを学べる。お祝いや感謝の気持ちを込めてレイをつくる伝統的なハワイ文化を体験しよう。

DATA ㊟R.H.C.内C館2階 ㊕火曜12〜13時 ㊎無料(オンライン予約なし。開催時間前に直接現地に行くように。10歳以上、先着24名)

みんなで行こう！

ハワイの名物 おもしろテーマパーク

**オアフ島には、ハワイならではの魅力にふれられるテーマパークがたくさん。
時間を忘れて一日中遊べること間違いなしの、おすすめテーマパークを一挙ご紹介。**

ポリネシア・カルチャー・センター
Polynesian Cultural Center

ポリネシアを体験できる村

ハワイを含めたポリネシアに属す6つの島々の魅力を紹介するテーマパーク。ダイナミックなショーを観たり、伝統的な火おこしやフラダンスが体験できる。夜の一大スペクタクルショー「Ha:ブレス・オブ・ライフ」は必見。現地の人気特産物が満載。

DATA ㊋ワイキキから車で1時間10分 ㊟55-370 Kamehameha Hwy. ☎808-924-1861 (PCC agent 808-293-3333)
㊍12時30分～21時（ビレッジは～18時） ㊡水・日曜 ㊮スタンダードパッケージ$89.95、4～11歳$71.96（ホテル送迎、ツアーガイドによる園内ツアー、ビュッフェディナー、イブニングショーを含む。税別）など
URL polynesia.jp/ Ⓙ要予約

1

2

3

1. 迫力満点のファイヤーナイフダンスに釘付け　2. ルアウ・レストランではハワイ伝統料理のビュッフェを堪能　3. 100名以上のキャストによる壮大なショー「Ha:ブレス・オブ・ライフ」

1

付録 MAP P2B2

ドール プランテーション
Dole Plantation

ハワイ名物を丸かじり

生鮮果実の加工・販売で知られる「ドール」のテーマパーク。ギネス認定の世界最大迷路、メイズ($9.25、4～12歳$7.25)にも挑戦してみよう。パイナップルのキャンディやTシャツなどのおみやげも豊富。

2

3

DATA ㊋ワイキキから車で50分 ㊟64-1550 Kamehameha Hwy. ☎808-621-8408
㊍9時30分～17時30分（アトラクションは～17時。夏期は延長あり） ㊡なし ㊮入園無料（パイナップル・エクスプレス $13.75、4～12歳$11.75）
URL www.doleplantation.com/jp/

1. パイナップル・エクスプレスは、9時30分～17時まで30分おきに出発。所要20分　2. 豪華な盛り付けのパイナップル・スプリット$36.95　3. 年間100万人が訪れる人気テーマパーク

「ポリネシア・カルチャー・センター」では、日本語ガイドが個人グループについてくれるスーパー・アンバサダー・パッケージ（$242.95、所要約9時間）がある。団体行動より自由がきき、自分たちのペースで回ることができる。

ライエ

フキラウ・マーケットプレイス
Hukilau Marketplace

付録MAP●P3C1

ドライブ途中の立ち寄りにも最適！

ポリネシア・カルチャー・センターの一角に誕生したグルメ&ショッピングスポットは、1940年代を再現したレトロな空間も魅力。レストランやフードトラックもあり、ランチに最適。

1.ポリネシア・カルチャー・センターに入場しなくても利用できるので、ドライブ途中にも便利　2.ベビーバックリブ$30

DATA ㊋㊟ポリネシア・カルチャー・センター（→P32）と同じ　㊓11時～20時30分　㊡水・日曜　㊑なし　URL hukilaumarketplace.com

クアロア　付録MAP P3C2

クアロア・ランチ
Kualoa Ranch Hawaii

オアフ島最大の牧場で自然を満喫

映画『ジュラシック・パーク』のロケ地としても有名な、緑豊かな大牧場。乗馬ツアーや、6人まで乗れるラプターツアーなどのアクティビティが楽しめる。

1.壮大なコオラウ山脈をバックに散策を楽しめる　2.ここで育った牛の肉を使用したクアロア・バーガー（ポテト付き）$16は必食

DATA ㊋ワイキキから車で50分 ●ザ・バス60番東回りでアラモアナセンターから90分　㊟49-560 Kamehameha Hwy.　☎808-237-7321　㊓7時～17時30分　㊡なし　㊑エクスペリエンス パッケージ$149.95～（映画ロケ地ツアー、ジャングルエクスペディションツアー、クアロア・グロウン・ツアー、ランチビュッフェ含む）、送迎付きは$179.95～　URL www.kualoa.jp/　Ⓙ

カポレイ　付録MAP P2B4

ウェット・アンド・ワイルド・ハワイ
Wet'n Wild Hawaii

絶叫系ライド好きにおすすめ！

約3万5000坪の広大な敷地をもつ、ハワイ屈指のウォーターテーマパーク。ボルケーノ・エクスプレスやダ・フローライダーなど、豪快で迫力たっぷりのアトラクションが15種類以上もある。

DATA ㊋ワイキキから車で40分　㊟400 Farrington Hwy.　☎808-440-2914　㊓10時30分～15時30分 ※変動あり　㊡月～水曜（6～8月は無休）、臨時休あり　㊑1日パス$59.99、3～11歳$49.99　URL www.wetnwildhawaii.jp　Ⓙ

多彩なプールやスライダーが揃う

ワイキキ　付録MAP P11D4

ホノルル動物園
Honolulu Zoo

オアフ島きってのアニマルパラダイス

約17万㎡の動物園。ハワイの固有種から大型哺乳類まで約1000種類以上の動物が勢揃い。大自然の中、のびのびと過ごす動物たちを見られる。

DATA ㊋R.H.C.から徒歩15分　㊟151 Kapahulu Ave.　☎808-971-7171　㊓10～16時（最終入園15時）　㊡なし　㊑$19、保護者同伴に限り3～12歳$11、2歳以下無料 URL www.honoluluzoo.org/

子どもに人気の動物がいっぱい！

ワイキキ　付録MAP P7C4

ワイキキ水族館
Waikiki Aquarium

ハワイの海をのぞいてみよう

400種類以上の太平洋の海洋生物を展示。太平洋の海を再現した水槽や、世界一巨大なシャコ貝などが見学できる。日本語音声ガイドあり。

水族館一の人気者ハワイアン・モンクシール

DATA ㊋R.H.C.から徒歩10分　㊟2777 Kalakaua Ave.　☎808-923-9741　㊓9～17時（最終入館16時30分、感謝祭時は～14時30分、1月1日は11時～16時30分）　㊡なし　㊑$12、65歳以上と4～12歳$5、3歳以下無料　URL www.waikikiaquarium.org/

歴史やパワースポットなどが満載！

まだある！ホノルルのみどころ

ハワイの歴史や文化を伝えるカルチャー施設から、パワースポットとして知られる名所など、ハワイに来たら押さえておきたいおすすめスポットをご案内。深みのある旅になるかも。

ビショップ・ミュージアム
Bishop Museum

ハワイ王朝の歴史と自然史が学べる

カメハメハ王家の子孫パウアヒ王女の夫であるビショップ氏が1889年に創設。ハワイを中心に太平洋地域の歴史を伝える文化工芸品や文献、写真など、約2500万点を収蔵するハワイ最大の博物館。プラネタリウムなどの施設もある。

日本語館内ツアー

●館内ツアー（所要約30分）
㊰月～土曜10時30分～、11時30分～、（週2回午後も実施。13時30分～、14時30分～）スケジュールが変更する場合もあるため、来館前にEメールAPEducators@bishopmuseum.org、または電話808-847-8291に問合せするのがおすすめ。

1.本館3階の天井から吊るされた巨大なクジラの標本　2.創立当初から変わらない広々とした吹き抜けのホール

DATA ㊂ワイキキから車で20分　●ザ・バス2番でワイキキから50分。N.School St. Kapalama Ave.の角で下車、徒歩5分　㊓1525 Bernice St.　☎808-847-8291（日本語）　㊰9～17時（入館は～16時30分）　㊡なし　㊯$28.95、4～17歳$20.95
URL www.bishopmuseum.org/日本語/　Ⓙ

イオラニ宮殿
Iolani Palace

ハワイ王朝の貴重な文化遺産

1882年にカラカウア国王が建立し、1893年のハワイ王朝滅亡後はハワイ州の議事堂として使用。ハワイ王朝の栄華を今に伝える王座の間など華麗な内部が見学できる。

1.近代的な高層ビルが立ち並ぶダウンタウンに位置する　2.カラカウア王の書斎。王が日本を訪問した時の写真や当時の電話機などを展示

日本語ガイドツアー
予約は電話か公式サイトにて。
●日本語ガイドツアー
$32.95
㊰水・木曜15時30分～

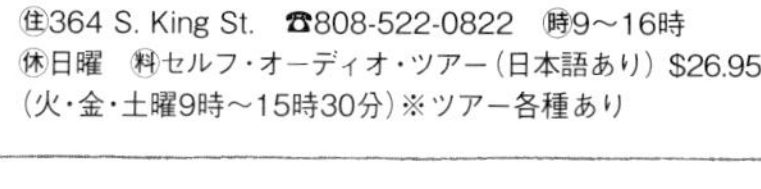
DATA ㊂ワイキキから車で10分　●ワイキキトロリーの場合はレッドラインで35分、ハワイ州政府庁前下車すぐ
㊓364 S. King St.　☎808-522-0822　㊰9～16時
㊡日曜　㊯セルフ・オーディオ・ツアー（日本語あり）$26.95
（火・金・土曜9時～15時30分）※ツアー各種あり

ホノルル美術館は金・土曜は21時まで開館。お酒とおつまみの提供や、音楽演奏、ミニワークショップなども楽しめる。また、ドリス・デューク・シアターではサーフィン映画や、ホノルルで開催される国際映画祭の作品などを鑑賞できる。詳細はWebサイトをチェック。

ホノルル美術館
Honolulu Museum of Art

ハワイ最大のコレクションを誇る

美術コレクターのクック婦人が世界各国から集めたコレクションを展示する美術館で、1927年に設立。現在ではピカソやゴッホ、そして葛飾北斎など、西洋や東洋の美術品約5万点以上を所蔵している。

DATA ㊋ワイキキから車で10分 ㊟900 S. Beretania St. ☎808-532-8700 ㊐10～20時（金・土曜は～21時）、日本語ツアー金曜13時～、カフェ11～14時（金・土曜は17時～20時30分も営業） ㊡月・日曜、カフェ月～水曜 ㊕$20、18歳以下無料 URL www.honolulumuseum.org

1.芝のきれいな中庭には彫刻が置かれている 2.日本の浮世絵や17～18世紀のヨーロッパの有名作品などを間近に鑑賞できる

ケアイワ・ヘイアウ
Keaīwa Heiau

カフナが治療を行う聖なる地

ハワイ語で「神秘的」を意味する聖地。かつてカフナとよばれる聖職者が薬草を用い、けがや病気を癒やした地とされている。現在は州立公園となり、ロコの憩いの場に。

DATA ㊋ワイキキから車で40分。アイエア・ハイツ・ドライブ通り山頂、州立公園内

パワスポひと口メモ
さまざまな目的で建てられたヘイアウだが、現存する「癒やしのヘイアウ」は、ハワイ諸島でもここだけ。

1.今でも癒やしを求めて訪れた人がレイを捧げていく
2.石に囲まれた場所には足を踏み入れないよう注意しよう

お守りが買えるスポット

ハワイ金刀比羅神社・ハワイ太宰府天満宮
Hawaii Kotohira Jinsha-Hawaii Dazaifu Tenmangu

日本でも有名な香川県の金比羅宮と福岡県の太宰府天満宮の2つの本殿からなる神社。ほかにも水天宮など7つのお宮がある。観光客も多く訪れる。

DATA ㊋ワイキキから車で15分 ㊟1239 Olomea St. ☎808-841-4755 ㊐8時30分～16時 ㊡なし Ⓙ

お守り$8～はおみやげにも最適

ハワイ出雲大社
ダウンタウン 付録MAP P14A1
Izumo Taishakyo Mission of Hawaii

縁結びの神様で有名な島根県・出雲大社の分社として1906年に鎮座。現地の日系人を中心に親しまれている。御朱印をもらう場合は時間に余裕をもって訪れて。

DATA ㊋ワイキキから車で15分 ㊟215 N. Kukui St. ☎808-538-7778 ㊐8時30分～17時 ㊡なし Ⓙ

日本とハワイで2度お祈りをしているため、効果も2倍？の縁結びお守り$8

夜のエンタメスポット

夕日に染まる太平洋、伝統音楽やダンスのショーなど、ホノルルは夜のエンターテインメントも多彩。無料で楽しめるイベントもあるので、南国の夜を心ゆくまで楽しんで。

ルアウ&フラショー

夕日に包まれてのショーはムード満点

クヒオ・ビーチ・トーチ・ライティング&フラ・ショー

Kuhio Beach Torch Lighting&Hula Show

無料で楽しめるフラショー

ダイヤモンド・ヘッド側に位置するクヒオ・ビーチでは、無料のフラ&音楽ショーを開催している。

DATA ㊋R.H.C.から徒歩7分 ㊟Kuhio Beach ☎808-843-8002 ㊎火・木・土曜18時30分～19時30分（11～1月は18～19時。雨天、悪天候時中止） ㊡月・水・金・日曜 ㊑無料

ワイキキ・スターライト・ルアウ

Waikiki Starlight Luau

金曜は花火も上がる

金曜19時45分～はホテル前のビーチで約5分の花火ショーが開催。（6～9月は20時～）

迫力のファイヤーダンス

華やかなルアウ（祝宴）を堪能

ホテル屋上で開催されるルアウショー。生演奏やフラを、地元産の野菜を使ったディナーと楽しめる。

DATA ㊋R.H.C.から徒歩15分 ㊟Ⓗヒルトン・ハワイアン・ビレッジ・ワイキキ・ビーチ・リゾート（→P104）屋上 ☎808-941-5828 ㊎17～20時（雨天中止） ㊡金・土曜 ㊑$170（サービス料込み、税別、1ドリンク&ディナー含む）※舞台に近いゴールデン・サークル席は$210、11歳以下$150、3歳以下無料

ディナークルーズ

ノバ ファイブスター サンセット ディナー&ジャズ®

Nova Five Star Sunset Dinner & Jazz®

豪華客船でロマンチック気分

プライベート席でシグネチャーディナーをいただける、ゴージャスなクルーズ。

DATA ㊋ワイキキから車で15分 ㊟Aloha Tower Market Place ピア8番発着 ☎808-983-7879（スター・オブ・ホノルル） ㊎17時30分～19時45分 ㊡なし ㊑大人$228、子ども$144、往復送迎$18/1名

チェックインは出航の45分前までに済ませよう

夜景観賞

昼と夜、違った魅力の眺望。夜景は必見

タンタラスの丘

Tantalus Lookout

ワイキキ市街の夜景を一望

ワイキキ市街の夜景が望める。ネオンの色に規制があるため、あたり一帯は暖かなオレンジ色の光に包まれ、とてもキレイ。ディナー付きツアーもある。

DATA ㊋ワイキキから車で20分 ツアーは→P110参照

Lala Citta Honolulu

Topic 2

おかいもの

Shopping

水着、リゾートウエア、ブランドバッグetc.…
女ゴコロを刺激する愛らしいアイテムが
ハワイには選びきれないほどいっぱい。

水着&ビーチスタイル&ローカルデザインが揃う

ロコアイテムは現地調達で決まり！

ビーチで映える水着は現地調達がおすすめ。さっと着られるワンピースやシャツも一緒に揃えれば、水着を着たままビーチやプールにお出かけするときに大活躍！

Swim Wear

A プリーテッド・ワンピース ブルー ラグーン$146

A ブレイデッド・トライアングル ボラボラ(上) $101とラブ・ボトム ボラボラ(下) $82

C 人気ブロガー・小笠原リサさんとハワイの老舗メーカーがコラボしたサンダル$149.95

C カイルア在住のアーティストによって仕上げられたプルオーバー$160

B ミコーのビキニはトップ$124、ボトム$104

C "YOU HAD ME AT ALOHA"のデザインはオリジナル商品。2色展開でベージュ(右)とグリーン(左)各$65

● モンサラット

A プアラニ・ハワイ・ビーチウェア

Pualani Hawaii Beachwear

付録MAP●P11D3

ハワイ発、プアラニの水着は縦横斜めに伸縮する生地を使っており、激しい動きにもフィット。ロコ・サーファーにも絶大な人気を誇る。

DATA ㊍ワイキキから車で5分 ㊟3118 Monsarrat Ave. ☎808-200-5282 ㊕9～16時(土・日曜は～15時) ㊡月曜 Ⓙ

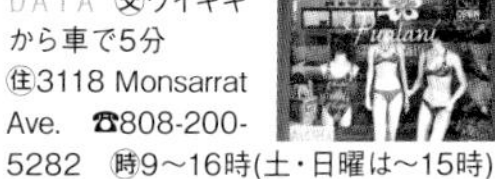

● カイルア

B ビキニ・バード

Bikinibird

付録MAP●P5D1

ワン・ティースプーンなど新進デザイナーのスイムウエアを扱う。あらゆる年齢層向けのユニークな水着、衣類、アクセサリーが並ぶ。

DATA ㊍ワイキキから車で35分 ㊟131 Hekili St. ☎808-263-8389 ㊕10～18時(日曜は～17時) ㊡なし

● ワイキキ

C ターコイズ

Turquoise

付録MAP●P8B2

LAブランドを中心に最新のビーチファッションを揃えるセレクトショップ。メンズやキッズ、ライフスタイルグッズなども充実している。

DATA ㊍R.H.C.から徒歩3分 ㊟333 Seaside Ave. #110 ☎808-922-5893 ㊕10～23時※変動あり ㊡なし Ⓙ

まめちしき アメリカと日本ではサイズ表記が異なるので注意（→別冊P21）。水着は上下セットではなく、色や柄を自由に組み合わせられるように別々に購入できる店が多い。上と下のコーディネートでおしゃれを楽しむのがロコガール流。

Local Designer

D アロハコレクションとコラボしたクラッチバッグ $32

D ボートネックのトップス $58にはウルキルト柄をプリント

D 落ち着いた色使いで日本でも着やすいマキシドレス$88

F ニック・カッチャー・ショップ・プリントTシャツ $35。カイルアから見えるモクルア島をデザイン

E カラフルなパイナップル柄のプリント1枚 $20～65。サイズもいろいろ

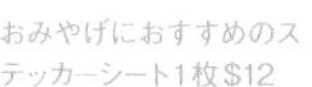

F ハワイ・トラベルプリント各 $26はハワイの風景をレトロに表現。約30cm×45cm

E レインボーデザインのノートブック $18は使う度にテンションが上がる

E おみやげにおすすめのステッカーシート1枚 $12

D マヌヘアリイ

● アラモアナ

Manuhealii

付録 MAP●P10A3

フラ愛好家にもファンが多いロコブランド。4～6週間ごとに新しいコレクションが登場するので、お気に入りを見つけたら即買いがおすすめ。

DATA ㋛ワイキキから車で6分 ㊟930 Punahou St. ☎808-942-9868 ㋔10～17時（土曜は9～16時、日曜は～15時） ㊡なし

E ローレン・ロス・アート

● カイルア

Lauren Roth Art

付録 MAP●P5D1

ハワイの自然にインスパイアされたトロピカルなアートが人気のローレン・ロスのギャラリー。アクリル画やTシャツ、ポーチ、雑貨などを展開。

DATA ㋛ワイキキから車で25分 ㊟131 Hekili St. ☎808-439-1993 ㋔10～17時（日曜は～16時） ㊡なし

F ニック・カッチャー・アート＆デザイン

● カイルア

Nick Kucher Art & Design Co.

付録 MAP●P5D1

ハワイを代表するアーティスト、ニック・カッチャー氏のギャラリー兼ショップ。美しい自然や何気ない日常をレトロに描く。

DATA ㋛ワイキキから車で25分 ㊟629 Kailua Rd. #120 ☎808-744-0777 ㋔10～18時（日曜は～17時） ㊡なし

ワンランク上のショッピング

現地でも日本でも身に着けたい 注目ファッションアイテム

街なかでひときわ目立つファッショニスタになるためのアイテムをピックアップ。リゾートファッション、アロハシャツ、トートバックのショッピングならこちら！

リゾートファッション

ワイキキ 付録MAP P9D2

エンジェルズ・バイ・ザ・シー

Angels by the Sea Hawaii

すべての女性が美しく、快適で、自信を持てるように

ハワイのビーチハウスをテーマに、オーナーがデザインするファッションとセレクトアイテムが揃う。ウエアは花や植物、貝殻など自然をモチーフにした甘めのデザイン&カラーと、リラックスできる着心地のよさが特徴。シーグラスを使ったアクセサリーも人気。

DATA 交R.H.C.から徒歩5分 住2348 Kalakaua Ave. H シェラトン・プリンセス・カイウラニ1階 ☎808-921-2747 時9～21時 休なし J

1.ウエアのプリントはすべてオリジナル 2.カジュアルでいてシックなハワイアンドレス$165 3.愛らしいキッズ用ロンパース$70～$75 4.オリジナル刺繍入りのトラベル巾着各$25

ワイキキ 付録MAP P8B3

ラニ・ビーチ・バイ・ミレイユ

Lani Beach By Mireille

最旬リゾートスタイルから定番アロハまで！

ビーチでもタウンでも着用できるトレンディなオリジナル・リゾートウエアのほか、ビーチやハワイをテーマにした雑貨が揃うセレクトショップ。

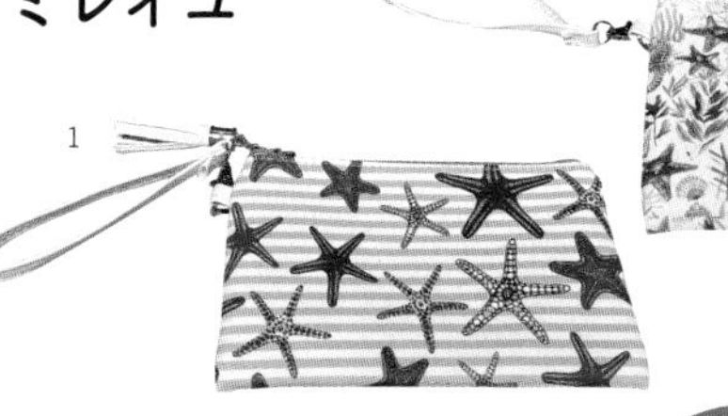

DATA 住R.H.C.(→P50)A館2階 ☎808-926-0506 時10～22時 休なし

1～3.ハワイらしいデザインのポーチは各$15。現地使いするアイテムとしてはもちろん、家族や友人へのおみやげにもおすすめ

まめちしき 常夏のハワイには、かわいくてお手頃な価格のワンピがたくさん。各ショップとも大体$30～100ぐらいで、トレンドを押さえたラインナップ。ただし、サイズは見ただけではわからないので、必ず試着しよう。

ワイキキ 付録MAP P8A3

アロハシャツ

アヴァンティ・シャツ
Avanteli Shirts

歴史ある絵柄を現代風に

1930～50年代のデザインを、現代でも着やすいようにアレンジ。素材はシルクもしくはコットン100%で、着心地のよさも評判だ。女性用のムームーやキッズサイズなども展開する。

DATA ㊋R.H.C.から徒歩2分 ㊟2164 Kalakaua Ave.
☎808-926-2323 ㊡11～18時 ㊡なし

1

2

3

1. 着心地のいいシルク100%素材のシャツ$115。ヤシの木がかっこいい 2. キッズサイズのムームー$45。同柄の大人用のシャツもある 3. パーティーなどで着たい華やかなシャツ$115

アラモアナ 付録MAP P13C2

アロハシャツ

レインスプーナー
Reyn Spooner

ハワイのビジネスマンに愛用者多数！

1956年創業のブランド。淡い色彩と仕立てのよさで、ハワイのビジネスマンたちに愛されている。レディースやキッズサイズもある。

DATA ㊋ワイキキから車で5分
㊟アラモアナセンター(→P42)2階
☎808-949-5929
㊡10～20時 ㊡なし

1

2

1. ハワイらしい華やかな絵柄のシャツ$119.50 2. 落ち着いた雰囲気のシャツ$119.50は日本でも着こなしやすいデザイン

モイリイリ 付録MAP P10A2

トートバッグ

ウィミニ・ハワイ
Wimini Hawaii

オリジナルデザインが魅力

オーガニックコットンを使ったTシャツなど、素材にこだわるショップ。オーナーがデザインし、ハワイを感じられるオリジナルの商品は、日本でも使いやすいものが勢揃い。ハワイらしい柄を選んで、おしゃれみやげにするのもいい。

DATA ㊋ワイキキから車で7分
㊟2015 S. King St.
☎808-260-1213
㊡11～18時 ㊡日曜

2

1

1. ワイキキ・オーガニック・トート$26にはMr. MellowとKulaがハンドプリントされている 2. コンパクトなスマイル・オーガニック・トート$26

ハワイ最大級の施設で買い物三昧！

ハワイ最大規模を誇るS.C. アラモアナセンター

ハワイに来たら必訪のショッピングセンター。人気のショップやレストランが約350店集結。とにかく広いのでマップで確認してから回ろう。

アラモアナS.C. 攻略ポイント

1 方向感覚をつかむ

巨大なセンター内では、メイシーズ、ニーマン・マーカスなど大型店の方向を示す看板があるので、それを確認しつつ自分の現在地を確認しよう。

2 Wi-Fiが無料で使える！

アラモアナセンターの無料ニュースレターeVIPクラブに登録すると、Wi-Fiネットワーク「AlamoanaCenter-Free」に接続できるので活用しよう。

3 無料イベントをチェックしよう！

1階センターステージでは、毎日17時からフラショーを開催。ほかにファッションショーなど年間800以上もの無料イベントが開催される。

4 バス＆トロリーの乗り場位置を把握

ワイキキ行きはアラモアナ通り沿いから出発。ワイキキトロリーはコナ通りにも停車場があるが、降車専用なので注意。最終便の発車時刻も確認を。

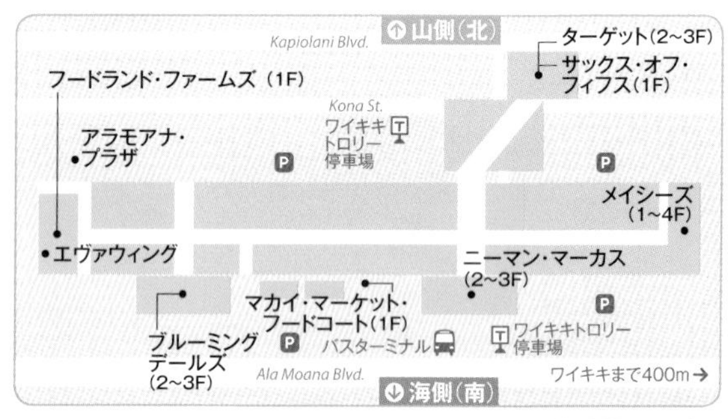

※フロア図は別冊P16を参照

アラモアナセンター Ala Moana Center

アラモアナ 付録MAP P13C2

ハワイ最大！ ショッピングの殿堂

高級ブランドからファストファッション、雑貨にレストランとあらゆるジャンルを網羅。休憩やおみやげ探しにもぴったり。

DATA 交ワイキキから車で約10分 住1450 Ala Moana Blvd. ☎808-955-9517 時10～20時 休なし※時休店舗により異なる URL www.AlaMoanaCenter.jp

エンタメSpotをCheck！

ラッキーストライクソーシャル Lucky Strike Social

3F

おいしい食事のほか、最先端のゲーム、ハンドクラフトドリンク、ボウリング、ライブパフォーマンスなどが楽しめるエンターテインメントスペース。DATA ☎808-664-1140 時11～24時（金・土曜は～翌2時） 休なし

1. ゲームフロアは18歳未満の場合、大人の同伴が必要 2. ボウリング場には22時以降、21歳未満は入場できないので注意！

まめちしき 世界各国の著名アーティストによるアート作品が館内に展示されている「アートウォーク」。日本を代表する芸術家・草間彌生の作品をはじめ、7アーティストの作品を展示。作品の詳細・展示場所はHPでチェック。

注目のショップをチェック！

1F フードランド ファームズ アラモアナ
Foodland Farms Ala Moana

デリやイートインも充実のスーパー

エヴァウィング側にオープンしたスーパーマーケット。食品や日用品の販売だけでなく、カジュアルなワインバー、ポケやステーキなどハワイアンフードのイートインもあり、ロコの注目度も高い。

DATA ☎808-949-5044 ㊐6～21時（ワインバー12～20時） ㊡なし

1.店内はゆったりとしたスペースで商品を選びやすい　2.ポケのイートインは小休止にぴったり　3.みずみずしいカットフルーツ$5.49　4.保冷タイプのエコバッグ$4.29　5.マカダミアパンケーキミックス$7.59

2～3F ニーマン・マーカス
Neiman Marcus

全米屈指の歴史ある高級デパート

100年以上の歴史をもつアメリカの高級デパート。世界のトップブランドが集まっており、日本未上陸のコスメや限定品のファッションなどが揃う。

DATA ☎808-951-8887 ㊐11～18時（土曜は～19時、日曜は12時～） ㊡なし

↑おみやげに喜ばれること間違いなしのマウイ・フルーツ・ジュエル・クッキー$10

2F エルベシャプリエ
Hervé Chapelier

ハワイを象徴する限定柄が揃う

舟型のトーチバッグが人気のパリのブランド。ハワイ店では「HAWAII」のロゴが入るものや、オアフ島の象徴的な存在のダイヤモンド・ヘッドをモチーフにしたデザインなど限定商品が揃う。

DATA ☎808-942-4440 ㊐10～20時 ㊡なし

1.シンプルでエレガントなフォルムのGPライン各$650　2.底のHAWAIIのロゴがすてきな人気のポシェット各$250

1F サックス・オフ・フィフス
Saks OFF 5TH

サックス・フィフス・アベニューのアウトレットストアで、世界の一流ブランドの商品のほとんどが、なんと半額以下。クリアランスアイテムはさらに値引きされ、掘り出し物の宝庫だ。

DATA ☎808-450-3785 ㊐10～20時（日曜は～19時） ㊡なし

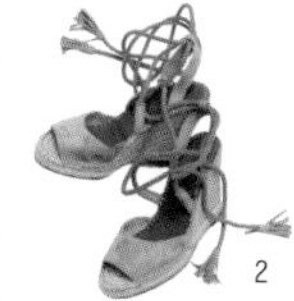

1.プライスダウンした商品も並ぶ　2.トレンディなストラッピーサンダル

注目の海外ブランド

2F

バス＆ボディ・ワークス
Bath&Body Works

おみやげにぴったりな香り商品！

ボディケア、ハンドソープ、ホームフレグランスなど、香りをライフスタイルに取り込んで楽しめるアイテムを扱う。

DATA ☎808-946-8020 時10〜20時 休なし

1.店内中央は季節のおすすめアイテムが並ぶ　2.パッケージがかわいいのでおみやげによろこばれそうなリップ各$8.50

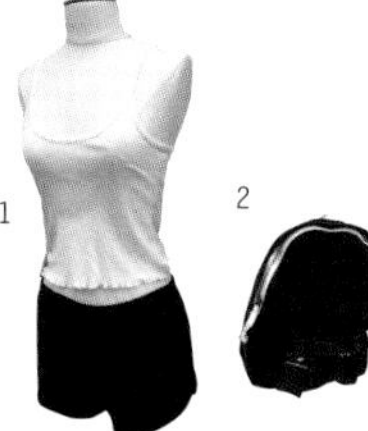

1.タンクトップは$15前後から　2.バックパック$35〜は定番アイテム　3.気負わなくてもおしゃれが完成!

3F

ブランディ・メルヴィル
Brandy Melville

おしゃれセンスの見せどころ

イタリア発の最旬ファッションが揃うカジュアルブランド。フリーサイズのアイテムも多く、着回しがきく。

DATA ☎808-941-1165 時10〜20時 休なし

3F

アンソロポロジー
Anthropologie

洗練されたライフスタイルショップ

上質な素材のハイセンスな服のほか、ソイキャンドルやフレグランススプレーなどの雑貨があり、ワンランク上のライフスタイルを提案する。

DATA ☎808-946-6302 時10〜20時 休なし

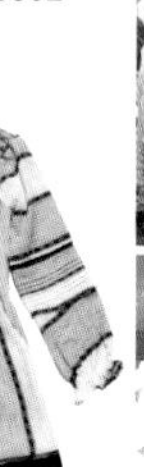

←オフショルダーの長袖ロンパース

3F

アクア・ブルー・ハワイ
AQUA BLU/HAWAII

軽くて丈夫で機能的なバッグ

人々に寄り添うことで上質な旅を提供するブランド。カラーバリエーションも豊富。

DATA ☎808-943-2400 時10〜20時 休なし J

1.アイコンであるハワイ諸島の革ロゴを縫い付けてあしらったアルバ ライト ラト$240　2.ハワイ限定のユリア フラワーミニ$168

2F

トリ・リチャード
Tori Rechard

大人のアロハスタイル

1956年創業の老舗ブティック。上質なコットンやシルク素材を用いた大人のリゾートスタイルが揃う。どこかレトロテイストのプリントが魅力。

DATA ☎808-949-5858 時10〜20時 休なし

1.フラダンサーが印象的なアロハ$110　2.コーディネートになじみやすい落ち着いた雰囲気のアロハ$110も

プチ情報　アロハシャツはハワイの正装にもカジュアルに着こなすことができるので、1枚持っていると重宝する。素材にこだわったユニークな柄のシャツの中から、自分のお気に入りの1枚を見つけよう。

T&Cサーフ・デザインズ
T&C Surf Designs

ハワイ生まれの老舗サーフショップ

世界中のサーファーに愛されるブランド。サーフィンやボディボード、スケートボードなどのギアをはじめ、水着、アパレルなどを幅広く取り揃える。

DATA ☎808-973-5199 ㊊10時30分～19時(金・土曜は～20時、日曜は～18時30分) ㊡なし

1.T&Cのロゴ入りキャップ$24は浅めのデザインが今っぽい　2.ローカルフードの絵柄のTシャツ$29　3.ノースショアの地名が入ったTシャツ$29

アロハなアイテム

ユニクロ
Uniqlo

ハワイ限定アイテムが見つかる

日本でおなじみのファストファッションブランドにロコたちも夢中！ハワイアンブランドとのコラボTシャツやハワイ限定のアロハシャツをぜひチェックしよう。

DATA ☎808-600-3831 ㊊10～20時 ㊡なし

1.レナーズ・ベーカリーとのコラボTシャツ(レディース)$24.90　2.マツモト・シェイブアイス とのコラボTシャツ(キッズ)$14.90　3.伊藤若冲のアートをフィーチャーしたアロハスタイルのシャツ$39.90

ムーミン・ショップハワイ
Moomin Shop Hawaii

北欧の人気キャラクターのハワイ限定品

永遠の人気者、ムーミンの専門ショップのハワイ店。ここでしか手に入らないTシャツやグッズが勢揃いしている。店内には撮影スポットやキッズエリアも。

DATA ☎808-945-9707
㊊11～19時(日曜は～18時)
㊡なし

1.ぬいぐるみ大$37、小$24　2.マグカップ$20はハワイらしい絵柄で彩られている
3.ステッカー$4.50

Check!

おみやげにGood! ハワイ限定パッケージの紅茶

ルピシア Lupicia

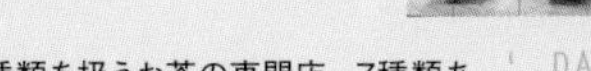

常時約100種類を扱うお茶の専門店。7種類あるハワイ限定茶はパッケージがトロピカルなデザインでおみやげにも◎。日本語の説明もうれしい。

DATA
☎808-941-5500
㊊10～20時
㊡なし

1.マンゴーやパパイヤの果肉入り、フアキ$13
2.南国フルーツとバナナ風味のマヒナ$13はハワイ限定
3.グァバの紅茶に赤い花びらを加えたクウイポ$13

買い物途中でさくっとご飯

1F マカイ・マーケット・フードコート
Makai Market Food Court

各国料理が揃うお手軽フードコート

海側の1階にある巨大フードコート。ローカル料理はもちろん、ラーメン、スイーツまであらゆる料理が楽しめる。買い物の合間に気軽に利用できるので便利。

DATA ☎店舗により異なる 時9時30分〜21時（日曜は10〜19時）※一部店舗により異なる 休なし

「ポケ&ボックス（→P76）」のポキ丼（L）
サイズはS、M、Lから選ぶことができる
$19.99

「ラハイナ・チキン・カンパニー」の1/4サイズのローストチキン・コンボミール
ローストチキン専門店のチキンが味わえる

「ヤミー・コリアンBBQ」のカルビチキンコンボプレート
サイドメニューを4種選べる

2F ラナイ@アラモアナセンター
The Lanai @Ala Moana Center

お酒も飲める大人のフードコート

鉄板焼きやポキ、ラーメン、おむすび、エスニック料理など多彩な食が楽しめる。バーのアガヴェ&ヴァインは、フードコート内の料理なら持ち込みが可能。

DATA ☎店舗により異なる 時11〜19時（日曜は12〜18時） 休なし

ハワイらしい具材が楽しい

「むすびカフェ・いやす夢」のスパムおむすび
米は「北海道産ななつぼし」を使用。鮭や梅など定番おむすびも

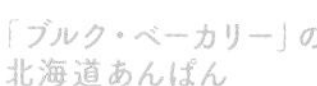

「ブルク・ベーカリー」の北海道あんぱん
北海道の食材を使用した日本発のベーカリー

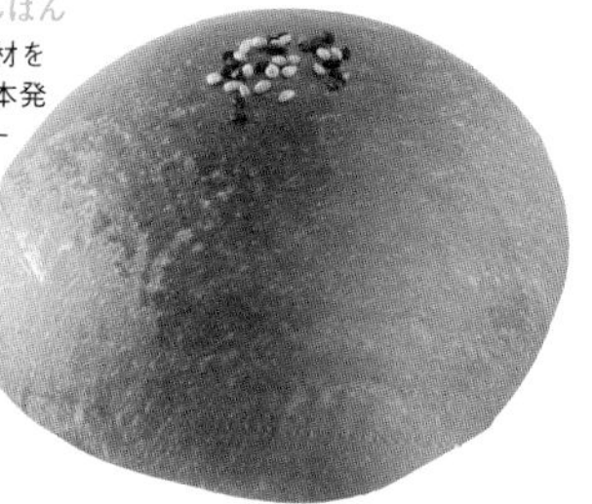

ハワイ産食材を使用!

「鉄板焼きファーマー」のステーキロール
肉とじゃがいものスライスがのり、ボリューム満点

プチ情報 アラモアナセンター4階に位置するダイニングエリア、ホオキパ・テラスには、味自慢のレストランが入り、ランチタイムには行列ができる。混雑を避けたいなら14〜15時ごろを狙おう。

ここもチェックしたい!!

3F
マリポサ
Mariposa

窓から見渡す景色もごちそう

ニーマン・マーカスの3階にある人気レストラン。料理は、ハワイ産や各国の食材の持ち味を生かしたパシフィック・リム。アラモアナ・パークやビーチを望む景色もすばらしい。テラス席をキープできたらラッキー!

DATA ㊓ニーマン・マーカス3階 ☎808-951-3420 ㊕11時～16時30分(水・木曜は～18時30分、金・土曜は～19時) ㊡なし

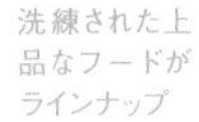
ランチに付くポップオーバーも大人気

洗練された上品なフードがラインナップ

テラス席は予約をしても確保するのが難しい

4F
マイタイ・バー
Mai Tai Bar

カクテル片手にライブに酔いしれる

ショッピングの合間に気軽に立ち寄れる開放的なバーはいつもロコで賑わう。カクテルやププがお得な価格で楽しめるハッピーアワーは特に人気。毎晩2回のライブ演奏もあり。

DATA ☎808-947-2900 ㊕11～23時 ㊡なし

ハッピーアワーInfo

㊕16～19時、20～23時(ドリンクのみ)。ボリューム大のおつまみが$6～8、ビール$3～。

1.開放的な空間で休憩にピッタリ 2.ハッピーアワーではカラマリなどのププ(おつまみ)が$6～8に 3.カクテルはアイシーマイタイ$8～やマティーニ$7.50～が人気

アラモアナセンターからすぐ!!

付録MAP P12B2
エッグスン・シングス
Eggs'n Things

パンケーキの人気店もすぐそば

行列の絶えない人気店のアラモアナ店。1974年の創業以来変わらないパンケーキ(→P70)や卵料理が揃う。ほかにワイキキ店、本店のサラトガ店(→P71)の2店舗がある。

DATA ㊓451 Piikoi St.アラモアナ・プラザ1階 ☎808-538-3447 ㊕7～14時 ㊡なし Ⓙ

たっぷりのホイップと刻んだパイナップルが大量にのったパンケーキ $16.95

4F
オリーブ・ガーデン
Olive Garden

家族利用もデート利用も◎

全米で人気のアメリカ風イタリア料理チェーン店のハワイ1号店。モダンでスタイリッシュな店内では、ニンニクの利いたパスタやビターな味わいのドルチェなどを提供。

DATA ☎808-942-2000 ㊕11～22時(金・土曜は～23時) ㊡なし

1.テーブル席のほかバーやカウンター席もある 2.牛肉をたっぷり包んだトーステッド・ラヴィオリ$12.19

トレンド発信基地の注目エリア

街の象徴である計画都市 ワードビレッジ

アラモアナの西に隣接し、再注目を集めるワードエリア。
中心となるワードビレッジは、オフプライスショップや個性派ショップが入る注目のスポット。

ワード

付録 MAP P12A3

ワードビレッジ
Ward Village

エンタメ系施設が充実の大型センター

選りすぐりのショップとレストランが集まった全4施設からなる複合施設。映画館やゲームセンターなどもあり、週末には多くの家族連れで賑わう。

※詳細フロア図は付録P20

DATA 交ワイキキから車で7分。駐車場の入口はアウアヒ・ストリートとワード・アヴェニュー、カマケエ・ストリートにある。ワード・センターなどにはバレーパーキングもある。●ザ・バス19・20・42番でワイキキから15～20分 住1240 Ala Moana Blvd. ☎808-591-8411 時10～21時(日曜は～18時)※店舗により異なる 休なし

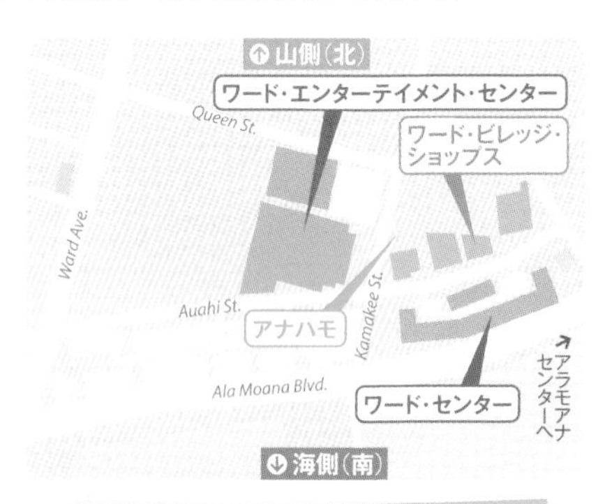

ワードビレッジ攻略 Point

広大な敷地内に4つの施設があるので、事前に行きたい店をチェックして動線を考えておくと◎。また、新しい店も常にオープンしているので、あらかじめHPなどでチェックを。URL www.wardvillage.com

オフプライスショップでお得

ワード・ビレッジ・ショップス

ノードストローム・ラック
Nordstrom Rack

ハイブランドが30～70%オフ!

老舗高級デパート、ノードストロームのオフプライスストア。洋服や靴、小物まで幅広いアイテムが、最大でデパート価格の70%オフに。

DATA 住ワード・ビレッジ・ショップス2階 ☎808-589-2060 時10～21時(日曜は～19時) 休なし

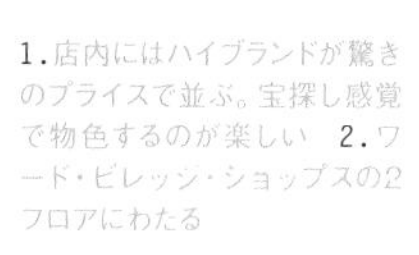

1.店内にはハイブランドが驚きのプライスで並ぶ。宝探し感覚で物色するのが楽しい 2.ワード・ビレッジ・ショップスの2フロアにわたる

ワード・ビレッジ・ショップス

T.J.マックス
T.J. Maxx

有名ブランド品が格安で手に入る

全米で1000店舗以上展開する、大手オフプライス店。特にラグジュアリーブランドが集まる「ランウェイ」コーナーは要チェック。

DATA 住ワード・ビレッジ・ショップス3階 ☎808-593-1820 時9時30分～21時30分(日曜は10～20時) 休なし

1.ボックスで飾ってもかわいいココナッツソープは定価の約4割引き 2.そのままテーブルに出しても素敵な高級ホーロー鍋がほぼ半額に

ワード・センター

ナ・メア・ハワイ
Na Mea Hawaii

とっておきのハワイメイド

伝統工芸品から最新のデザインまで、すべてメイドインハワイのアイテムがずらり。アーティストのオリジナル作品やアクセサリーなどを探すならここへ。

DATA ㊟ワード・センター1階 ☎808-596-8885 ㊓10～20時（金・土曜は～21時、日曜は～18時） ㊡なし

1.ハワイ伝統のラウハラ織りのハット$675～。貴重な手編みの高級品 2.ハワイの健康茶ママキ・ハーバル・ティー$20.95も販売

ユニークな雑貨はこちら

サウスショア・マーケット

モリ・バイ・アート＆フリー
Mori by Art & Flea

アロハスピリッツ満載

ハワイで活躍する地元アーティストの作品が集まるショップ。アロハシャツや女性用ワンピース、雑貨やアクセサリーなど幅広く展開している。

DATA ㊟サウスショア・マーケット1階 ☎808-593-8958 ㊓11～18時（金・土曜は～19時） ㊡なし

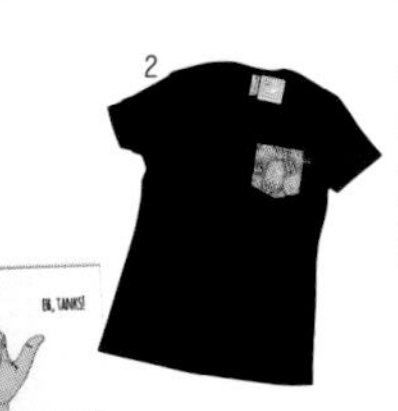

1.ハワイらしいシャカサインのメッセージカード$6はおみやげに 2.胸元のポケットにパイナップル柄が入るキュートなデザインのシャツ$35

ワードビレッジアナハ

アット・ドーン・オアフ
at Dawn. O'ahu

やさしいデザインが人気

オーナーでデザイナーのエリコさんが、ハワイでデザインし、バリで手染め・縫製したオリジナル商品を展開。天然素材を使ったウエアが人気。

DATA ㊟ワードビレッジ アナハ1階 ☎808-946-7837 ㊓11～18時（金・土曜は～19時、日曜は～17時） ㊡なし

1.アボリスとコラボしたコットントートバッグ$62。持ち運びに便利なサイズ 2.コットンキャンバスの丈夫な質感とポップなロゴが人気のトートバッグ$35

グルメSPOT

ワード・センター

トライ・コーヒー
Try Coffee

オーナーこだわりのコーヒー

シェアオフィス内にあるコーヒー店。世界中から厳選した豆で提供するポアオーバーは、香り高くコク深い。テラス席の一部とテイクアウトは誰でも利用OK。

DATA ㊟ワード・センター2階 ☎なし ㊓6時30分～13時（土・日曜は7～15時） ㊡祝日 URL try.coffee

1.エスプレッソにクリーミーなミルクをプラスしたラテ$3.75
2.抹茶ラテ$5.50～は日本の抹茶を使用

ワード・エンターテイメント・センター

アン・ディ・ヨー
An Di Dzo

本格ベトナム料理をワードで

チャイナタウンにあるロコに人気のレストラン「クーロンⅡ」の姉妹店。フォーやバインミー、春巻きなどどれもボリューミーでホッとできる味わい。

DATA ㊟ワード・エンターテイメント・センター1階 ☎808-888-2287 ㊓11時15分～15時、17～21時（金・土曜は～21時30分、日曜は11～19時） ㊡月曜 URL www.andidzohawaii.com

1.姉妹店で人気の海老のバインミー$14.95はここでも人気メニュー 2.サイドオーダーできるボーンマロウ$7.50

ワイキキの中心的存在！

最新トレンドが大集結 ロイヤル・ハワイアン・センター

ワイキキの目抜き通りに面したランドマーク的存在のショッピングセンターは、いつもホットな話題が目白押し。行くたびに新しい発見があり、多くのロコや観光客で賑わう。

付録 MAP P8B3

ロイヤル・ハワイアン・センター

Royal Hawaiian Center

誰もが訪れるショッピングスポット

一流ブランドから話題のアパレルまで、ショッピングの幅広い魅力が詰まったショッピングセンター。立地のよさに加え、バラエティに富んだグルメや無料アクティビティも充実している。

DATA ㊟2201、2223、2301 Kalakaua Ave. ☎808-922-2299 ㊗10～22時（店舗により異なる） ㊡なし

※詳細フロア図は付録P18

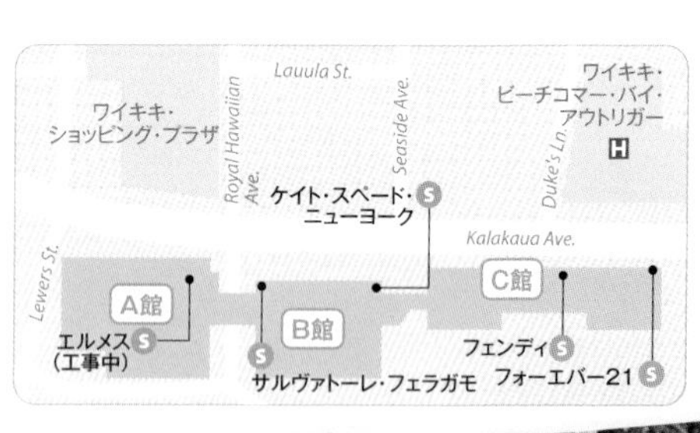

無料カルチャー体験

フラやレイ作りなど、無料で体験できるレッスンも多数実施。月～土曜まで、さまざまなコースがあり、当日申し込めば誰でも参加自由。詳細はHPを参照。
URL jp.royalhawaiiancenter.com/events

レイメイキング・レッスンは先着25名

注目の最旬アイテム

レスポートサック

LeSportsac

世界中で人気のナイロンバッグの老舗

1974年の創立以来、ハンドバッグやトラベルトートなどのカジュアルナイロンバッグを展開するアメリカ発祥のブランド。軽量で高性能なバッグは丈夫で、バリエーションも豊富。新作からハワイ限定などさまざまなデザインが揃う。

DATA ☎808-971-2920 ㊗10～21時 ㊡なし
URL www.lesportsac.com

1.シンプルなのでシーンを選ばずに使えるバッグ$95
2.ハワイ限定デザインのコスメポーチ$30
3.パイピングエッジで丈夫な作りのバッグ$165

1

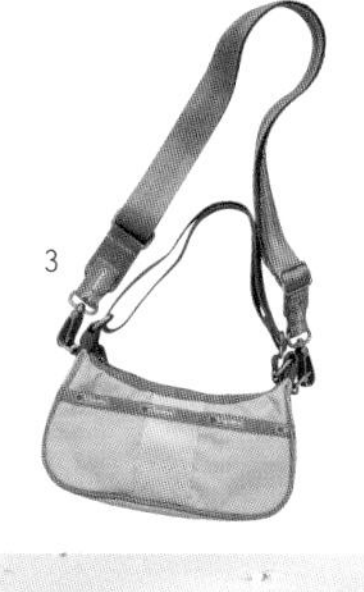

3

2

プチ情報 ロイヤル・ハワイアン・センターの中庭、ロイヤル・グローブでは、ハワイの伝統的なミュージック・ライブや古典的なフラショー「フラ・カヒコ」などのエンターテインメント・ショーが定期的に開催されている。

ハーバーズ・ヴィンテージ
Harbors Vintage

ファッション好き注目の古着店

コアなファンが多いスニーカーやビンテージ揃いのアロハシャツ、入手困難なキャラクターアイテムなどが揃う。一点物が多いので迷わずゲット！

DATA ☎808-466-9486
時11～20時 休なし

1.人気ブランドの80年代モデルなどもラインナップ　2.ストリート系ブランドのキャップ

※古着店のため写真は参考商品

アンテプリマ／ワイヤーバッグ
Anteprima / Wirebag

限定デザインが続々登場

日本でも人気のイタリア発のブランド。独自のワイヤーコードを使った手編みバッグに、州花のハイビスカスをデザインした限定品が登場。

DATA ☎808-924-0808
時10～21時
休なし

清楚な雰囲気の店内に、手提げバッグやハンドバッグ、チェーン付きポーチなどハイセンスなアイテムが並ぶ。

立ち寄りグルメスポット

パイナ・ラナイ・フードコート
Paina Lanai Foodcourt

いつでも気軽に食事が楽しめるフードコート。プレートランチから麺類、ハンバーガーまで各種メニューが味わえる。

DATA ☎808-922-2299 時10～21時 休なし

1.「Mahaloha Burger」のアボカド・スイス・バーガー$7.95
2.「Pho Factory」のベトナム麺チキン・フォー$9.69

アイランド・ヴィンテージ・シェイブアイス
Island Vintage Shave Ice

ハワイの有名コーヒーチェーンがオープンさせた、シェイブアイスのキオスク。フルーツを使ったフレーバーにトッピングも多彩。

DATA ☎808-922-5662
時10～21時 休なし

1.イチゴとパッションフルーツに餅やタピオカをトッピング$10.95
2.抹茶と柚子に小豆やコンデンスミルクをプラス$10.95、シンプルな2フレーバーのシェイブアイスは$7.95～

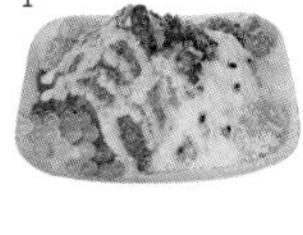

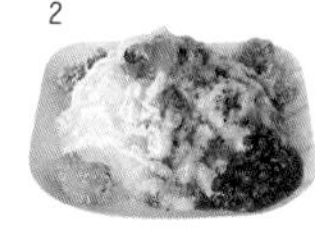

ティム・ホー・ワン
Tim Ho Wan Waikiki

熱々できたての飲茶！

香港発の飲茶レストランのハワイ1号店。リーズナブルな価格の極上点心は、毎日店内で手作りし、注文が入ってから蒸し上げる。

DATA ☎808-888-6088
時10～21時 休なし

1.一番人気のベイクドチャーシューパオ $6.75　2.特製XO醤のチョンファン$14.95などの炒め物もある

ノイタイ・キュイジーヌ
Noi Thai Cuisine

実力派シェフの伝統的タイ料理

宮廷料理をベースにした伝統的なタイ料理店。味はもちろん見た目も美しい本格的な料理を、ウッディな雰囲気の店内でいただこう。

DATA ☎808-664-4039
時11～15時、16時～21時30分（土・日曜は11時～21時30分） 休なし

1.ココナッツカレー・ヌードルスープ $22.95

個性派ショップがずらりと並ぶ

インターナショナル・マーケットプレイス

ワイキキの真ん中にあり、個性派ショップとレストランが勢揃い。気軽に入れるフードホールや本格ルアウショーなど、魅力が満載!

付録 MAP P9C2

インターナショナル・マーケットプレイス

International Market Place

自然とふれあえるショッピングモール

ワイキキのど真ん中でオアシス的存在のバニヤンツリーに癒やされる。かつて象徴的存在だったツリーハウスなども残しながら、話題の先端をいくショップやレストランが大集合。

DATA ㊋R.H.C.から徒歩5分
㊟2330 Kalakaua Ave. ☎808-931-6105
㊣10～22時(店舗により異なる) ㊡なし

マーケットプレイス攻略Point

メインの入口はカラカウア・アヴェニュー側。モール内にはハワイの歴史や自然を表現する仕掛けがいっぱい。買い物しながら楽しみたい。1～2階は65軒以上のショップが入店。3階はレストランが集まる「グランド・ラナイ」。ハワイ初出店の店もあるのでロコの注目度も高い。1階にはイベントステージもある。イベントやセール情報は、URL ja.shopinternationalmarketplace.comをチェック。

1.ショッピングセンター内とは思えないクオリティーの本格的なルアウショーを見学できる 2.有名メーカー「マーティン&マッカーサー」製の特注ロッキングチェアなど休憩スペースが充実

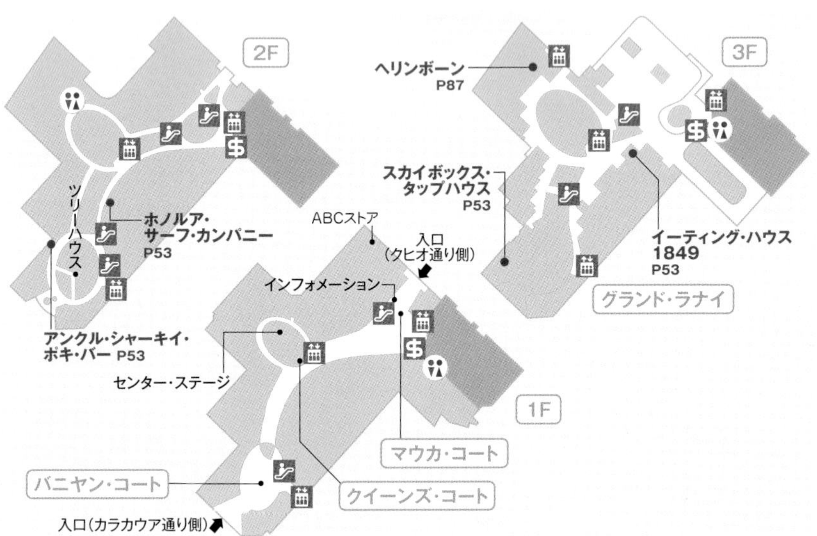

プチ情報 毎日トーチライトセレモニーとフラショーといったハワイの伝統文化を感じるイベントを開催。また館内にあるワイキキの歴史と文化を紹介するプレートのQRコードを読み取ってクイズに答えるとプレゼントがもらえるので挑戦!

リゾート雑貨をチェック

2F

ホノルア・サーフ・カンパニー
Honolua Surf Co.

ハイセンスなリゾートウェア

マウイ島生まれのローカルブランド。Tシャツやバッグなどオリジナル商品のほか、セレクト品も充実。リゾートライフに欠かせないアイテムを入手！

DATA ☎808-913-5863 ㊖10〜21時 ㊡なし

1.大きめのトートバッグ$36.95は内ポケット付き　2.さりげなくハワイを感じるポーチ$24.95はみやげに人気　3.ビーチで着れば注目間違いナシのタンクトップ$26.95

立ち寄りグルメ

スカイボックス・タップハウス
Skybox Taphouse

オープンエアでビールを楽しむ

ビールや窯焼きピザ、ハンバーガーなどを提供するスポーツバー&レストラン。ワイキキの中心にあるので、買い物途中や夕飯利用などにも寄りやすい。

DATA ☎808-378-8542 ㊖11時〜翌1時（金・土曜は10時〜翌2時、日曜は10時〜） ㊡なし
URL www.skyboxtaphouse.com

1.窯焼きピザのプロシュート・ディ・パルマ$28　2.スカイボックス・マッシュバーガー$22はアメリカ産のワギュウをパテに使用

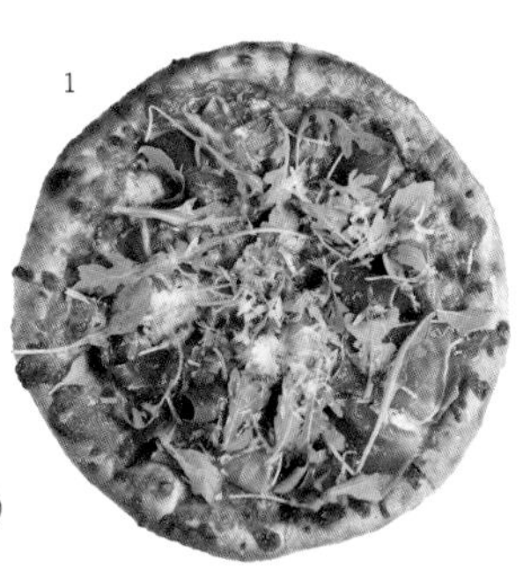

アンクル・シャーキイ・ポキ・バー
Uncle Sharkii Poke Bar

カリフォルニア発のチェーン店

ヘルシー&カジュアルなファストフード店として、カリフォルニアで人気のチェーンのハワイ1号店。自分流にカスタマイズして味わって。

DATA

☎808-501-0388
㊖11〜21時
㊡なし

ポキは全部で6種類ある。ご飯かサラダ、辛さ、ソースなどを選べる

3F

イーティング・ハウス 1849
Eating House 1849 by Roy Yamaguchi

腕利きシェフの絶品ステーキ

ロイ・ヤマグチ氏が手がけるレストラン。プランテーション時代の各国の食文化が融合したハワイテイストをアレンジしている。

DATA ☎808-924-1849 ㊖16〜21時（土・日曜は10時30分〜14時、16〜21時） ㊡なし

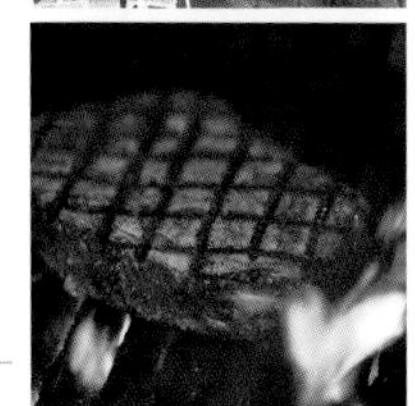

キアヴェの木でスモークしたリブアイ$65

お買い物パラダイスを満喫！

ワイキキ周辺のショッピングセンター

カラカウア通り沿いには、魅力的なショップが集まる大型ショッピングセンターが点在。お目当てのブランドやおみやげを求めて、ショップクルーズを楽しんで。

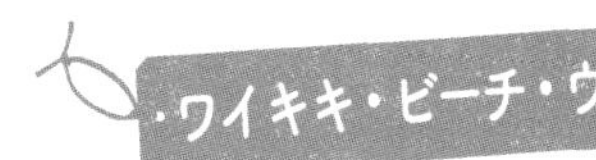

プル・イン
Pull-in

日本未上陸の仏下着ブランド

フランスの有名インナーウエアブランドがハワイ初上陸。メンズとキッズを対象に、水着と兼用できる素材のファッショナブルなものが多い。

DATA ☎808-462-7201
時9～22時　休なし

1. フラガールやサーファーが目を引くメンズ下着$42
2. 大人向け下着$42とキッズ下着$29.99

カールドヴィーカ
Carludovica

唯一無二のパナマ帽に出合う

エクアドルで熟練の職人が手がける本格的なパナマハットの専門店。ベストなサイズの帽子を、カスタムフィットまで仕上げてくれるうれしいサービス付き。

DATA ☎808-921-8040　時10～22時　休なし

1. 2色編みがカジュアルな帽子$195　2. すっきりしたシルエットのダイアモンドフェドラ$515

ココ・マンゴー
Coco Mango

フレンチシックなセレクトショップ

フランス、タヒチ、パリ、ブラジル発のブランドを扱う。ポリネシアの島々からインスピレーションを受けたデザインとトロピカル感が、ハワイにもぴったり。

1. リゾート感満載のサマードレス$129　2. ハワイらしい柄と色のバングル各$79（左$99）

DATA
☎808-517-0105
時10～22時
休施設に準ずる

カハラ
Kahala

アロハの老舗でとっておきを

伝統とモダンがほどよく溶け込んだアロハシャツブランド。キッズラインもあるので、親子で楽しめそう。復刻版もあり、クラシックから最新まで幅広く揃う。

DATA
☎808-922-0066
時9～22時
休施設に準ずる

1. 親子で着られるサーフボード柄のメンズシャツ$110、キッズ$60
2. 人気の赤いアロハシャツ$110

ワイキキ　付録MAP P8A4

ワイキキ・ビーチ・ウォーク
Waikiki Beach Walk

約250mの買い物ストリート

ルワーズ・ストリートに沿って店が軒を連ねる、開放的なショッピングエリア。ハワイらしいファッションや雑貨を扱うショップ、小粋なレストランが約50店並ぶ。フードワゴンやマーケットも展開する。

DATA 交R.H.C.から徒歩4分　住226～227 Lewers St.
☎808-931-3593
時店舗により異なる
休なし

ワイキキ・ビーチ・ウォークではハワイアンミュージックライブやポリネシアンショー、ファーマーズマーケットなどの無料イベントが平日毎日開催されている。

プアレイラニアトリウムショップス

1F ボルコム
Volcom

スポーティなカジュアルウエア

サーフ、スケート、スノーの3つのボードスポーツを彩るファッションを展開するアメリカンブランド。

DATA ☎808-922-1026 ⊞9～20時 ㊡なし

1.ハワイ限定柄のタンクトップ$22は定番アイテム 2.大人と同じデザインがあるキッズ用のおしゃれなTシャツ$16とボードショーツ$45 3.メンズのリクライナー・サンダル$36

1~2F アーバン アウトフィッターズ
Urban Outfitters

アメリカ発のライフスタイルブランド

落ち着いたカラーのゆるカジスタイルが豊富でアンダーウエアも人気。2階建てのショップにはコスメやボディケアグッズ、本、レコードなどさまざまな雑貨が揃う。

DATA ☎808-922-7970 ⊞10～20時(金～日曜は～19時) ㊡なし

1.ハワイ1号店 2.ハワイらしいディスプレイも特徴的 3.多彩なアイテムが揃う店内

1F アグ オーストラリア
UGG Australia

大人気のムートンブーツ

ハワイ直営店第1号。定番のムートンブーツは、入荷してもすぐに売り切れてしまうほどの人気。キッズやメンズラインも種類豊富。

DATA ☎808-926-7573 ⊞9～22時 ㊡なし

1.定番から新作までデザイン豊富に並ぶ。限定品が出ることもあるので要チェック 2.広い店内が混雑するほどの人気

ワイキキ 付録MAP P9D3 プアレイラニ アトリウム ショップス
Pualeilani Atrium Shops

ホテル内で個性派ショップ巡り

2つのタワーをつなぐ吹き抜けのアトリウムを中心に、50店舗以上が集結。ホテル内ショップの域を超えたショッピングモールには、ハワイのショップから日本未上陸の大型店まで多数並ぶ。

DATA ㊋R.H.C.から徒歩6分 ㊟Ⓗハイアット リージェンシー ワイキキ ビーチ リゾート アンド スパ(→P104)内 ☎808-923-1234 ⊞店舗により異なる ㊡なし

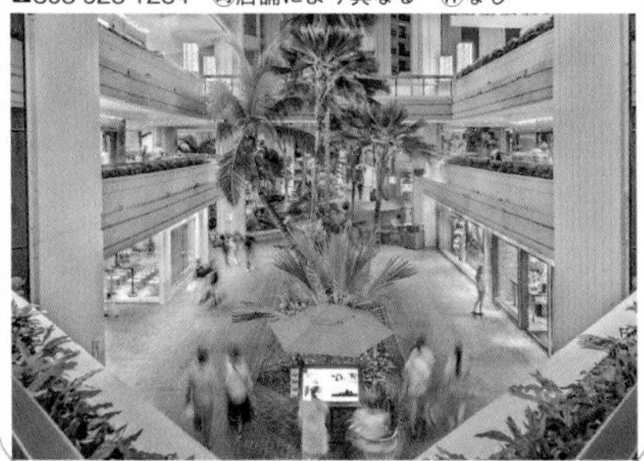

買い物欲が止まらない!

まだまだあります！ショッピングスポット

買い物天国のハワイには、まだまだショッピングセンターがたくさんある。
施設ごとに個性や特徴が違うので、比較してお目当てのショップを見つけよう。

ワイキキ

コレクションズ・オブ・ワイキキ

Collections of Waikiki

付録MAP P8・9 B～D2・4

名門ホテルのショッピングスポット

4つのホテルのショッピングエリアの総称。ショップは一流ブランドからローカル系まで、多彩なラインナップ。

DATA 交R.H.C.から徒歩1～4分 住2255 Kalakaua Ave. Ⓗシェラトン・ワイキキ1階●Ⓗモアナ サーフライダー ウェスティン リゾート＆スパ(→P103)1・2階●Ⓗロイヤル ハワイアン ラグジュアリー コレクション リゾート(→P103) 1階●120 Kaiulani Ave. Ⓗシェラトン・プリンセス・カイウラニ1・2階 ☎時店舗により異なる 休なし

モアナ・バイ・デザイン

Moana by Design

付録MAP●P9C3

モアナホテルの公式ロゴショップ

モアナ サーフライダーのオリジナルグッズを販売。ジュエリー、インテリア雑貨、アパレルなど豊富な品揃え。有名メーカーとコラボしたクッキーなどはグルメな友人へのおみやげに最適。

DATA 住Ⓗモアナ サーフライダー ウェスティン リゾート＆スパ1階 ☎808-924-5516 時11～19時 休なし

1.白とブルーで統一された店内。格式ある高級ホテルのブティックは品揃えも一級品 2.ハワイアンプリントがキュートな水色のモアナベアー大$36、小$22は、モアナのオリジナル

雑貨

アロハコレクション

Aloha Collection

付録MAP●P9C3

ハイデザインの機能性雑貨

タイベック素材のバッグは防水性や強度を重視している。利益の5%をハワイの団体に寄付。

DATA 住Ⓗモアナ サーフライダー ウェスティン リゾート＆スパ(→P103) 1F ☎808-763-1347 時9～22時 休なし URLaloha-collection.com/

1.ALOHAのロゴが目を引くオリジナルポーチ各$34 2.モノトーンでハイセンスなトートバッグ$48

ワイキキ・ビーチボーイ

Waikiki Beachboy

付録MAP●P8B4

デザイン◎のビーチウエア

ワンランク上のビーチウエアが揃うセレクトショップ。「マーヒ」「プアラニ」など、旬のブランドがズラリ。

DATA 住Ⓗシェラトン・ワイキキ1階 ☎808-922-1823 時8～22時 休なし

ラッシュガード(上) $62

コスメ

マリエ・オーガニクス

Malie Organics

付録MAP●P9C4

カウアイ島生まれのコスメ

ピカケ、プルメリアといったハワイらしい香りが特徴のオーガニック・コスメブランド。

DATA 住Ⓗロイヤル ハワイアン ラグジュアリー コレクション リゾート1階 ☎808-922-2216 時10～21時 休なし

1.ボタニービューティーファーミングクリーム$55 2.ボディクリーム4本セット$60

ホノルル・コーヒー

Honolulu Coffee

付録MAP●P9C3

特約農家の高品質コーヒー

厳選した豆を毎日少量ずつロースト。100%コナから手頃なものまで、ハワイ産コーヒーを提供。

DATA 住Ⓗモアナ サーフライダー ウェスティン リゾート＆スパ1階 ☎808-926-6162 時5時30分～22時 休なし

1.チョコは全6種類各$8.95 2.コナ・フロスト$9(右)、ラテ$5.50～(左)

カハラモール
Kahala Mall

ホールフーズ・マーケットも併設する

ハイセンスエリアのおしゃれモール

高級住宅街として知られるカハラ地区のショッピングセンター。洗練されたハイセンスなセレクトショップやスーパーで、ロコマダム気分を味わえる。

DATA ㊋ワイキキから車で15分 ㊟4211 Waialae Ave. ☎808-732-7736 ㊙10～21時（日曜は～18時。一部店舗により異なる） ㊡なし

ソーハ・リビング
SoHa Living

ビーチシックな雑貨たち

ハワイを感じさせるおしゃれなインテリアグッズが並ぶ。人気はハワイの地名やメッセージが入ったアートボードや、ハワイらしい柄のクッション。

DATA ☎808-591-9777 ㊙㊡施設に準ずる

1.ギフトにもぴったりのオリジナルディフューザー$56.80 2.ミントグリーン色の人気クッション$34.80

1F

33 バタフライズ
33 Butterflies

キレイめカジュアルなウエア

ロフトを思わせる店内にNYやLAの最旬デザイナーブランドのウエアが揃う。粋なセレクトで、バッグやサンダルなどの小物も充実。

DATA ☎808-744-6496 ㊙10～19時（金・土曜は～20時、日曜は～18時） ㊡なし

ちょっとしたおでかけにも活躍するアイテムがいっぱい

イン・マイ・クローゼット
In My Closet

ハワイのトレンドウエア

着回しの利く等身大のファッションアイテムが揃うブティック。小物やアクセサリーをコーディネートして楽しむおしゃれを提案。

DATA ☎808-734-5999 ㊙㊡施設に準ずる

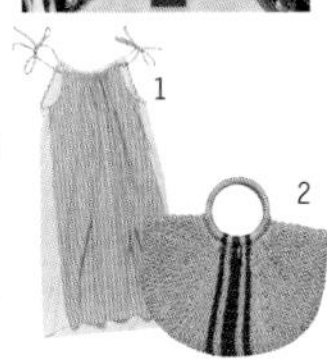

1.肩ヒモがかわいいストライプドレス$48 2.丸い持ち手とフォルムのカゴバッグ$55

ザ・コンプリート・キッチン
The Compleat Kitchen

ユニークなキッチンウエア

2人の主婦が立ち上げたハワイ生まれのキッチン用品店。かわいくて実用性の高いキッチンアイテムや食卓を彩る雑貨は、個性的なおみやげにぴったり。

DATA ☎808-737-5827 ㊙10～21時（日曜は～18時） ㊡なし

日本では見かけない、珍しいキッチン用品が揃う

ワイケレ・プレミアム・アウトレット
Waikele Premium Outlets

ハワイ最大級のアウトレットへ

ポロ・ラルフローレン、コーチ、トリーバーチ、マーク・ジェイコブスなど、55 以上のブランドが最大65%オフのオアフ島唯一のアウトレットショッピングスポット。シャトルバスはいくつかの会社が運行しているので活用して。

DATA ㊋ワイキキから車で35分。 ㊟94-790 Lumiaina St. ☎808-676-5656 ㊙10～19時（金・土曜は～20時、日曜は11～18時） ㊡なし URL premiumoutlets.com/outlet/waikele J

大人カワイイ、人気ブランドでゲットする

ハワイ気分をアゲる Tシャツ&ビーチサンダル

ハワイといえば、現地調達のTシャツ&ビーサンでラフに過ごせるのがうれしい。今ハワイで注目されている、人気ブランドのとっておきの品々をズラリご紹介。

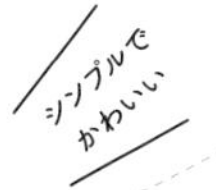

T-Shirts

A オリジナルキャラのハワイらしいデザインTシャツ $20

B 黒と白のシンプルなデザイン。ワイキキ限定 $22.95

F レトロな かわいい でも着 デザイン

A 胸ポケットに異素材を組み合わせたTシャツ $39.99

C ユニセックスなデザインのTシャツはサイズ展開も豊富 大人用$40 子ども用$32

B サーフィンをするハッピーちゃんがかわいい人気商品 $34

A 88ティーズ

●ワイキキ

88Tees

付録MAP●P8A3

キュートなキャラクターのヤヤちゃんをはじめ、広い店内には迷うほどオリジナルTシャツが並んでいる。毎日新アイテムが入荷し、スウェットもある。

DATA 交R.H.C.から徒歩1分 住2168 Kalakaua Ave. ☎808-922-8832 時12〜18時 休なし URL www.88tees.com

B ハッピー・ハレイワ

●ワイキキ

Happy Haleiwa

付録MAP●P8B2

ノースショアが本店。キャラクター、ハッピーちゃんの店舗限定商品は要チェック。オルタネイティブという素材のTシャツは着心地抜群だ。

DATA 交R.H.C.から徒歩3分 住2552 Kalakaua Ave. ☎808-926-3011 時10〜21時(日曜は〜20時) 休なし J

C モニ・ホノルル

●ワイキキ

Moni Honolulu

付録MAP●P8B4

こんがり小麦色に日焼けしたキュートなスヌーピーをモチーフにした、ハワイ限定サーフズアップ・ピーナッツのコレクションが話題。

DATA 住Hシェラトン・ワイキキ1F ☎808-926-2525 時10〜21時 休なし J

クレイジーシャツのTシャツは、裁縫、デザインから裁断まで全工程をハンドメイドにこだわっている。上質で、クリバンキャットなどの個性的なキャラクターがプリントされたTシャツは世界中から愛されている。

Sandals

D 足元が男らしくクールにキマるパイソン仕様のビーチサンダル$114.95

D 履きやすく合わせやすいオフホワイトのフラワー付きサンダル$94.95

F 人気ブロガーの小笠原リサさんと老舗サンダルメーカーのコラボサンダル$149.95

E ハワイがアメリカの50番目の州であるというデザイン$32

F シンプルな波のデザインのメンズTシャツ$39

C 大きく描かれたお寿司がかわいいワンジー$25

E B.クリバ・クレイジーキャット をプリント$37

●ワイキキ
D アイランド・スリッパー
The Island Slipper
付録MAP●P8B3

1946年創業。ハワイでの製造にこだわり続ける手作りのサンダルの老舗。クオリティの高さと履き心地のよさに定評がある。

DATA ㊟R.H.C.(→P50)A館2階
☎808-923-2222
㊪10～22時
㊡なし

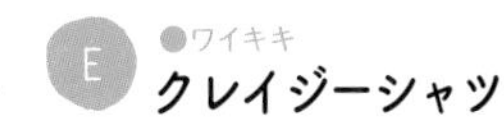

●ワイキキ
E クレイジーシャツ
Crazy Shirts
付録MAP●P8A4

1964年創業の老舗ブランド。シルクスクリーンという方法でデザインするTシャツや雑貨を販売。おしゃれなギフトにもぴったり。

DATA ㊟ワイキキ・ビーチ・ウォーク(→P54)1F
☎808-971-6016
㊪9～22時
㊡なし

F ターコイズ →P38

差がつくアイテムを選びたい!

有名店のテッパングルメ みやげセレクション

チョコレートやクッキー、コナ・コーヒーなど、ハワイにはグルメみやげがたくさん。そのなかでも本当にテッパンの「買い」なアイテムを、ジャンルごとに分けて一挙公開!

クッキー

今や不動の人気を誇るハワイのクッキー。人気ブランドの勢いが止まらない!

冷やして食べると美味!

フルーツバー・ギフトセット
$12.50(9個入り)

リリコイ、キーライム、レモンのフルーツバー3種の組み合わせ Ⓑ

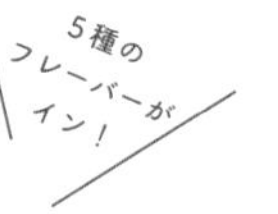

5種のフレーバーがイン!

パイナップル・ギフト缶
$12.95

パイナップル形の缶がかわいい5フレーバー9枚入り Ⓐ

マカダミアナッツ・ショートブレッド・ディップド・コンボ

マカダミアナッツ入りショートブレッドに3種類のチョコをディップ Ⓒ

プチサイズで食べやすい

スモール・アロハティン缶・トラディショナル・バイト・サイズ
$16(6枚入り)

チョコチップやレーズンなど6種入りクッキーミックス Ⓑ

12フレーバー20枚入り

パイナップル・シェイプ・ボックス
$28.95

パイナップル形のケースは食べ終わったあとも飾っておきたいほどカワイイ Ⓐ

ハワイ島ヒロ発のプレミアムクッキー

トゥー・イン・ワン・ショートブレッド

人気の2種の味が1つになった贅沢なクッキー Ⓒ

A ホノルル・クッキー・カンパニー

●ワイキキ

Honolulu Cookie Company

付録MAP●P8A4

上質なバターや小麦粉、フルーツピューレを使ったパイナップル形のショートブレッドクッキーが人気。

DATA ㊡R.H.C.から徒歩3分 ㊟ワイキキ・ビーチ・ウォーク(→P54) 1階 ☎808-924-6651 ㊍10～22時 ㊡なし Ⓙ

B ザ・クッキー・コーナー

●ワイキキ

The Cookie Corner

付録MAP●P8B4

地元紙で「ハワイNo.1クッキー」に選ばれた店。厳選素材で作られたクッキーは、しっとりしてるのにサクサクの食感。

DATA ㊡R.H.C.から徒歩2分 ㊟コレクションズ オブ ワイキキ(→P56) シェラトン・ワイキキ 1階 ☎808-926-8100 ㊍10～21時 ㊡なし

C ビッグアイランド・キャンディーズ

●アラモアナ

Big Island Candies

付録MAP●P13C2

ハワイ島ヒロ発祥の人気クッキーブランドの、オアフ島唯一の直営店。定番クッキーからギフト用まで揃う。

DATA ㊡ワイキキから車で5分 ㊟アラモアナセンター(→P42) 1階 ☎808-946-9213 ㊍10～20時 ㊡施設に準ずる Ⓙ

プチ情報 「ザ・カハラ・ホテル&リゾート」(→P102) のマカダミアナッツ・チョコレートは、手作りなので数に限りがある。予約購入がおすすめ。Eメールkahalaboutique@kahalaresort.com (日本語OK) まで。

やっぱりマカダミアナッツチョコは王道人気。
最近ではフレーバーの種類も豊富に。

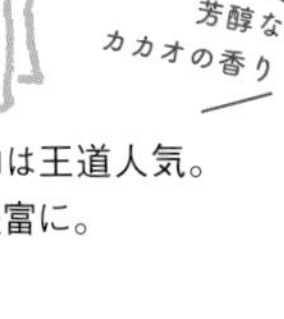

チョコレートバー
$14～

酸味や甘みが異なるフレーバーが10種類以上ある Ⓔ

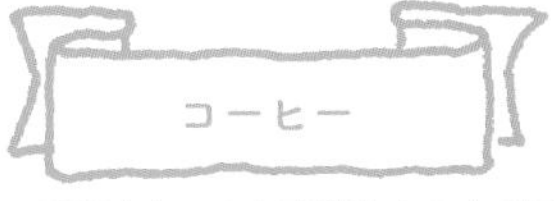

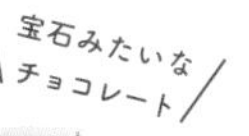

チョコレート・カバー・
マカダミアナッツ
$16.95～

マカダミアナッツをカラフルなチョコレートでコーティング Ⓖ

ボンボンショコラ
ギフトボックス(12個入り)
$34

8種類のフレーバーから12個詰め合わせできる Ⓓ

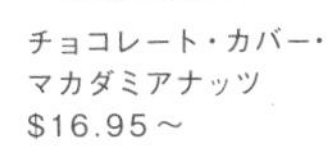

お手頃なものから高級なものまで幅広く揃う。
コナ・コーヒーは定番人気。

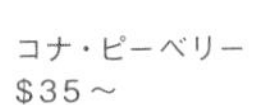

コナ・ピーベリー
$35～

少量しか生産されない最高級グレードのピーベリー。100%コナ産 Ⓖ

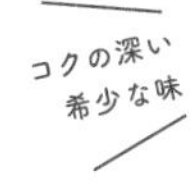

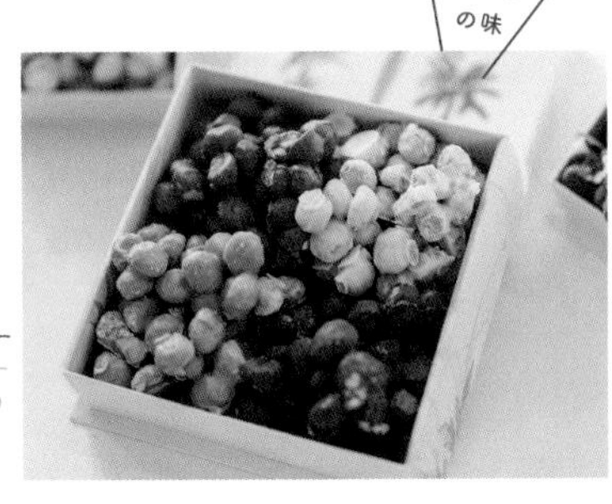

マカダミアナッツ・
チョコレート
$53

ミルク、ホワイト、ダーク、ブロンドの4種のチョコがたっぷり Ⓕ
※箱はイメージ

Ⓓ ●アラモアナ

コホ

KOHO
付録 MAP●P9C3

ハワイアンホーストの姉妹ブランド。看板商品はチョコレートにシーソルトなどのフレーバーキャラメルやプラリネが入ったボンボンショコラ。

DATA ㊟アウトリガー・ワイキキ・ビーチ・リゾート1F 2335 Kalakaua Ave. ☎808-966-8119 ㊕10～21時 ㊡なし URL hawaiianhost.com/pages/koho

Ⓔ ●カカアコ

ロノハナ・エステート・チョコレート

Lonohana Estate Chocolate
付録 MAP●P6B3

カカオ豆の栽培から製造、販売までを行うチョコレートブランド。ノースショア産のカカオのみを使用。種類豊富なフレーバーが揃う。

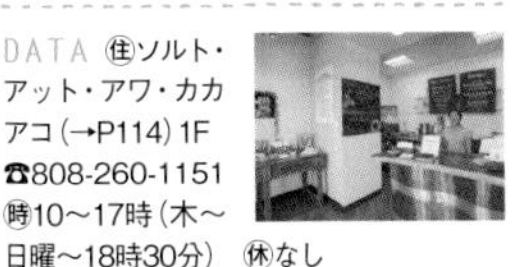

DATA ㊟ソルト・アット・アワ・カカアコ(→P114) 1F ☎808-260-1151 ㊕10～17時(木～日曜～18時30分) ㊡なし

Ⓕ ●カハラ

シグネチャー・アット・ザ・カハラ

Signature at The Kahala
付録 MAP●P7D2

高級ホテルの最新ロゴ商品を扱う。

DATA ㊌ワイキキから車で15分 ㊟Ⓗザ・カハラ・ホテル&リゾート(→P102)ロビー階 ☎808-739-8862 ㊕9～17時 ㊡なし Ⓙ

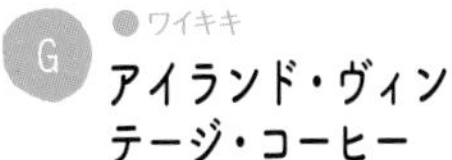

Ⓖ ●ワイキキ

アイランド・ヴィンテージ・コーヒー

Island Vintage Coffee
付録 MAP●P8B3 DATA→P72

ヘルシー志向でロコ気分

ナチュラル系スーパーでロハスなショッピング

オーガニック食品やコスメを生活に取り入れたライフスタイルはハワイでも人気。健康や環境を気遣う人御用達のスーパーで、ナチュラル志向のショッピングを楽しもう。

付録 MAP P12A3

ホールフーズ・マーケット クイーン店

Whole Foods Market Queen

ハイソなナチュラル・スーパーNo.1

アメリカ本土を中心に展開するナチュラル＆オーガニックスーパーのハワイ4号店。地元産の野菜や果物を積極的に扱い、新鮮な食材を提供。「地産地消」をテーマに、デリや雑貨など多彩なコーナーで構成されている。

DATA 交ワイキキから車で7分
住388 Kamakee St. Suite100
☎808-379-1800
時7〜22時 休なし

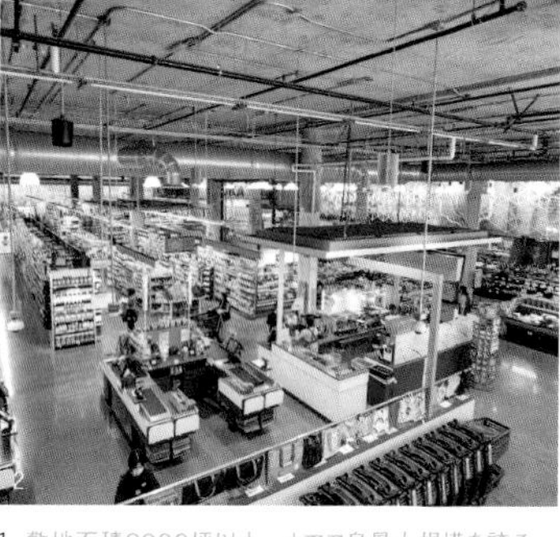

1.敷地面積2000坪以上、オアフ島最大規模を誇る 2.人の体にやさしいオーガニック食品や環境に配慮した雑貨などを販売

オリジナルグッズ&PBブランドが充実！

ロゴ入りグッズはおみやげにも大人気。オーガニックのスキンケア用品や旅行中に役立つプライベート・ブランドも充実。

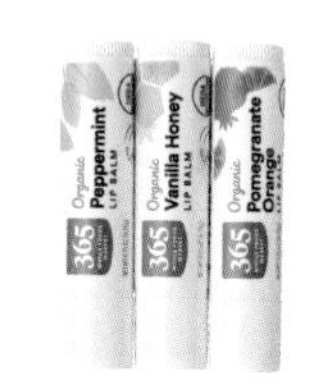

3.まとめ買いにも人気の365オーガニック・リップバームは高品質。ペパーミント（左）、バニラ・ハニー（中央）、ポメグランテ・オレンジ（右） 4.ハンド・サニタイザー59mℓ、フレンチ・ラベンダーの香り。消毒液もオーガニックで体にうれしい品をチョイスしたい 5.365オーガニック・ミネラルサンスクリーンはサンゴ礁にやさしい日焼け止め。使いやすいトラベルサイズが人気 6.砂糖きびや野菜の色素など自然素材にこだわった星型のグミ 7.ドライ・パイナップル・スライスは素材そのものを生かした自然な甘さ。子どものおやつにも！

ここのピーナッツバターがスゴイ！

ピーナッツバターを量り売りでゲット！

ハワイみやげの定番といえばピーナッツバター。ナッツの種類が豊富なので食べ比べも楽しい。

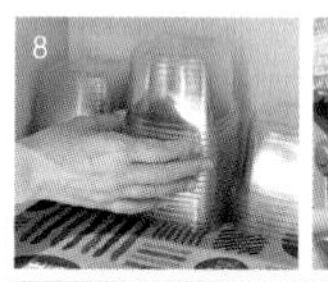

8.空のカップを手に取り、好みのナッツをセレクトしよう 9.緑色のボタンを押すと目の前でナッツがバター状になって出てくる 10.好きな量で赤色のストップボタンを押す。レジでPLU番号を伝えればOK

アメリカのスーパーには、入会した人だけが得する会員割引システムがある。入会金や年会費は無料で旅行者にも即日発行なので、ショッピングの前にサービスカウンターで入会手続きをするのがおすすめ。

今や常識？のエコバッグ

エコ意識の高いハワイでは、スーパーへのエコバッグ持参はもはや当たり前の光景。

1.柄がかわいいバナナ・トートバッグは100%オーガニックコットン素材　2.人気商品のレインボー・トートバッグ。ハワイのシンボルである虹がプリントされている　3.ちょうどいいサイズ感のエコバック$1.59（ダウン・トゥ・アース）

1

2

3

カカアコ　付録 MAP P6B3

ダウン・トゥ・アース カカアコ店

Down to Earth Kaka'ako

マウイ島生まれのオーガニックスーパー

ナチュラルフードストアとして1977年に誕生。地元産の食材やオーガニックのアイテムを提供し続ける老舗は、ロコや旅行者の間でひそかな評判になっている。「アグネスポーチュギーズ・ベイクショップ」の元店主が焼くパンも人気。

DATA ㊋ワイキキから車で10分 ㊟500 Keawe St. ☎808-465-2512 ㊍7～22時（デリは～21時）※変動あり ㊡なし

1.生鮮食品からオーガニックアイテム、野菜たっぷりのデリまで自然派商品が豊富に揃う

ここのデリコーナーがスゴイ！

ヴィーガンでもOK！なデリコーナー

ヴィーガンにも対応しているセルフスタイルのデリ。フード系はタッチパネルで注文。ボリューム満点なのもうれしいポイント。

7

8

9

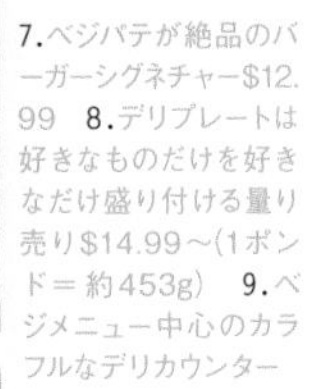

7.ベジパテが絶品のバーガーシグネチャー$12.99　8.デリプレートは好きなものだけを好きなだけ盛り付ける量り売り$14.99～(1ポンド＝約453g)　9.ベジメニュー中心のカラフルなデリカウンター

オーガニック&限定アイテムをおみやげに

オーガニック食品やナチュラルな日用雑貨のマストバイ・アイテムが充実している。人気の限定コラボ商品にも注目。

2

4

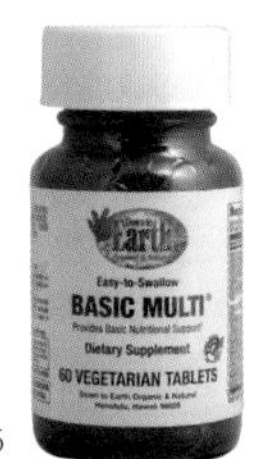

5

3

6

2.ケールを使ったヘルシーなナチョチップス$7.79　3.メイドインハワイのサンゴにやさしい日焼け止め$12.79　4.砂糖不使用のケトフレンドリーなシリアル$11.39　5.マルチビタミンのサプリメント。オリジナル商品で種類豊富$19.29　6.ダイヤモンドヘッドのイラストとお店のロゴが入ったトートバッグ$13.29

ロコ気分でお買い物！

スーパー&コンビニで買うプチプラみやげ

ロコたちの生活に欠かせないハワイのスーパーやコンビニは、幅広い商品展開で毎日行っても飽きない楽しさがてんこもり。プチプラなおみやげにぴったりのアイテムを探し出そう。

ハワイ限定菓子

パリパリの食感は食べたらやみつき！

▶タロイモで作られた、ハワイアン・チップス・カンパニーのタロチップス$7.69 D

◀ハワイ島で作られているフィッシュジャーキー$7.99 E

マカダミアナッツ

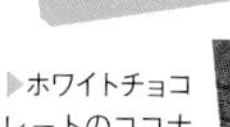

▶ホワイトチョコレートのココナッツクランチは$5.58 B

コナ・コーヒーの風味がナッツとマッチ

▲マウナ・ロアのコナ・コーヒー味のマカダミアナッツ$8.49 C

◀塩味の付いていない、ナチュラルなナッツの味が楽しめるお得パック$10.99 D

調味料&インスタント系

◀人気ブランド、「Minato」のマウイオニオン入りのポン酢風味ドレッシング$5.48 B

◀ガーリックシュリンプをおうちで気軽に作れるソース$7.69 C

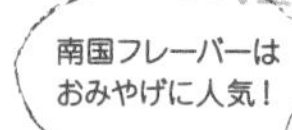

南国フレーバーはおみやげに人気！

▶水を加えるだけですぐに焼ける、パイナップル・ココナッツ味のパンケーキの素$2.28 B

A ● アラモアナ

ターゲット

Target

付録MAP●P13C2

全米展開の大型量販店。全商品の4割ほどを占めるプライベートブランドはデザイン性が高く人気。高級ブランドとのコラボ商品も毎回話題に。

DATA

交ワイキキから車で10分 住アラモアナセンター（→P42）2〜3階 ☎808-206-7162 時8〜23時 休なし

B ● アラモアナ

ウォルマート

Walmart

付録MAP●P12B2

世界最大のスーパーマーケットチェーン。日用品や雑貨、電化製品など、生鮮食料品以外ならなんでも揃う。遅くまで営業しているので便利。

DATA

交ワイキキから車で7分
住700 Keeaumoku St. ☎808-955-8441
時6〜23時 休なし

C ● ワイキキ

ABCストア37号店

ABC Store #37

付録MAP●P9C3

軽食やお菓子、ドリンクから薬やハワイみやげまで幅広い品揃えで、滞在中は毎日のように通いたくなるほど。37号店は店舗の規模も最大級！

DATA

交R.H.C.から徒歩5分
住2340 Kalakaua Ave. ☎808-926-4471 時6時30分〜23時 休なし

プチ情報 「ターゲット」のブランドコラボアイテムは多岐にわたり、過去にはアナ・スイ、リバティ・オブ・ロンドン、3.1フィリップ・リムなどと展開。毎回、人気上昇中のブランドとタッグを組み注目を集めている。

キュートな雑貨

コスパ重視派必見の安かわ商品！

◀大ぶりのマグカップ$7は意外と日本では見つからない Ⓐ

▲料理が楽しくなりそうなソルト&シュガーポット各$5.99 Ⓐ

▲アロハ&マハロのエコバッグ各$1.99は38cm×30cmと使いやすいサイズ Ⓐ

こちらもチェック！

Hマート

韓国食材を中心に揃えるスーパーは、日本の調味料や野菜なども揃う。2階にはフードコートがあり、韓国で人気のヤンニョムチキンなどが食べられる。

DATA ㊟458 Keawe St.
☎808-219-0924 ㊋8～22時
㊡なし URL www.hmart.com
付録MAP●P6B3

1.焼肉用の薄切り肉なども充実
2.ビーガン対応キムチ$9.99

コスメ・ファッション

◀メイベリンのマスカラ$15.99。日本にはないパッケージデザインがかわいい！ Ⓓ

▼OPIのネイルラッカー各$10.79は日本で買うより断然おトク！ Ⓕ

日常使いしたいキュートさ

▶エルフの化粧下地$10。毛穴カバー用（グリーン）とシミのカバー用（ピンク） Ⓕ

日用品

カラフルな色味で楽しくなる

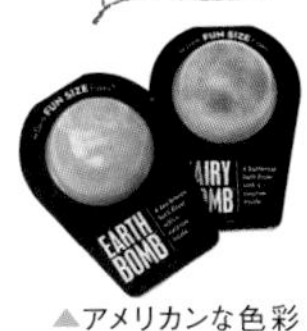

▲アメリカンな色彩が浴槽に広がるバスボム各$5.49 Ⓐ

▲ビビッドなカラーが目を引くノート各$4.49 Ⓕ

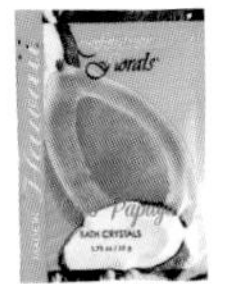

▲みやげに最適な入浴剤各$1.87は、どれもメイドインハワイ Ⓕ

Ⓓ セーフウェイ
● カパフル

Safeway
付録MAP●P11C2

アメリカのスーパーチェーンで、カパフル店は総面積約6000㎡と、ハワイで最大の店舗。食料品、生活雑貨はもちろん、デリやベーカリーも充実。

DATA
㊋ワイキキから車で6分
㊟888 Kapahulu Ave.
☎808-733-2600
㊋24時間 ㊡なし

Ⓔ ドン・キホーテ
● アラモアナ

DON Quijote
付録MAP●P13C1

日用品やコスメ、電気製品など豊富な品揃えとリーズナブルな価格に定評がある。寿司や弁当などの日本食やハワイみやげのセレクションが充実。

DATA
㊟801 Kaheka St.
☎808-973-4800
㊋24時間 ㊡なし

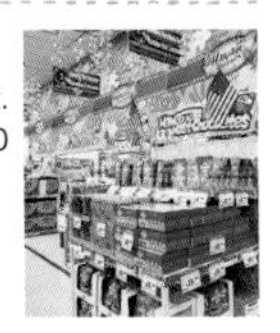

Ⓕ ロングス・ドラッグス
● アラモアナ

Longs Drugs
付録MAP●P13C2

もともとは医薬品を扱うドラッグストアだったが、コスメや日用品、食品までおみやげにも手頃な商品が所狭しと並んでいる。セールにも注目。

DATA
㊋ワイキキから車で5分
㊟アラモアナセンター（→P42）2階
☎808-949-4010
㊋6～23時 ㊡なし

A ロイヤル・ハワイアンのテーマカラー、ピンク色のテディベア$22

ローレン・ロス・アート(→P39)のステッカーシート1枚$12

アロハテイストたっぷり！ Hawaiian goods

とっておきハワイアンみやげ

日本に帰ってものんびりアロハな気分に浸りたい…。そんな思いを叶えるハワイアンなモチーフの雑貨たち。幸運を呼び込むラッキーチャームとしても◎。

B 1950～60年代のフラ人形$120～。表情やポージングがキュート！

ハワイらしい香りに包まれるプルメリアディフューザー$93(右)とプルメリアソーイキャンドル$35(左)(マリエ・オーガニクス→P56)

●ワイキキ

A TRHインスパイアード

TRH Inspired

付録MAP●P9C4

オリジナルのホテルグッズが満載

ホテルの愛称「ピンクパレス」からインスパイアされたピンクカラーを基調としたグッズの数々が人気。

DATA ㊋R.H.C.から徒歩1分 ㊟コレクションズ・オブ・ワイキキ(→P56) Ⓗロイヤル ハワイアン1階 ☎808-926-7680 ㊕9～21時 ㊡なし

●カイルア

B アリィ・アンティークス

Ali'I Antiques

付録MAP●P5D1

掘り出し物を見つけよう

店内に雑貨やアクセサリー、置物まであらゆるジャンルのアンティーク商品が所狭しと並んでいる様子は圧巻。

DATA ㊋ワイキキから車で35分 ㊟28 Oneawa St. ☎808-261-1705 ㊕11～16時 ㊡日・月曜

プチ情報 ロイヤル・ハワイアン内の「TRHインスパイアード」は、乙女心くすぐられるピンクグッズの宝庫。ホテル限定の紅茶やチョコレートはおみやげにピッタリ。

Lala Citta Honolulu

Topic 3

おいしいもの Gourmet

朝食にはふわふわのパンケーキ。
ランチにはボリューム満点のハンバーガー。
ハワイで食べたい絶品グルメをご紹介。

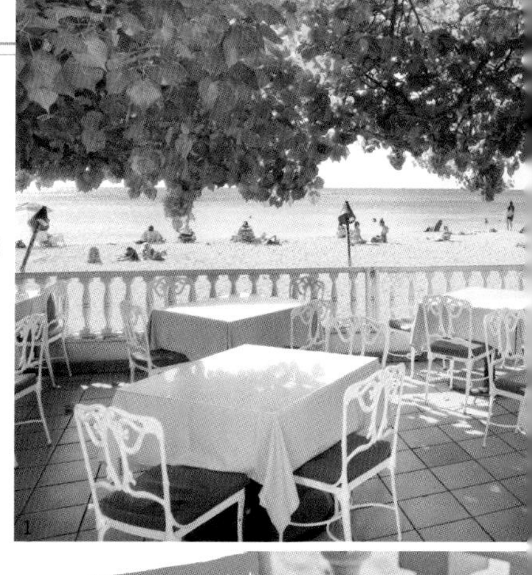

波の音をBGMに憧れの朝食タイム

ビーチを眺めながら優雅な朝ごはん

オン・ザ・ビーチのリッチなホテル内レストランで
エッグベネディクトやパンケーキを味わう。
眼の前には青い海と白い砂浜が広がる。
リゾートの朝を彩る、最高のシチュエーションだ。

ハウ ツリー ラナイ

Hau Tree Lanai

目の前にビーチを臨む屋外レストラン

巨大なハウツリーを囲むように席が並ぶ、アウトドアダイニング。目の前にはカイマナ・ビーチが広がり、爽快な気分で朝食が楽しめる。看板メニューのエッグベネディクトはランチでもオーダー可能。

DATA 交R.H.C.から徒歩25分 住2863 Kalakaua Ave. Hニューオータニカイマナビーチホテル1階 ☎808-921-7066 時ブランチ8時～13時30分、バー13時30分～17時、ディナー17～21時 休なし J J 要予約

Eggs Benedict エッグベネディクト

ボリューム	★★
景色	★★★★★
価格	★★★

1.ハウツリーの木陰、波音が心地よい 2.ウベ・シナモンロール$18は、朝食のみ注文可 3.6種類（ランチタイムは5種）あるエッグベネディクトのなかでも一番人気のクラシックエッグベネディクト$20

サーフ ラナイ

Surf Lanai

ボリューム	★★★
景色	★★★★★
価格	★★★★

青空の下でいただく絶品モーニング

ピンクを基調としたテラス席は上品で居心地のよい雰囲気。すぐそこに海があるハワイらしいロケーションで楽しむ朝食は美食をテーマにしているので、味のクオリティも高い。

DATA 交R.H.C.から徒歩1分 住Hロイヤル ハワイアン ラグジュアリー コレクション リゾート（→P103）1階 ☎808-921-4600 時朝食6時30分～10時30分、ランチ11時30分～14時 休なし J

Pink Palace Pancakes ピンクパレス・パンケーキ

1.テラス席のなかでも最もビーチ寄りのゾーンが特等席。席の予約はできないので早めに来店して確保したい 2.ホテルカラーの大人気ピンクパレス・パンケーキ$27 3.たっぷり野菜のアボカド&トマトのエッグベネディクト$34

フラ・グリル
Hula Grill

ビーチを見下ろす好ロケーション

Ⓗアウトリガー・ワイキキ2階にあるレストラン。ハワイ産の旬のフルーツを添えたパンケーキから、マッシュルーム・グレービーソースが絶品なロコモコまで、ハワイらしい食事が揃う。7時30分〜10時ごろは特に賑わう。

DATA ⓧR.H.C.から徒歩3分 ㊟2235 Kalakaua Ave. Ⓗアウトリガー・ワイキキ・ビーチ・リゾート ☎808-923-4852 ⓜ7〜15時、16時45分〜22時 ㊡なし

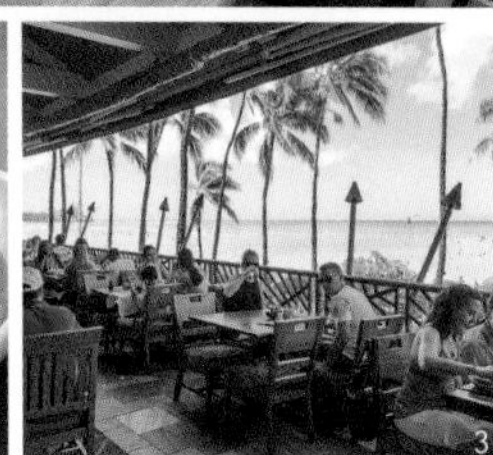

1.ワイキキ・ビーチのなかでも静かなゾーンにあり、ハワイ感満点のテラス席は大人気！ 2.香ばしいリブが美味なロコモコ$23 3.賑わう砂浜、青い海と空すべてが見える

ボリューム	★★
景色	★★★★★
価格	★★★

ザ・ベランダ
The Veranda

老舗ホテルで迎える極上の朝

ワイキキで最も歴史のある一流ホテルで海を眺めながら朝ごはん。ラインにエッグベネディクトも並ぶビュッフェ$44が人気。フルーツや野菜などバランスのとれたメニューが並ぶ。パンケーキやオムレツなどのアラカルトも充実している。

DATA ⓧR.H.C.から徒歩1分 ㊟Ⓗモアナ サーフライダー ウェスティン リゾート＆スパ(→P103)1階 ☎808-921-4600 ⓜ朝食6時〜10時30分、アフタヌーン・ティー金〜日曜11時30分〜14時30分 ㊡なし ㊕ビュッフェ$44 Ⓙ

ボリューム	★★★
景色	★★★★★
価格	★★★★

1.ベランダ特製エッグベネディクトは、サーモンの塩気と卵がマッチ 2.ビュッフェではさまざまな和洋メニューが並ぶ 3.テラス席の一番突き当たりが特等席 4.目の前にワイキキビーチが広がる

ぜったい食べたい有名店からロコ人気店まで

みんな大好き！ハワイはパンケーキ天国

ふわふわ生地にバターと卵の香り、クリームたっぷりや果物いっぱいの目にもおいしいハワイのパンケーキ。毎日通ってぜんぶ食べたくなるはず！

ペロリとイケます

$13

ストロベリー・ホイップクリーム・ウィズ・ナッツ

山のように盛られたホイップクリームは意外と軽く、食べられてしまう(エッグスン・シングス→P47)

チョコレートチップパンケーキ

生地に混ぜ込んだチョコチップの食感が楽しい。ホイップは甘さ控えめ Ⓔ

$18.99

To Goも OK!

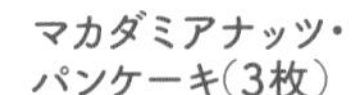

マカダミアナッツ・パンケーキ(3枚)

しっとり生地に甘さ控えめのマカダミアナッツソースが合う人気の看板メニュー(ブーツ&キモズ→P119)

$20

バサルト特製チャコール バターミルク パンケーキ

ヤシ殻の炭を練り込んだパンケーキにベリーのソースがかかる Ⓐ

A バサルト

●ワイキキ

Basalt

付録MAP●P9C2

ハワイ産食材を使った「コンフォートフード」がコンセプトのレストラン。パンケーキのほか、魚介を使った食事メニューも充実している。

DATA 交R.H.Cから徒歩3分 住デュークス・レーン・マーケット&イータリー(P79)内 ☎808-923-5689 時水曜以外はブランチ8〜13時、土・日曜は7時〜13時30分、ディナー17〜21時 休なし

B カフェ・カイラ

●カパフル

Café Kaila

付録MAP●P11C2

ハワイ最高の朝食として話題に。オーガニックメニューやフルーツをトッピングした自家製パンケーキ、ワッフルが人気。

DATA
交ワイキキから車で7分
住2919 Kapiolani Blvd.
☎808-732-3330
時7時〜15時30分
休なし J

C クリーム・ポット

●ワイキキ

Cream Pot

付録MAP●P13D1

日本未上陸の、スフレ・パンケーキ発祥のお店。白で統一されたカントリー調のかわいい店内で優雅にいただこう。

DATA
交R.H.C.から徒歩15分 住444 Niu St. Hハワイアン・モナーク1階 ☎808-429-0945 時8〜14時 休火・水曜 J J

プチ情報 「シナモンズ」のパンケーキは、2枚セットか4枚セットどちらかから選べる。あれこれ食べたいなら2枚セットがおすすめ。

グァバシフォン・パンケーキ(4枚)

甘酸っぱいグァバソースがたっぷりかかった人気メニュー D

レッドベルベット(4枚)

シフォンケーキのような食感でチョコレート好きにおすすめ D

$11.95

ミックスベリーのスフレパンケーキ

ふわっふわの食感がたまらない。写真はミックスベリートッピング、甘酢っぱいソースを絡めて召し上がれ C

$26.50

バターミルクパンケーキ

見た目にもおいしいフルーツを山盛りにトッピングできるパンケーキは一番人気。フルーツトッピングは$3〜 B

$16.50

$25.50

ゴージャス！フルーツ全部のせ

マカダミアナッツ

香ばしいナッツがたっぷりのパンケーキは特製シロップでおいしさがさらにアップ(エッグスン・シングス→P47)

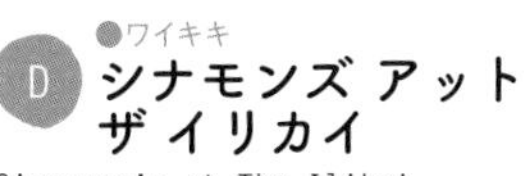

$11.50

D ●ワイキキ シナモンズ アット ザ イリカイ

Cinnamon's at The Ilikai

付録MAP●P13D3

ハワイのベスト・レストランに選ばれる人気店。ハーバービューのテラス席で朝食を楽しみたい。イリカイ限定などの豊富なメニューを要チェック。

DATA ㊋R.H.C.から徒歩18分 ㊐H イリカイ・ホテル&ラグジュアリー・スイーツ(→P107)1階 ☎808-670-1915 ㊍7〜21時(ハッピーアワー15時〜17時30分) ㊡なし

E ●ワイキキ アイホップ

IHOP

付録MAP●P8B2

パンケーキが看板メニューのアメリカの大手チェーン店。種類豊富なパンケーキはローカルにも好評。ユニークなメニューも多い。

DATA ㊋R.H.C.から徒歩5分 ㊐2211 Kuhio Ave. Hオハナ・ワイキキ・マリア1階 ☎808-921-2400 ㊍7〜21時 ㊡なし

ここもCHECK

1 2

エッグスン・シングス

Eggs'n Things

付録MAP●P8A3

サラトガ本店併設のショップ。お店の味を自宅で再現できるパンケーキミックスは、おみやげに大人気。各店舗で購入可。

DATA ㊋R.H.C.から徒歩5分 ㊐343 Saratoga Rd. ☎808-923-3447 ㊍6〜21時 ㊡なし

1.マック・ナッツ・ハニー(8オンス) $9.95 2.バターミルク・パンケーキミックス(8オンス) $7.95

カラダが喜ぶ話題の美容食
ヘルシーフルーツでキレイに！アサイ&ピタヤ

モデルやタレントの口コミから話題になったアサイ&ピタヤなど、ハワイにはヘルシーなフルーツメニューがたくさん！おいしく食べてキレイも手に入れよう！

アサイ Acai

ブラジル原産のヤシ科の植物で、"奇跡のフルーツ"とよばれるほど栄養成分が豊富。美肌に欠かせないアントシアニンはブルーベリーの数倍！

クセがなくて食べやすい！

A 豆乳を加えたアサイにフルーツをオン。ハワイ島産の希少な蜂蜜を使用したアサイ・ボウル $14.95

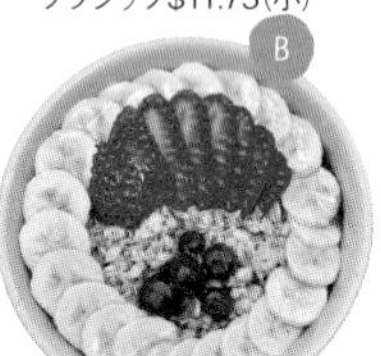

B グラノーラの食感がたまらないアサイ・ボウル・ブルーハワイ・クラシック$11.75(小)

C 甘酸っぱいベリーとパイナップルがアクセントになったアサイボウル$13.95

E たっぷりのアサイにバナナ、イチゴ、ブルーベリーがてんこ盛りの、ボリューム満点アサイ・ボウル$14

きれいになれそう！

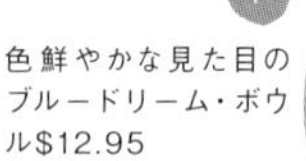

F 色鮮やかな見た目のブルードリーム・ボウル$12.95

A アイランド・ヴィンテージ・コーヒー

●ワイキキ

Island Vintage Coffee

付録MAP ● P8B3

高品質のコナ・コーヒー専門店。野菜やフルーツたっぷりの朝食&ランチ、ディナーも楽しめる。

DATA

住R.H.C.（→P50）C館2階 ☎808-926-5662 時6～22時(食事は7時～21時30分) 休なし J J

B ブルー・ハワイ・ライフスタイル

●アラモアナ

Blue Hawaii Lifestyle

付録MAP ● P13C2

人気のアサイ・ボウルはトッピングの異なるメニューが6種。

DATA

交ワイキキから車で5分 住アラモアナセンター（→P42）2階 ☎808-942-0303 時9～21時（土曜は8時30分～、日曜は9時30分～17時） 休なし J

C カイ・フレッシュ

●ワイキキ

Kai Fresh

付録MAP ● P9D2

たっぷりのフルーツをのせて、仕上げにグラノーラとオーガニックはちみつをトッピングしたアサイボウルが人気。

DATA

住120 Kaiulani Ave. Hシェラトン・プリンセス・カイウラニ1F ☎なし 時7～21時 休なし

プチ情報 ハワイのカフェはどこも早朝から営業している店が多い。滞在中早起きをしてアサイボウルやピタヤボウルでフレッシュなフルーツをたくさん摂れば、健康的な1日をスタートできそう。

フレッシュ・ドリンク

地元産の新鮮野菜やフルーツを使ったジュースやスムージーも大人気。朝食にはもちろんのこと、ビーチで遊んだあとの栄養補給にもぴったり。

キャンディグリーン $9.50
アップルレモネード $9.50
ジャスト・ビート・イット $9.50

リサイクルした木材を使ったインテリアも素敵

G ●アラモアナ
ハイブレンド・ヘルス・バー&カフェ
HiBlend Health Bar & Cafe
付録MAP ● P12B1

遺伝子組み換え作物や冷凍食品は一切使わないなど、自然派志向のカフェ。アサイボウルなどのフードメニューも充実。

DATA ㊟661 Keeaumoku St. ☎808-721-7303 ㊐9時～19時30分 ㊡なし

ピタヤ Pitaya

さっぱりした甘さ

中央アメリカや東南アジアで栽培されるドラゴンフルーツのこと。ハワイで主に食べられているレッドピタヤには、ポリフェノールがたっぷり。

C ピタヤのさわやかな甘さが感じられるピタヤ・ボウル$9.95。バナナとパイナップル、ココナッツフレークをトッピング

D アサイボウルとハワイアンフルーツボウル各$15
朝食にぴったり!

F お肌によさそう♥
ココナッツクリームやバナナ、イチゴをブレンドしたオーガニック・ピタヤを使ったピタヤ・ボウル$10.50

D ●ワイキキ
ヘブンリー・アイランド・ライフスタイル
Heavenly Island Lifestyle
付録MAP ● P8B2

もぎたてフルーツを使ったスムージーやジュースが評判。オーガニック食材を多用し、女性に人気。

DATA

㊋R.H.C.から徒歩2分 ㊟342 Seaside Ave. Ⓗショアライン・ホテル・ワイキキ1階 ☎808-923-1100 ㊐7～14時、16～22時 ㊡なし Ⓙ Ⓙ

E ●ダイヤモンド・ヘッド
ボガーツ・カフェ
Bogart's Cafe
付録MAP ● P11D4

ロコ御用達の人気カフェ。朝から夜まで同じメニューが食べられ、朝食時は特に賑わう。ベーグル$5.50～やオムレツも評判。

DATA

㊋ワイキキから車で4分 ㊟3045 Monsarrat Ave. ☎808-739-0999 ㊐7～15時 ㊡なし Ⓙ

F ●ワイキキ
サンライズ・シャック
The Sunrise Shack
付録MAP ● P9C3

ノースショアのスーパーフードカフェがワイキキに進出。おすすめは、ストロベリーなどをトッピングしたフルーツたっぷりのスムージーボウル。

DATA

㊟2335 Kalakaua Ave. Ⓗアウトリガー・ワイキキ・ビーチ・リゾート1F ☎808-926-6460 ㊐6～19時 ㊡なし

定番から個性派までフルラインナップ

ファストフードを超えた 極上グルメハンバーガー

ボリューム満点のハンバーガーは、ハワイで不動の人気フード。
もはやファストフードとはよべないグルメなバーガーが大集結。数あるなかからお気に入りを探してみよう！

ブッチャー＆バード
Butcher & Bird

精肉職人が作る絶品パテ

シカゴの精肉店で修行経験のあるオーナーが作るバーガーは、ステーキ肉を大胆にミンチするなど、贅沢そのもの。自家製のソーセージをサンドしたホットドッグなども人気。

店前のテラス席でイートインができる

ダブルチーズバーガー $17.98

Burger's Data

パテを鉄板に押しつけながら焼き上げる"スマッシュバーガー"スタイルで、表面はカリカリ、中はジューシーに仕上げる。40日間ドライエイジングさせたステーキ肉を使用

▼ 主な具材
ビーフパテ、チェダーチーズ、トマト、レタスなど

DATA ㊟324 Coral St.#207 ソルト・アット・アワ・カカアコ(→P114)内 ☎808-762-8095 ㊕11〜18時(日曜は〜16時) ㊡月曜 URL www.butcherandbirdhi.com

チーズバーガー・イン・パラダイス
Cheeseburger in Paradise

フレンチフライ付きで大満足！

ワイキキビーチを目の前にしたベストロケーションに位置するバーガー店。食材の味を楽しめるシンプルなバーガーから、トッピングたっぷりのユニークなバーガーまで揃う。

ハワイならではのロコモコなども

バーベキュー・ベーコン・チーズバーガー $19

Burger's Data

アメリカ生まれの濃厚なコルビージャックチーズが味の決め手。カリカリベーコンとオニオンリングが挟まったボリュームたっぷりのバーガー

▼ 主な具材
ビーフパテ、カリカリベーコン、オニオンリング、コルビージャックチーズなど

DATA ㊟2500 Kalakaua Ave. ☎808-923-3731 ㊕8〜22時 ㊡なし URL www.cheeseburgernation.com

「チーズバーガー・イン・パラダイス」は、トッピング$1.50〜のメニューも豊富。注文する時に好きなトッピングを追加して、自分だけのバーガーが作れる。

ホノルル・バーガー・カンパニー

Honolulu Burger Company

ハワイ産の食材にこだわったグルメバーガー

20種以上あるバーガーは、すべてハワイ島産のオーガニックビーフを使用していて濃厚な味わい。ほかの食材も地元産が多い。

DATA ㊛ワイキキから車で8分
㊟1295 S.Beretania St. ☎808-626-5202 ㊔11～20時（日・月曜は～16時、火曜は～18時） ㊡なし

Burger's Data

一番人気のバーガー。ビーフやレタスなどの野菜はハワイ島で育てられた地産地消のローカル素材を使用

▼ 主な具材
ビーフパティ、レタス、トマト、チーズ

ダブルチーズバーガー
$15.70

カイムキ
付録
MAP
P11C1

W&M バーベキュー・バーガー

W&M Bar-B-Q Burger

秘伝のタレが自慢の老舗バーガー

親子3代に受け継がれる秘伝のソースが味の決め手。ビーフパティは鉄板で焼かずにグリルすることで、香ばしい仕上がりに。

DATA ㊛ワイキキから車で8分
㊟3104 Waialae Ave. ☎808-734-3350
㊔10時～16時30分（土・日曜は9時～） ㊡月・火曜

Burger's Data

牛肉の薄切りを挟んだ、食べごたえたっぷりのバーガー。パティに染み込む企業秘密というソースは甘く、やみつきになる味

▼ 主な具材
牛肉の薄切り、レタス、トマト、オニオン、チーズ

ハル・スペシャル
$8.55

ザ・カウンター・カスタム・バーガーズ

The Counter Custom Burgers

自分だけのオリジナルをカスタマイズ

パティ、トッピング、バンズなどを自分好みにカスタマイズできる人気店。ガッツリからヘルシーまで、組み合わせは約30万通り！

DATA ㊛ワイキキから車で15分
㊟カハラモール（→P57）1階 ☎808-739-5100
㊔11～21時 ㊡なし J

Burger's Data

肉厚パティにフライドオニオンの食感が合う。ボリューミーなマッシュルームが◎

▼ 主な具材
ビーフパティ、プロヴォーネチーズ、レタス、フライドオニオンストリングス、マッシュルームソテー、トマト

カウンター・バーガー
$19～

マハロハ・バーガー

Mahaloha Burger

フードコートで食べる絶品バーガー

ハワイ島の大自然の中で育った、環境ホルモンや抗生物質を一切含まない牛肉を使用。ビールも提供している。

DATA ㊟ロイヤル・ハワイアン・センター（→P50）B館2Fパイナラナイ・フードコート内 ☎808-926-6500
㊔10～21時 ㊡なし

Burger's Data

ホイップバターを塗ってグリルしたこんがりと仕上がったバンズに、冷凍されていない新鮮な牛肉のパテが挟まった上質なバーガー

▼ 主な具材
ビーフパテ、特製ソース、チーズ、ピクルスなど

チーズバーガー
$10.25

定番ランチメニューを食べ比べ！

ハワイのソウルフード ポケ丼&ロコモコ

手軽さがうれしいプレートランチとソースたっぷりのロコモコはハワイを代表するメニュー。店ごとのこだわりが詰まった一皿を食べ比べてみると楽しいかも。

カカアコ 付録MAP P6B3

レッドフィッシュ・ポケバー by フードランド

Redfish Poke Bar by Foodland

レストランで話題のポキを

ハワイ発のローカルスーパー、フードランドがプロュースするレストラン。デリで人気のポキやロコ料理、ビールを提供。カカアコの散策後に立ち寄って。

DATA ㊟ソルト・アット・アワ・カカアコ（→P114）1F ☎808-532-6420 ㊕11〜21時（金・土曜は〜23時） ㊡なし URL www.redfishpoke.com Ⓙ

アラモアナ 付録MAP P13C2

ポケ&ボックス

Poke & Box

新鮮作りたてがおいしい！

具材をカスタムメイドできるポケボウル店。白米や玄米のベースを選んでハワイ近海でとれたアヒをはじめサーモンやタコのポケをチョイス、タレやトッピングも豊富。

DATA ㊋ワイキキから車で5分 ㊟アラモアナセンター（→P42）マカイ・マーケット・フードコート（→P46）内 ☎808-892-5252 ㊕11〜19時（金・土曜は〜19時30分、日曜は〜18時） ㊡なし

カパフル 付録MAP P11C2

オノ・シーフード

Ono Seafood

カパフルのロコ御用達ポケ専門店

毎日仕入れる鮮度抜群の魚介類を上質な調味料で和えたポケ。ドリンク付きで、値段はそのときの市価によって変わる。地元誌のグルメランキング1位に輝いた味。

DATA ㊋ワイキキから車で5分 ㊟747 Kapahulu Ave. ☎808-732-4806 ㊕9〜16時 ㊡日・月曜

ポケ丼

ハワイ近海でとれるアヒ（マグロ）など魚介類の切り身を塩、醤油、香味野菜などを混ぜ込み味付けし、白米の上にのせた丼。

ライジングサン $20
店の看板メニュー。ちらし寿司スタイルのボウル

ミディアム $16.99
ポケ2種とトッピング3種でボリュームたっぷり

ポケ（レギュラー）
海藻、ククイナッツ、海塩、チリソースを使った王道ポケ

ロコモコ

ライスの上にグレービーソースをたっぷりかけ、ハンバーグと目玉焼をトッピングしたボリューム満点のソウルフード。玉子焼がのる場合も。

ロコモコボウル
$6.95
玉子の焼き加減も選べるロコモコ。玉子をつぶしてグレービーソースと混ぜて

神戸牛のプレミアム・ロコモコ $19
神戸ビーフ100gが2枚！ マッシュルームとオニオンのデミグラスソースが絶品

ロコモコ
$20.95
ライスにたっぷりの自家製デミグラスソースがのる看板メニュー

フライドライス・ロコモコ $15.95
ハンバーグは少し甘めの味付けで、マイルドなグレービーソースにとても合う

レインボー・ドライブ・イン

Rainbow Drive-In

コスパの高いプレートランチ

ロコ御用達の老舗プレートランチ店。名物のロコモコ目当てに訪れる観光客もいて常に賑わっている。昔から変わらない定番メニューは、味も値段も文句なし。

DATA ㊝ワイキキから車で5分
㊟3308 Kanaina Ave.
☎808-737-0177 ㊙7～21時
㊡なし Ｊ

アロハ・テーブル

Aloha Table

深夜まで食事ができるローカル料理店

ワイキキの中心街と便利なロケーションにあり、定番のローカル料理を日本人の口に合う味付けで提供する人気店。神戸牛を使った高級ロコモコは、ここでしか味わえない一品！

DATA ㊝R.H.C.から徒歩2分
㊟2238 Lau' ula St. 2F
☎808-922-2221
㊙7時30分～24時
㊡なし Ｊ

リリハ・ベーカリー

Liliha Bakery

現地で愛される老舗ダイナー

1950年創業で、地元の人たちから愛されているダイナー。看板メニューのロコモコのほか、フライドライスやパンケーキなどのハワイアンフードが揃っている。

DATA ㊟インターナショナル・マーケットプレイス（→P52）グランド・ラナイ3F ☎808-922-2488
㊙7～22時 ㊡なし

ハリーズ・カフェ

Harry's CaFé

アットホームな隠れ家ダイナー

知る人ぞ知るといった雰囲気で、観光客よりロコが多く集まるダイナー。オーソドックスなアメリカン料理にコリアンテイストを加えたアレンジメニューも人気。

DATA ㊝ワイキキから車で10分
㊟1101 Waimanu St. ☎808-593-7798 ㊙5時30分～14時（土曜は6～13時、日曜は7時～13時30分） ㊡なし

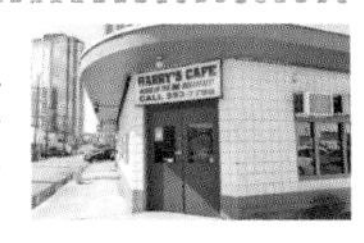

ハワイ式のランチメニューをお持ち帰り！

To Go! テイクアウトでピクニックランチ

手軽にハワイの味をテイクアウトして、海辺でピクニック。
店ごとのこだわりが詰まった一皿を食べ比べてみると楽しいかも。

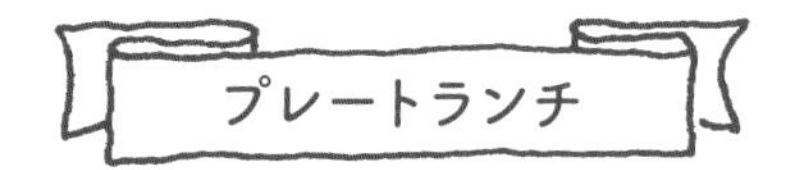

付録MAP P10B4

ステーキ・シャック
Steak Shack

ビーチサイドの人気ステーキ

注文を受けてから好みの焼き加減に仕上げるステーキなど、シンプルかつおいしさが際立つ。

DATA ㊋R.H.C.から徒歩8分 ㊟2161 Kalia Rd. ☎808-861-9966 ㊕10時30分～19時30分(金・土曜は～19時45分) ㊡なし

ステーキプレート（10oz）
$17.85
自家製ソースとの相性がバツグン！

付録MAP P11D3

パイオニア・サルーン
Pioneer Saloon

昔懐かしい和食メニューが充実

日本人オーナーのプレートランチ店。メンチカツ、焼き魚などなじみ深い和定食が食べられる。

DATA ㊋ワイキキから車で5分 ㊟3046 Monsarrat Ave. ☎808-732-4001 ㊕11～20時 ㊡なし Ｊ Ｊ

ガーリック・アヒステーキ
$22
ニンニクの香りが食欲をそそる、食べごたえ満点のマグロのステーキ

付録MAP P5D1

ウアヒ・アイランド・グリル
Uahi Island Grill

オーガニック素材を生かした料理

オーガニック食材をできる限り使用した、ヘルシーなメニュー。ボリューミーで食べごたえも満点。

DATA ㊋ワイキキから車で35分 ㊟33 Aulike St. ☎808-266-4646 ㊕11～21時(土・日曜は10時～) ㊡なし

ガーリックシュリンプ
$21
殻付きのシュリンプを焼き上げたB級グルメ。ガーリックの香りにやみつき必至

付録MAP P8B2

サムズ・キッチン
Sam's Kitchen

地元産有機食材にこだわったメニュー

ロコも足繁く通う人気店。エビ、ビーフ、チキン、アヒ(マグロ)、ヴィーガンの豆腐などメニューが豊富。

DATA ㊋R.H.C.から徒歩2分 ㊟353 Royal Hawaiian Ave. ☎808-444-3636 ㊕10時～翌1時 ㊡なし

オリジナルガーリックシュリンプ
$20
たっぷりのガーリックやオリーブオイルが効いたシュリンプは殻が剥かれて食べやすい

「パイオニア・サルーン」のライスは、白米、玄米、雑穀米（+$1）、ワカメご飯（+$1）の4種類から選択可能。また、サラダは日替わり。

サンドイッチ

ベリーベリーパンケーキ
$18
ストロベリーとブルーベリーがたっぷりのる

カレーチキンサラダサンド
$9.89
カレー風味が食欲をそそる

モンサラット　付録MAP P11D3

サニーデイズ
Sunny Days

ヘルシーなパンケーキは見た目もグッド！

モンサラットにあるキュートなヘルシーカフェ。定番人気のパンケーキとサンドイッチは、味はもちろん見た目の華やかさでも有名。10㎝以上の厚さがあるサンドイッチはスプラウトなど野菜たっぷりで、体が喜ぶテイスト。

DATA ㊋ワイキキから車で5分
㊟3045 Monsarrat Ave.
☎808-867-3569
㊒8～15時
㊡木曜 J

タッカー＆ベヴィー・ピクニックフード
Tucker & Bevvy Picnic Food

野菜たっぷりで笑顔になる

オーストラリアのカフェ文化を彷彿とさせる海辺のピクニックフードの店。評判のサンドイッチは、ハワイ産の野菜をたっぷり使って作るパニーニやホットサンドイッチを用意。サラダやスムージーなどのメニューも豊富。

DATA ㊋R.H.C.から徒歩3分
㊟ハイアット リージェンシー ワイキキ ビーチ リゾート アンド スパ（→P104）　☎808-922-2088
㊒6時30分～15時　㊡なし J

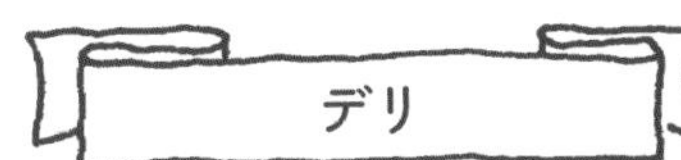

ポケ丼 $12.99（スピットファイヤー）
ハワイ産の新鮮な食材から3種類を選べる

I.N.O. ビーフバーガー $9（オノ・バーガー）
和牛ビーフパティと自家製ブリオッシュパンを使用した専門店のバーガー

デュークス・レーン・マーケット＆イータリー
Dukes Lane Market & Eatery

フードゾーンが充実

ABCストアによる新コンセプトのグルメ&マーケットスポット。地産地消にこだわったレストラン「バサルト」やバーガー専門店などがあり、マーケットではメイド・イン・ハワイのおみやげや日用雑貨などが買える。

DATA ㊋R.H.C.から徒歩3分
㊟Ⓗハイアット・セントリック・ワイキキ・ビーチ1階　☎808-923-5692
㊒ショップ7～23時、ポケ丼のスピットファイヤー7～21時　㊡なし

ここも CHECK!

ハワイのおむすびもおすすめ

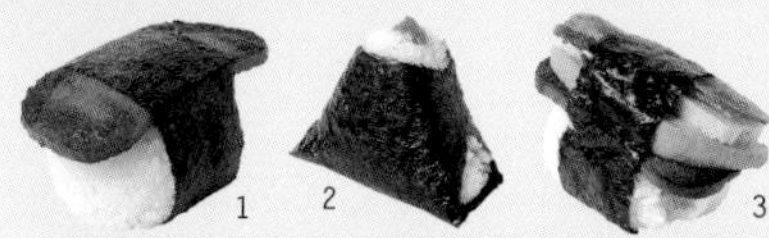

1. 自家製のタレにつけたスパムの味にファンが多いTERIYAKIスパムむすび$2.18　2.スタンダードなおにぎりももちろん人気。写真は明太子おにぎり$2.68　3.4つの具材でボリューム満点！ アボカドベーコン玉子スパム$3.28

むすびカフェ いやす夢
Musubi Café Iyasume

オーナーがハワイに来た際に、おにぎりを食べたくなったことがきっかけで開店。"ハワイでおいしいお米の手作りおにぎりを"がコンセプト。朝やお昼には行列ができるほどロコたちに愛される味だ。

DATA ㊋R.H.C.から徒歩7分 ㊟2427 Kuhio Ave.
☎808-921-0168 ㊒6時30分～21時 ㊡なし

かわいさとおいしさにウットリ♥

Happy&Yummy! ハワイアンスイーツ大集合

見た目も味も◎なスイーツが、ハワイにはたくさん。
定番モノから話題の新スイーツまで、お腹も心も満たされること間違いなしのラインナップ。

ひんやり系

フルーツ、キヌア、ココナッツがのったオリジナルボウル。キヌア入りでヘルシーさアップ!(左)
パパイヤの皿にバナナとアサイの「リス・モーア」ソフトをのせたパパイヤボート(右) Ⓐ

店一番人気のマンゴー・アイスクリームは、そのなめらかさとコクでファン多数(左)
さっぱりしたピンク・グァバ・ソルベはグァバの濃厚な甘みが抜群(右) Ⓒ

ハワイ産コナ・コーヒーが甘さ控えめでgood! コナ・ラヴァジャヴァ ダブル(左)
さくさくのマカダミアナッツをトッピングしたココナッツマカダミア(右) Ⓓ

アイスクリームと白玉を追加(+$1)(右) Ⓑ

トロピカルなストロベリー&リリコイ(S)。コンデンスミルクと白玉をトッピング(+50セント)(左) Ⓑ

カラフルなレインボー(上)、小豆と白玉、練乳がたっぷりかかったアズキ・ボウル(下) はどちらも人気メニュー(ワイオラ・シェイブ・アイス)

サラサラな氷が特徴のワイオラ・シェイブアイスはカパフル店(㊟3113 Mokihana St. ☎なし ㊋11～18時(土・日曜10～18時) ㊡なし 付録MAP●P11C2) が利用しやすい。

ケーキ系

ノースショア代表スイーツのチョコレート・ハウピア・クリーム・パイはワイキキのスーパーでも買える E

穴がないドーナツ、マラサダパフはプレーンのほか、カスタードやハウピア入り各$1.50も人気(レナーズ・ベーカリー→P116)

見た目がキュートで目移りしちゃう！甘さ控えめのカップケーキ G

3種類の自家製シロップがたっぷりかかったレインボーシェイブアイス(L) F

ワイキキ／付録MAP●P8A4

A バナン
Banan

ハワイの農家が育てたバナナやパイナップル、パパイヤを使用。ビーガンでも安心して食べられるソフトクリームを作っている。

DATA 交Hワイキキショアのコンドミニアム内のビーチ側 住2161 Kalia Ave. ☎808-773-7231 時10～19時(金曜は9～21時、土曜は9～20時、日曜は～20時) 休なし

ダイヤモンド・ヘッド／付録MAP●P11D3

B モンサラット・アヴェニュー・シェイブアイス
Monsarrat Avenue Shaveice

その名前のとおり、モンサラット通りにあるシェイブアイス店。できる限り地元産のオーガニックのフルーツで作った自家製シロップは濃厚で本物のフルーツの味がする。

DATA 交ワイキキから車で10分 住3046 Monsarrat Ave. ☎808-732-4001 時11～16時 休月～木曜

ワイキキ／付録MAP●P8A4

C 高橋果実店
Henry's Place

日系家族が経営する果物店の絶品スイーツ。果物をそのまま食べているような味わいのアイスは必食。

DATA 交R.H.C.から徒歩5分 住234 Beach Walk ☎808-255-6323 時9時～22時30分 休なし

ワイキキ／付録MAP●P13D3

D ラパーツ・ハワイ
Lappert's Hawaii

1983年にカウアイ島で創業。濃厚な味とまろやかな口どけの自家製アイスクリームが自慢。

DATA 交R.H.C.から徒歩15分 住Hヒルトン・ハワイアン・ビレッジ・ワイキキ・ビーチ・リゾート(→ P104)内 ☎808-943-0256 時7～21時 休なし

ノースショア／付録MAP●P2B1

E テッズ・ベーカリー
Ted's Bakery

「ハウピア」というココナッツミルクのゼリーを使った伝統的なオリジナルのパイが看板メニュー。

DATA 交ワイキキから車で1時間20分 住59-024 Kamehameha Hwy. ☎808-638-8207 時7～20時(金～日曜は～20時30分) 休なし

ハレイワ／付録MAP●P3D1

F マツモト・シェイブアイス
Matsumoto Shave Ice

観光客にもロコにも人気のかき氷の専門店。手作りシロップの種類が豊富。白玉や小豆のトッピングも。

DATA 交ワイキキから車で55分 住66-111 Kamehameha Hwy. ハレイワ・ストア・ロッツ(→P120) #605 ☎808-637-4827 時9～18時 休なし

カイムキ／付録MAP●P15C2

G ウィー・ハート・ケーキ・カンパニー
We Heart Cake Company

プリンセスルーム風のピンクのキュートな店。専業主婦だったオーナーのカナさんの手作りケーキが評判。

DATA 交ワイキキから車で10分 住3468 Waialae Ave. ☎808-533-2253 時8時30分～15時30分 休日・月曜 J

景色がなによりのごちそう!

オーシャンビューの絶景レストラン

景色も料理も両方満喫したい欲張り女子必見! 美しいビーチを眺めながらのディナーは、サンセットタイムから楽しもう。贅沢な大人の時間を過ごせるはず。

フランス料理 付録MAP P7C4

1.ビーチを一望できる 2.店名物のロブスタービスク 3.マウイオニオンやマッシュルームと味わうニューヨーク・カフェ・ド・パリ

●ワイキキ

ミッシェルズ

Michel's at the Colony Surf

特別な日に訪れたいレストラン

ハレアイナ賞の「ベスト・レストラン・フォー・デート・ナイト」金賞を受賞したことのある老舗のフレンチ・レストラン。ビーチに面した店内の雰囲気はクラシカルで、特別な日のディナーに最適。季節の食材で丁寧につくられる料理を楽しもう。

DATA
交R.H.C.から徒歩25分 住2895 kalakaua Ave. Hコロニー・サーフ1階 ☎808-923-6552
時17時～20時30分(金・土曜は～21時) 休なし
URL michelshawaii.com ☑日本語スタッフ ☑日本語メニュー ☑要予約 ☑ドレスコードあり

アメリカン 付録MAP P8B4

1.海風を感じる気持ちのいい店内 2.卵白のベジタブルオムレツが中心のベジタリアン$44 3.クラシックワッフル$17はフルーツをトッピングして

●ワイキキ

オーキッズ

Orchids

広大な景色を眺める特等席

ダイヤモンドヘッドとワイキキビーチを一望できる開放的な空間が自慢。ハワイの地場食材を生かした料理は、ベーシックな朝食メニューのほかヘルシーなプレートメニューも揃える。ライブキッチンでは臨場感ある調理シーンを見ることも。

DATA
交R.H.Cから徒歩6分 住2199 Kaila Rd.1階 ☎808-923-2311 時7時～10時30分、11時30分～13時30分(日曜は9～14時)、17時30分～20時30分 休なし
☑日本語スタッフ ☑日本語メニュー
☑要予約 ☑ドレスコードあり

プチ情報 テラス席は人気が高いので、サンセットタイムの少し前に行って席をキープするのがベター。おつまみが豊富な店もあるので、カクテルとともに夕食前のひとときを過ごすのがおすすめ。

1.ワイキキ・ビーチとダイヤモンド・ヘッドを同時に望める　2.ポリネシア風の空間にビュッフェラインが並ぶ　3.開放感いっぱいの店内。風が吹き抜けるテラス席

●ワイキキ

デュークス・ワイキキ

Duke's Waikiki

ワイキキ・ビーチの賑わいを聞きながら

店内はハワイアンテイストにあふれ、ロコにもツーリストにも人気のレストラン。オムレツ・ステーションも完備された朝食ビュッフェは$25(7〜11時)で、オーシャンフロント・レストランとしては群を抜くお得プライス。夕暮れどきの風景もまた格別だ。

DATA
㊦R.H.C.から徒歩3分　㊟2235 Kalakaua Ave.　Ⓗアウトリガー・ワイキキ・ビーチ・リゾート1階　☎808-922-2268　㊣7〜24時（バーは11時〜）　㊡なし
URL dukeswaikiki.com
□日本語スタッフ　□日本語メニュー
□要予約　□ドレスコードあり

1.朝食はなるべく予約を
2.シン・パンケーキ$18(ベリーは追加料金でプラス可)　3.ロブスターエッグベネディクト$40
4.夕暮れ時の海辺の景色は圧巻

●カハラ

プルメリア・ビーチ・ハウス

Plumeria Beach House

ビーチフロントで優雅な食事を

約40種の料理が並ぶ朝食ビュッフェが人気のオープンエア・ダイニング。特等席は、目の前に緑の芝生と穏やかな海が広がるテラス席。クレープのように薄く焼き上げたシン・パンケーキをぜひいただきたい。

DATA
㊦ワイキキから車で15分　㊟Ⓗザ・カハラ・ホテル＆リゾート（→P102）ローアーロビー階　☎808-739-8760　㊣6時30分〜20時30分（朝食ビュッフェは〜10時30分）　㊡なし
□日本語スタッフ　□日本語メニュー
☑要予約　□ドレスコード

グルメアワード受賞レストランの

とっておきディナーで特別な夜を

ハワイのグルメアワードに名を連ねる、一度は行きたいスターシェフの店の数々。パシフィック・リムからフレンチ、ベトナム料理まで、スペシャルな日にぴったりなレストランをご紹介。

●ワイキキ

タオルミーナ シチリアン キュイジーヌ

Taormina Sicilian Cuisine

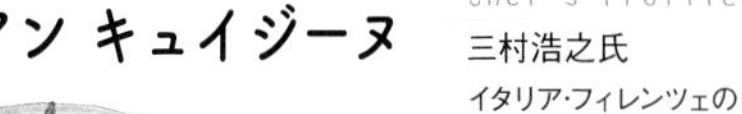

Chef's Profile

三村浩之氏

イタリア・フィレンツェの高級ダイニングで4年間の修行経験の後、2010年6月よりタオルミーナで総料理長を務める。Simple is the best!な料理を追究する。

繊細につくられた絶品イタリアン

ワイキキを代表するおいしいイタリアンの店。新鮮な海の幸を贅沢に使ったパスタやハーブと炭で焼く最高品質の肉料理など、ハワイ滞在中に何度も通いたくなるメニューが並ぶ。常時125種を揃えるワインにも注目を。

DATA ㊋R.H.Cから徒歩4分 ㊟ワイキキ・ビーチ・ウォーク（→P54）1階 ☎808-926-5050 ㊕11～14時、17～21時 ㊡施設に準ずる
☑日本語スタッフ ☑日本語メニュー ☑要予約
☑ドレスコードあり 予算／ディナー$60～

1. ランチコースでも出されている牛フィレ肉のグリル$48～
2. パスタはトリュフカルボナーラ（$15）も選べる
3. テラス席は明るい雰囲気で人気が高い

ロイ・ヤマグチ氏

東京生まれの日系ハワイアンシェフ。ハワイとアジアを融合した独特のスタイルを確立。ハワイ州では10店舗を展開している。

ハレアイナ賞 2018年 Best Oahu Restaurant

●ワイキキ

ロイズ・ワイキキ

Roy's Waikiki

地産食材にこだわった料理

西洋と東洋を大胆に融合させた料理を確立したロイ・ヤマグチ氏の店。店内にはスシ・バーもあり、和のエッセンスを巧みに取り入れている。日替わりのメニューはどれも新鮮。繊細な盛り付けと独自のソースの味わいを楽しもう。

DATA ㊋R.H.C.から徒歩4分 ㊟ワイキキ・ビーチ・ウォーク（→P54）1階 ☎808-923-7697 ㊕16時～21時30分（アウトサイドバー、ディナーは16時30分～）
㊡なし URL royyamaguchi.com/roys-waikiki-oahu
☐日本語スタッフ ☑日本語メニュー ☑要予約
☑ドレスコードあり 予算／ディナー$80～

1. ハワイアンスタイル味噌バターフィッシュ$48 2. 店内は約225席あり、開放的。ハワイ・カイ本店はマウナルア湾のサンセットがすばらしい

「パシフィック・リム」とは、地元ハワイ産の食材を使い、アジアを中心とする世界各国の料理法を加味した新しいスタイルのハワイ料理。1990年代初頭にハワイの若手シェフたちが作り出したのが始まりといわれている。

●ワイキキ

ナチュール・ワイキキ

nature waikiki

ハレアイナ
2022年
Best Cocktail
Program

ホノルルで食す新感覚フレンチ

フレンチをベースに、ハワイ伝統の調理法や発酵技術をかけ合わせたコース$85やアラカルトが楽しめる。食材の可能性を最大限引きだす料理に注目を。

DATA　㊋R.H.Cから徒歩6分　㊟413 Seaside Ave.2階　☎808-212-9282　㊌17時30分～23時30分　㊡日曜　☑日本語スタッフ　☑日本語メニュー　☑要予約　□ドレスコードあり　予算／ディナー$30～

Chef's Profile
小川苗氏
東京の二つ星レストラン「NARISAWA」やパリのビストロで腕を磨き、単身でハワイへ。ハワイの食材だけに留まらず、日本文化も取り入れてフレンチをつくる

1.コースに含まれるコナ産アワビのステーキ　2.店内は古民家を改装。シェフズカウンターでは、料理がつくられる様子を間近で見られる

フランス料理　付録 MAP P7D2

●カハラ

エタァル

et al.

ハワイ産の食材で季節を満喫！

カハラマーケット内にあるレストラン。ラテン語で「その他」を意味する店名には、家族や友人、そのほかのコミュニティも気軽に立ち寄ってほしいとの願いが込められている。

DATA　㊋ワイキキから車で15分　㊟4210 Waialae Ave.クオノ・マーケットプレイス内　☎808-732-2144　㊌6～21時　㊡なし　□日本語スタッフ　□日本語メニュー　☑要予約　□ドレスコードあり　予算/ディナー$60～

Chef's Profile
コリン・サトウ氏
オアフ島内の有名レストランで活躍した経験を持ち、シェフ・ド・キュイジーヌのタイトルも獲得した実力派。季節感を大切にした料理が評判だ。

ハレアイナ
2021年
Best New
Restaurant

1.ロブスターロール（時価）　2.店内は1970年代をオマージュしている。入口はカハラマーケットのフードランド内

●ダウンタウン

ザ・ピッグ&ザ・レディ

The Pig & The Lady

ひねりの利いたおいしさ

地元のファーマーズ・マーケット出店から人気に火がついたベトナム料理店。オーナーの母、ママ・リー秘伝のスープで作るフォーや多国籍なハワイならではの食文化を生かしたエスニックなメニューが味わえる。

Chef's Profile
アンドリュー・リー氏
東南アジアのテイストを取り入れた和洋コンテンポラリーな創作料理を展開。「料理は大勢の人たちとのコラボである」が持論。

DATA　㊋ワイキキから車で20分　㊟83 N.King St.　☎808-585-8255　㊌11時30分～14時30分、17時30分～21時30分　㊡日・月曜　☑日本語スタッフ　☑日本語メニュー　□日本語スタッフ　□要予約　□ドレスコードあり　予算／ランチ$14～・ディナー$15～

1.リー・フライドチキン・ウィングス$19（ランチは$17.50）。ヴィーガンオプションあり　2.店内はアート作品でカジュアルな雰囲気

食欲旺盛な女子のために！

ガッツリ食べたい！ 魅惑の肉&シーフード料理

アメリカならではの豪快なステーキやシーフード料理は、滞在中一度は食べておきたいもの。ジューシーで味わい深いボリューミーなメニューの数々を、思いきり堪能しよう！

肉 Meats

約900gもあり、フィレ部分を1/3含む最高級のポーターハウスステーキ

厚さ約3cm、重さ約450gのボリューミーなリブは数量限定

プライム・リブ $25（金～日曜限定）

ドライ・エイジングで熟成させたリッチで風味豊かな味わい。ソースもまろやか

骨付きリブアイ・ステーキ $50～

ワイキキ 付録MAP P8B3

ポーターハウスステーキ $208.95（2人分）

ウルフギャング・ステーキハウス

Wolfgang's Steakhouse

28日熟成させた肉のうま味を堪能

米農務省から最高品質と認められたプライムアンガスビーフを使用。独自の熟成庫で28日間、乾燥熟成させた肉は、やわらかな食感と肉本来のうま味を存分に楽しめる。

DATA ㊟R.H.C.（→P50）C館3階 ☎808-922-3600 ㊙7時～22時30分 ㊡なし Ⓙ Ⓙ

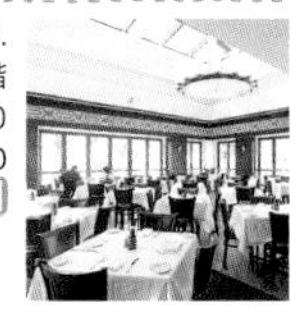

カリヒ 付録MAP P4B3

レイズ・カフェ

Ray's Cafe

圧巻サイズの看板リブステーキ

創業は1985年。常にローカルで賑わう食堂のような小さなレストラン。看板メニューである金～日曜限定の巨大プライム・リブを筆頭に、どのメニューも迫力満点サイズ&お手頃価格で味わえる。

DATA ㊋ワイキキから車で17分 ㊟2033 N. King St. ☎808-841-2771 ㊙6～17時 ㊡なし

ワイキキ 付録MAP P11C4

d.k.ステーキハウス

d.k. Steak House

長期間熟成させる極上ステーキ

ボックス席がメインの店で、ラナイ席からはワイキキ・ビーチが見下ろせる。独自の長期乾燥により熟成させるドライ・エイジング製法で、肉の旨みと風味が最大限引き出される。要予約。

DATA ㊟Ⓗワイキキ・ビーチ・マリオット・リゾート&スパ（→P104）3階 ☎808-931-6280 ㊙17時30分～22時 ㊡なし Ⓙ

プチ情報 「レイズ・カフェ」の週末限定プライム・リブは、サラダ（マカロニサラダとグリーンサラダから選べる）と2スクープライス付きで＄25と破格の安さ。

シーフード Sea Food

イヴィレイ 付録MAP P6A3

ニコス・ピア38
Nicos Pier 38

ロコスタイルで調理する料理が好評

ホノルル港の近くにあり、新鮮な魚介類を使った料理を提供する人気レストラン。オリジナリティあふれるメニューやクオリティの高いポケボウルに定評あり。

DATA ㊇ワイキキから車で16分 ㊟1129 N.Nimitz Hwy. ☎808-540-1377 ㊐6時30分～21時(日曜は10時～) ㊡なし

たっぷりのカニ肉をコロッケにしてグリーンサラダの上に

クラブケーキサラダ $17.50 ディナー時は$20

独創的なシーフード料理を堪能できる(メニュー例)

シーフードは新鮮さで勝負

ワイキキ 付録MAP P9C2

ヘリンボーン
Herringbone

新鮮素材にこだわる人気シェフの名店

「海から食卓へ」をコンセプトに、一本釣りされた魚や高品質の肉を使った料理が味わえる。産地直送の旬の食材もふんだんに取り入れた、独創的なメニューが自慢だ。

海の色をアクセントカラーにしたスタイリッシュな店内

DATA ㊇R.H.C.から徒歩5分 ㊟インターナショナル・マーケットプレイス(→P52)3階 ☎808-210-2656 ㊐16～22時(金曜は～23時、土曜は10時30分～14時30分、16～23時、日曜は10時30分～14時30分、16～22時) ㊡施設に準ずる

モイリイリ 付録MAP P12B1

カライ・クラブ
Karai Crab

話題のケイジャン・フードで人気

「辛いカニ」という意味の店名。アメリカで流行中のスパイシーなシーフード「ケイジャン・シーフード」が味わえるレストラン。フレーバーや辛さのレベルを選べるカスタマイズ方式が楽しい。

DATA ㊇ワイキキから車で10分 ㊟1314 S. King St. ☎808-952-6990 ㊐17～21時 ㊡なし J

シーフード以外にフライドチキンやポテトなどのサイドメニューも豊富

スノークラブコンボ各$85

新鮮なカニを手づかみで食べるスタイルで、仲間と盛り上がるにも◎

ヘルシー志向のロコにも人気

キレイになるオーガニック&ヘルシーフード

ヘルシー志向が高まっているハワイ。ハワイ産のものや無農薬にこだわった食材を使用したオーガニック料理のレベルは急上昇中。体にも地球にもやさしい料理で体の中からきれいになろう!

カパフル

付録MAP P11C2

カイマナ・ファーム・カフェ
Kaimana Farm Café

1.カイマナパワー弁当$19.25
2.デリはすべて手作り
3.ストロベリーフレンチトースト$17.50

日本人オーナーのナチュラルカフェ

オーガニックな地元食材を使用するカフェ。好みのメインと5つのデリが選べるカイマナパワー弁当は健康意識の高いロコにも人気。

DATA ㊇ワイキキから車で6分 ㊟845 Kapafulu Ave. ☎808-737-2840 ㊋7時30分～15時 ㊡月・火曜

ワイキキ

付録MAP P9D2

アロ・カフェ・ハワイ
ALO cafe Hawaii

身体が整うおしゃれな一品

ヘルシーなライフスタイルを提唱するヴィーガンカフェ。食材はできる限りオーガニックで植物由来のものを厳選。食事のほかスムージーやヴィーガン・バナナブレッド$5.80も人気。

DATA ㊇R.H.C.から徒歩9分 ㊟159 Kaiulani Ave. #105 ☎808-779-7887 ㊋8～17時 ㊡なし URL alocafehawaii.com

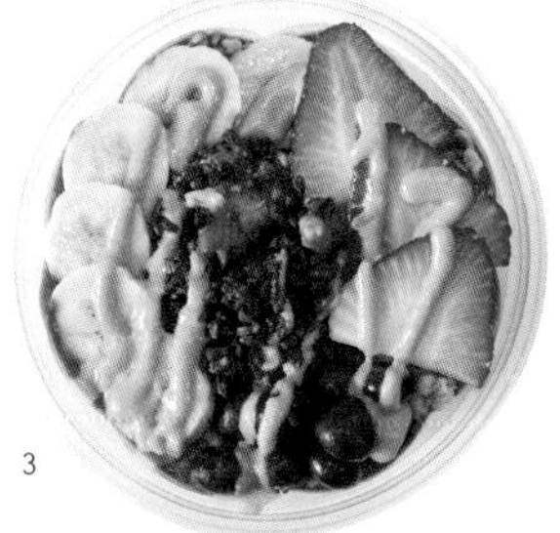

1.店内はオープンキッチン
2.具沢山なヴィーガン・ハワイアンロール $7.30
3.カカオ・ピーナッツバター・バナナボウル$11.98～

付録 MAP P10A2

ピース・カフェ
Peace Cafe

地球と体にやさしいプレートランチ

懐石料理や和菓子作りの経験がある日本人オーナーのカフェで、植物由来の食材を使ったプレートランチを提供。栄養満点ながら、食べ応えもあり。

DATA ㊋ワイキキから車で8分 ㊟2239 S.King St. ☎808-951-7555 ㊡10〜20時 ㊡日曜

1.多彩なメニューを用意 2.旬野菜を使用した人気のデリが入る 3.発酵大豆を使用したカツカレーは1日70食は出るという

カツカレー $18.50 3

2 ピースサンプラー $16

1.ハワイ島産オヒアレフア・ハニーが上品な甘さのフレンチ・トースト$18.50
2.カジュアルな店内は、夜になるとキャンドルが灯る

ワイキキ 付録 MAP P13D2

グーフィー・カフェ&ダイン
Goofy Café & Dine

アットホームな新ダイニング

2013年のオープン以来、多くの人に親しまれるアットホームな一軒。地元産の食材にこだわり、野菜やフルーツをふんだんに使ったメニューがおすすめだ。

DATA ㊋R.H.Cから徒歩15分 ㊟1831 Ala Moana Bivd. #201 ☎808-943-0077 ㊡7〜14時、17〜21時 ㊡なし

ここも CHECK!
ハワイ産をお持ち帰り!

1.100%ハワイ産のコナ・コーヒーを使ったファッジソース、コナ・コーヒー$8
2.リリコイ・バター$8
3.グァババター$8

ヌアヌ 付録 MAP P6A2

ハワイアン・パラダイス・キャンディーズ
Hawaiian Paradise Candies

バター、ファッジソース、ジャムの会社。ワイキキ ファーマーズ マーケット(→P29)やドン・キホーテ(→P65)でも販売。

DATA ㊋R.H.Cから徒歩6分 ㊟ハイアット リージェンシー ワイキキ ビーチ リゾート アンド スパ(→P104)1階 ☎808-923-1234 ㊡月・水曜16〜20時

スパイシー&ホットメニューに夢中!

ハワイで味わえる ハイレベルなエスニック料理

世界各国の料理が楽しめるハワイ。なかでも豊富なスパイスが使われているエスニック料理は、健康にいいとされ人気が高い。ロコをうならせ、とりこにする絶品料理をご紹介。

●カイムキ

ヒマラヤン・キッチン

Himalayan Kitchen

本場ネパールの家庭料理が人気

常に地元客で賑わう本格ネパール&インド料理店。厳選されたスパイスが効いたタンドリー料理は全7種。ナンもガーリックナンや揚げナンなど、約10種から選べる。アルコール類は置いていないが、持ち込みが可能。

DATA
㊋ワイキキから車で9分 ㊟1137 11th Ave.
☎808-735-1122 ㊐11〜14時、17〜22時
㊡月曜の昼
□日本語スタッフ □日本語メニュー
□要予約 □ドレスコードあり

チキン・チカ・マサラ(手前)
$14.95
骨なしチキンが入ったクリーミーなトマトベースのカレー。濃厚でまろやかな口当たりが絶妙

1. ジューシーなミックス・タンドリー・グリル$18.95は2種類のソースをお好みで 2. カラフルな店内。テラス席もある

牛肉のフォー(手前)
$15.75〜
肉は別皿で運ばれてくるので、すぐにアツアツのスープに入れて熱を通そう。澄んだスープは上品な味わい。パクチーの香りもたまらない

ベトナム料理 付録 MAP P11D1

●カイムキ

ハレ・ベトナム

Hale Vietnam

種類豊富な本格フォーは必食

地元紙レストラン賞の常連店。ベトナムの味を再現した料理の数々はロコの間でも評判。特に、深みのあるスープが自慢のフォーは、常時7種近く揃う店の看板商品。グループで行きやすい広い店内も人気の理由。

DATA
㊋ワイキキから車で10分 ㊟1140 12th Ave.
☎808-735-7581
㊐11〜21時 ㊡月曜
□日本語スタッフ □日本語メニュー
□要予約 □ドレスコードあり

1. 丸窓が目印。人気店なので予約がベター 2. アジア風のインテリアが配された雰囲気たっぷりの空間で食事を楽しもう

プチ情報 ハイレベルなエスニック料理店が多いハワイ。バジルやミント、パクチーなどの新鮮なハーブがとれるとあって、特にタイ料理やベトナム料理がおすすめ。ハワイの湿度の低い気候に合わせて、辛さも控えめなのだとか。

●ワイキキ

カストロズ

Castro's

日本×キューバの新感覚ディッシュ

アメリカの和食レストランで腕を磨いたシェフによる、キューバ料理に和食の要素を取り入れた美しい盛り付けが特徴。7日かけて作る、野菜や肉を使ったタマレが人気。

DATA
㊋R.H.Cから徒歩4分
㊟2113 Kalakaua Ave.#201
☎808-630-0480 ㊐7～14時
㊡なし □日本語スタッフ
□日本語メニュー □要予約 □ドレスコードあり

タマレ
$17
トウモロコシの葉に野菜や肉を包む。ソースとの相性もばっちり

店内に数席と、外のテラス席で飲食可能。朝食やブランチに訪れてみよう

カニカレー(手前)
$74～(時価)
新鮮なカニをふんだんに使った贅沢なカレーはココナッツ入りでマイルド

シンプルで清潔な店内

ベトナム料理
付録
MAP
P6B3

●アラモアナ

マイ・ラン

Mai Lan

長年慕われる老舗ベトナム料理

日本から著名人も足繁く通う人気店。カニがたっぷり入った名物のカニカレーはフランスパンにつけて食べる。エビと春雨の香味鍋など、手の込んだ料理が味わえる。

DATA
㊋ワイキキから車で8分
㊟1224 Keeaumoku St. ☎808-955-0446
㊐10時～21時30分 ㊡なし
☑日本語スタッフ ☑日本語メニュー
☑要予約 □ドレスコードあり

韓国料理
付録
MAP
P12A2

●アラモアナ

ユッチャン・コリアン

Yuchun Korean Restaurant

ピリッと辛い味がクセになる冷麺

喉ごしのよい冷麺が大人気の韓国料理店。凍らせたスープのシャリシャリ感と葛(くず)が練り込まれたモチモチつるつるの麺の組み合わせは、一度食べたらクセになる食感。

DATA
㊋ワイキキから車で7分
㊟1159 Kapiolani Blvd. ☎808-589-0022
㊐11～21時 ㊡なし
□日本語スタッフ □日本語メニュー
□要予約 □ドレスコードあり

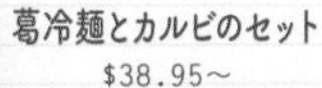

葛冷麺とカルビのセット
$38.95～
コシのある麺とひんやりスープの食感が大人気。お好みでコチュジャンを

地元客で常に賑わう

夜もアクティブに楽しむ！

ハワイアンナイトのハッピーな過ごし方

雰囲気のいいバーや、美食にこだわるパブなど、話題のナイトスポットがホノルルには点在。ハワイの地ビールを片手に、ハッピーでステキな「夜活」を楽しもう。

パイント+ジガー

Pint + Jigger

ハワイアンビール&カクテルで乾杯

シックな雰囲気が人気のガストロパブ。各国の地ビールのほか、バーテンダー協会ハワイ代表のデイヴ・ニューマン氏が作るカクテルが味わえる。毎週木～土曜の18時まではハッピーアワーも開催していて好評。

DATA ㊋ワイキキから車で8分 ㊓410 Atkinson Drive（アラモアナ・ホテル内） ☎808-744-9593 ㊐16時30分～24時（金曜は～翌2時、土曜は8時～翌2時、日曜は8時～） ㊡なし
□日本語スタッフ □日本語メニュー
□要予約

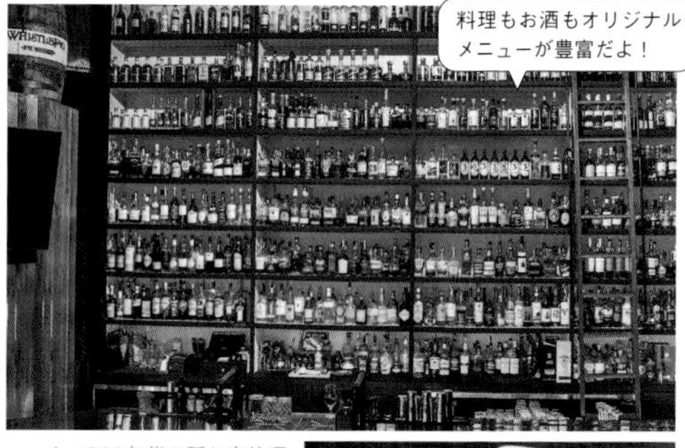

料理もお酒もオリジナルメニューが豊富だよ！

1. 1920年代の隠れ家的酒場をテーマにしたウィスキーウォール　2. 人気のスコッチエッグ$11

ハワイ産の地ビールもバラエティ豊富

お得な15～17時、21時～閉店のハッピーアワーが狙い目

1. バーエリアの外はテントを張ったカジュアルな雰囲気
2. サンプラー各$2.50は試飲グラスに入った4種類のビールが試せる

ワイキキ・ブリューイング・カンパニー

Waikiki Brewing Company

ワイキキ産のクラフトビールを

発酵タンクで造る自家製のクラフトビールは常時9種類。オープンエアのなか、アメリカンなおつまみや食事と、できたてのビールが楽しめる。クラフトビールを使ったオリジナルカクテルもおすすめ。

DATA ㊋ワイキキから車で5分 ㊓1945 Kalakaua Ave. ☎808-946-6590 ㊐10時30分～23時（金・土曜は9～24時、日曜は8時～） ㊡なし
□日本語スタッフ
□日本語メニュー □要予約

プチ情報 「ヤード・ハウス」でもハッピーアワーがあり、月～金曜の14時～17時30分、日～水曜の22時30分～24時の時間帯で、パイントグラスのビールが＄3.95～、アペタイザーの一部が半額になるなどお得。

サクサクとしたクリスピーな食感が楽しめるステーキとチーズの自家製エンパナーダ$15

シグネチャークラフトカクテルは$15～

ベヴィー
Bevy

カカアコ　付録MAP P6B3

1.独創的なカクテルを楽しめる　2.カクテルはミクソロジスト自らが愛を込めて作ってくれる。ぜひオーダーを！

自慢のオリジナルカクテルをこだわりの料理と一緒に

カクテルコンテストでの優勝経験があるミクソロジストが作るカクテルがおすすめのバー。材料にこだわって作る本格料理も、ほかでは味わえないオリジナルな味と評判。6名以上は要予約。

DATA ㊋ワイキキから車で12分　㊟675 Auahi St.　☎808-594-7445　㊐17～22時（木曜は～24時、金・土曜は～翌2時）　㊡日・月曜
□日本語スタッフ
□日本語メニュー
□要予約

ヤード・ハウス
Yard House

ワイキキ　付録MAP P8A3

豊富なラインナップのビールが自慢

世界各国130種類以上のビールが味わえる賑やかなビア・レストラン。看板メニューの、高さ約45.72cmのグラスに注がれたビールは迫力満点。アメリカンなメニューが中心の料理もおいしいと評判。

DATA ㊋R.H.C.から徒歩4分　㊟ワイキキ・ビーチ・ウォーク（→P54）1階　☎808-923-9273　㊐11時～翌1時（金・土曜は～翌1時20分）　㊡なし
□日本語スタッフ　☑日本語メニュー
□要予約

すっきりした味わいで料理との相性も抜群のコナ・ラヴァマン・レッド$15.49

ラムファイヤー
RUMFIRE

ワイキキ　付録MAP P8B4

1.ビーチフロントの絶好ロケーション　2.グリーンココナッツカレーが決め手の炙ったコナ産のカンパチ$36

ラム酒はハワイ随一の品揃え

ワイキキ・ビーチが目の前のレストランバー。世界中から集めた100種以上のラム酒や、ラム酒を使ったカクテルが楽しめる。唐辛子がきいたアヒのたたき$33など料理もユニーク。

DATA ㊋R.H.C.から徒歩2分　㊟2255 Kalakaua Ave. Ⓗシェラトン・ワイキキ1階　☎808-922-4422　㊐11時30分～23時（料理は～21時45分）　㊡なし
□日本語スタッフ　☑日本語メニュー
□要予約

眺めを楽しむ天空バー

開放的なおしゃれなルーフトップバー

屋上に設けられた開放感満点のバーで、ハワイのロマンチックな夜景をパノラマで満喫。ワイキキを見晴らすカウンター席や居心地抜群のソファ席でまったりした夜を。

スカイ ワイキキ

SKY WAIKIKI

視界180度に広がるワイキキ

ワイキキビジネスプラザの屋上にあるバー。南国ハワイでモダンなラスベガスの雰囲気を楽しんでもらうことを意識。開放的なルーフトップバーと、屋内のシックなラウンジのどちらも楽しみたい。日によってはゲストDJを招くことも。

眺めのいいテラス席は人気なので予約が望ましい

DATA ㊫R.H.C.から徒歩1分
㊟2270 Kalakaua Ave.
☎808-979-7590
㊮ブランチ10～14時（土・日曜のみ）、16～23時（金・土曜は～24時）
㊡なし □日本語スタッフ □日本語メニュー □要予約

1.金・土曜の22時以降はドレスコードあり。少しドレスアップして出かけよう 2.シズリング・サーフ＆ターフ$42。ステーキとシュリンプに、インドネシア風のブラックペッパーソースがポイント 3.バード・オブ・パラダイス（左）とクラシェイカー（右）

付録 MAP P8A3

トミー・バハマ レストラン・バー＆ストア

Tommy Bahama Restaurant Bar & Store

ロマンチックな空間と絶品料理を一度に

ライフスタイルブランド「トミー・バハマ」が運営するレストラン。注目は屋上に構えるルーフトップのバーラウンジ。白砂をひいたビーチのような空間で、料理やカクテルを楽しめる。夜はファイヤーピットが灯され、リゾートムードな雰囲気に。

1.3階建ての店舗。レストラン＆バーは2階全フロア。メニューと価格は予告なしで変更の可能性あり 2.ライムのドレッシングでさっぱりした渡り蟹とアボカドのサラダ$29.50 3.ラムベースのカクテルであるマイタイ$16.50はフローズンドリンクとして注文可能（左）。グレープフルーツバジルカクテル$18（右）

DATA ㊫R.H.C.から徒歩5分
㊟298 Beach Walk
☎808-923-6090、レストラン808-923-8785
㊮14～22時（予約を推奨）、ハッピーアワーは14～17時 ㊡なし
□日本語スタッフ □日本語メニュー
□要予約

ブホ・コシーナ・イ・カンティーナ

ワイキキ　付録MAP P8B3

Buho Cocina y Cantina

本格派メキシカンをルーフトップで

ルーフトップ全体を使ったモダンなレストラン。プライスは意外なほどリーズナブル。メキシコ出身のシェフが織りなす、新鮮な地産食材を中心に使用した個性的な創作料理が堪能できる。毎週火曜は$2、毎月5日は$3のタコス屋台が登場し、大いに盛り上がる。

DATA ㊋R.H.C.から徒歩1分 ㊟2250 Kalakaua Ave. ワイキキ・ショッピング・プラザ5F ☎808-922-2846
㊐16時～翌1時（月・水・日曜は～24時）
㊡なし
□日本語スタッフ □日本語メニュー
□要予約

1.ウッドデッキのエリア。夜更けとともにクラブのような賑わいに　2.フェイバリット・ファフィータ$38（手前）

テラスバー

手軽に素敵な風景を楽しむことができるテラスバーも人気。
お得なハッピーアワーも活用して、ホノルルの雰囲気とお酒を楽しもう。

ワイオル・オーシャン・キュイジーヌ

ワイキキ　付録MAP P8A4

Waiolu Ocean Cusine

金曜は混雑必至のテラスバー

トランプ®・インターナショナル・ホテル・ワイキキのロビーフロアにあるレストラン。旬の魚を取り揃えており、ディナー時は寿司や海鮮料理を中心としたメニュー展開。

DATA ㊋R.H.C.から徒歩7分 ㊟トランプ®・インターナショナル・ホテル・ワイキキ（→P104）内 ☎808-683-7456
㊐11～21時（ディナーは17時～） ㊡月曜
☑日本語スタッフ
□日本語メニュー
□要予約

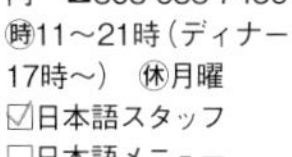

1.ハッピーアワーは毎日16～18時　2.カウンター席を含め、落ち着いた雰囲気のなかでお酒と料理が味わえる

ハイドアウト・アット・ザ・レイロウ

ワイキキ　付録MAP P9C2

Hideout at the Laylow

クヒオ通りを望むおしゃれなバー

スタイリッシュなホテル、レイロウのロビーエリアにあるバー。カフェやレストランとしても、一日中利用できる。広々としたテラスエリアでゆったりと過ごそう。

DATA ㊋R.H.C.から徒歩3分 ㊟Ⓗザ・レイロウ・オートグラフ・コレクション（→P105）2階
☎808-628-3060
㊐7～24時（ライブ演奏は18～21時） ㊡なし
□日本語スタッフ
☑日本語メニュー
□要予約

1.雰囲気のいいバーカウンター　2.毎日16時30分～18時30分のハッピーアワーでは、ドリンク約8種類と数種類のおつまみを用意

トロピカルな夜を彩る

ハワイアンカクテルでホロ酔い気分♥

ハワイ生まれのハワイアンカクテルは、リゾート気分を盛り上げてくれるトロピカルテイスト。心地よい潮風に吹かれながら、ハワイでの特別な一夜を贅沢に過ごそう。

●ワイキキ

A マイタイ バー

Mai Tai Bar

付録MAP●P9C4

ハワイの定番カクテル「マイタイ」が有名なバー。ビーチサイドで毎日夕方から、ハワイアンミュージックのライブも楽しめる。

DATA 交R.H.C.から徒歩1分 住Hロイヤル ハワイアン ラグジュアリー コレクション リゾート(→P103) 1階 ☎808-923-7311 時11～23時 休なし

●ワイキキ

B カニ・カ・ピラ・グリル

Kani Ka Pila Grille

付録MAP●P8A4

アウトリガー・リーフ・ワイキキ・ビーチ・リゾート内のプールサイドにあるレストラン。地元ミュージシャンによるライブも楽しい。

DATA 交R.H.C.から徒歩6分 住Hアウトリガー・リーフ・ワイキキ・ビーチ・リゾート(→P105) 1階 ☎808-924-4990 時11～21時 休なし

●ワイキキ

C ハウス ウィズアウト ア キー

House Without A Key

付録MAP●P8B4

高級ホテル、ハレクラニの中庭にあるバーレストラン。毎晩開催されるフラやミュージックライブは要チェック。

DATA 交R.H.C.から徒歩6分 住2199 Kalia Rd. Hハレクラニ(→P102) 1階 ☎808-923-2311 時7時～21時 休なし URLhalekulani.jp/restaurant/house-without-a-key

●ワイキキ

D デュークス・ワイキキ

Duke's Waikiki →P83

まめちしき

ハワイでは、21歳未満の飲酒はハワイ州法で禁じられていて、バーやナイトクラブでアルコールを購入する際にはパスポートなどIDの提示を求められることも。日本人は特に年齢よりも若く見られるので注意。

Lala Citta Honolulu

Topic 4

リラックス

Relaxation

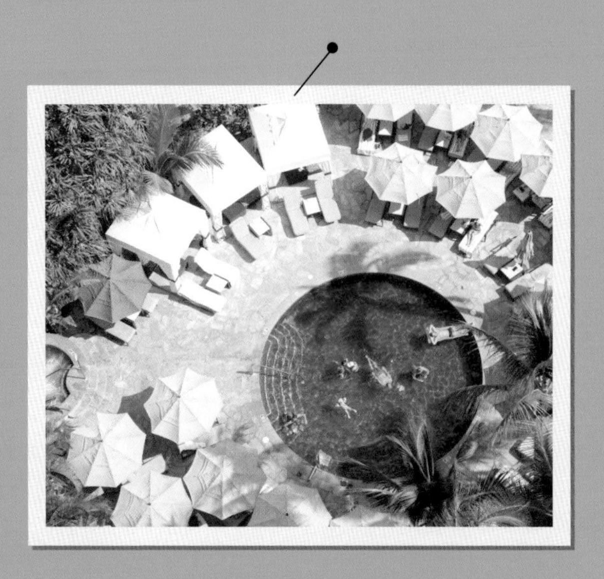

ハワイ伝統のロミロミやエステで

日頃の疲れをリフレッシュ。

ホテルやコンドミニアムでのんびりリラックス。

疲れた体を癒やしてくれる

ハワイ伝統のロミロミで心も体もリラックス

ハワイに古来から伝わるロミロミには、体だけではなく心の疲れも癒やしてくれる効果が。南国ムードあふれるリラックス空間で、たまったストレスをデトックスしてくれるはず。

MENU

・ロミロミ・マッサージ

・ロミロミ&オイルリフレ&ホットストーン(90分、$105～)
・ロミロミ&オイルリフレ(60分、$68～)
・ロミロミ&指圧&オイルリフレ(75分、$85)

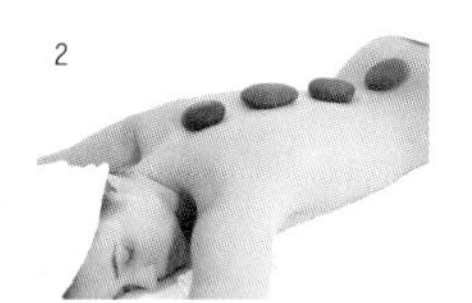

1.白を基調とし、ハワイテイストのグッズを配したラウンジ
2.全身が温まるホットストーンで疲れを癒やす

ワイキキ 付録MAP P8A3

リフレ ハワイ

Refle Hawaii

ロミロミ&英国式リフレが初進出

ワイキキ中心地に位置するハワイ初のロミロミ&英国式リフレクソロジーサロン。セラピストは全員日本人女性で、ハワイ州のライセンスを取得しているので安心。トリートメント後はハーブティーサービスあり。

DATA
交R.H.C.から徒歩2分 住2155 Kalakaua Ave.バンク・オブ・ハワイ・ワイキキセンター6階(600号室)
☎808-924-0505 時10～22時 休なし
URL www.reflehawaii.com
☑日本語スタッフ ☑日本語メニュー ☑要予約

MENU

・ロミロミ・指圧

・アバサ ハーモニー(50分、$170～)
・ロミロミマッサージ(50分、$175～)
・アバサ トロピカル フェイシャル(50分、$175～)
(税金20%とサービス料別)

1.トリートメントには、セラピストが厳選したプロダクトを使用。各マッサージに合わせてラベンダー・ココナッツ・ローズマリーから好きな香りを選べる 2.ハワイアンプランツに囲まれた極上空間

ワイキキ 付録MAP P9C4

アバサ ワイキキ スパ

Abhasa Waikiki Spa

ハワイで唯一のガーデンスパ

「ハワイのベストリゾートスパ2018」を受賞した、施術やロケーションともに最高なスパ。植物に囲まれながら、清々しい風を感じて心ゆくまでリラックスしよう。夕方からはトーチライトが灯り、ロマンティックな雰囲気の中でマッサージを受けられる。

DATA
交R.H.C.から徒歩1分 住2259 Kalakaua Ave.1階
☎808-922-8200 時10～18時 休なし
URL abhasa.comi
☑日本語スタッフ ☑日本語メニュー ☑要予約

まめちしき スパでのチップは料金の15～20%が目安。また、予約時間に遅れると、その分施術の時間が短くなってしまうので、10分前には着いているのがおすすめ。

ロミロミとは？

ロミロミとは「揉む、押す、圧迫する」という意味のハワイ語。現在ではハワイ式マッサージとして知られる。古代ハワイでは「マナ」という自然と大地のエネルギーを使うことのできる「カフナ」という聖職者のみが行える崇高な医療行為だった。

MENU
・ヘブンリー・スパ・シグニチャー・マッサージ(50分、$180～)
・シグネチャー・ロミ・フェイシャル(80分、$240)
・ハニー・シュガー・スクラブ(50分、$180)

ロミロミ・マッサージ

1.ビーチを見渡せる広々としたトリートメントルーム　2.施術に使うオイルは種類豊富で購入も可能　3.施術当日はジャクジーやサウナを無料で使用できる

ワイキキ　付録MAP P9C3

モアナ ラニ スパ ～ヘブンリー スパ バイ ウェスティン

Moana Lani Spa, A Heavenly Spa by Westin

オーシャンフロントで贅沢な時間を

ワイキキで唯一、ビーチフロントに位置する好立地のスパ。波の音を聴きながら本格的なロミロミが受けられるとあって、オープン以来絶大な人気を誇る。1,500平方メートル以上の敷地では、オリジナルの商品やおみやげも買うことができる。

DATA
㊋R.H.C.から徒歩4分　㊟2365 Kalakaua Ave.2階　☎808-237-2535　㊅9～18時（最終トリートメントは17時）　㊡なし　URL www.moanalanispa.com
☑日本語スタッフ　☑日本語メニュー　☑要予約

MENU
・ロミ・フェイシャル(110分、$160)
・ロミロミマッサージ(60分、$95／90分、$135)
・ステイプリティマッサージ(60分、$110)

ロミロミ・指圧

1.体調に合わせ、重点的にケアをしてくれる　2.生活習慣も含めて、あらゆる角度から体の悩みにアプローチする　3.スタッフは全員経験豊かな日本人

ワイキキ　付録MAP P8B2

ルアナ・ワイキキ・ハワイアン・ロミロミ・マッサージ&スパ

Luana Waikiki Hawaiian Massage & Spa

ハワイアン×指圧の極上マッサージ

オープン16周年を向かえた人気店。浪越式指圧をベースに、独自のツボや経路を押さえる本格マッサージが体験できる。希望に応じて、浪越式指圧とロミロミ、ホットストーンの組み合わせも可能。

DATA
㊋R.H.C.から徒歩1分　㊟2222 Kalakaua Ave.Tギャラリアタワー #716　☎808-926-7773　㊅9～17時（平日はウォークイン可、土・日曜は完全予約制）　㊡なし　URL luana-waikiki.com/
☑日本語スタッフ　☑日本語メニュー　☑要予約

素肌美人を目指そう

今、ハワイで話題の自然派コスメ

ハワイの大自然で育った植物エキスをたっぷり含んだオーガニック・コスメ。肌にやさしい成分が、なめらかで健やかな美肌を生成してくれる。ナチュラルな香りにも癒やされそう。

Hawaiian Bath Body ハワイアン・バス&ボディー

ノースショアで誕生したすべてハンドメイドのスキンケアブランド。ハワイならではの食材による、マンゴーやパイナップルなどの香りも注目ポイント。

1

2

3

1. ナチュラル・ハワイアン・ハンドソープで最も人気なプルメリア$6.50(左)。抗菌作用でニキビ対策にも使えるピカケ$6.50　2. ハワイらしい香りが漂うハワイアン・センチュアル・オイル各$9.95　3. ククイナッツ・オイル1本$13.95～は日焼けケアにうってつけ(すべて C)

Hawaiian Botanicals Series ハワイアン・ボタニカルス・シリーズ

ハワイの自然植物成分を主原料に作られたベルヴィーのオリジナル商品。しみ、しわ、美白など女性の悩みを解決すべく、ドクターによって開発された自然派コスメ。

1

2

3

1. パイナップルやハイビスカス抽出エキスが古い角質をやわらかくし、肌を傷つけることなく角質除去が可能に。ラキ$60　2. ヌイ$62のジェルは、ハナスゲ根やノニなどの植物抽出エキス配合で、バストアップ効果があるかも　3. 痛み緩和ジェル、エハは大$33、小$6の2サイズを用意(すべて B)

A 付録MAP P5D1

●カイルア

ラニカイ・バス&ボディ

Lanikai Bath & Body

癒やしの香りで満たされる自然派コスメ

ラニカイ・ビーチを愛する2人の女性が作った自然派コスメブランド。ハワイ産の素材から作ることにこだわり、プロのアロマセラピストによって厳選された香りは、深みのあるものばかり。

DATA 交ワイキキから車で35分　住600 Kailua Rd. ＃119
☎808-262-3260
時10～17時(土・日曜は～16時)
休なし

B 付録MAP P8B3

●ワイキキ

ベルヴィー・ハワイ

Belle Vie Hawaii

人気の海外コスメはここでゲット!

人気が高い海外ブランドコスメの品揃えが豊富。ハワイの植物を用いたボタニカルス・シリーズのほか、話題の商品をいち早く仕入れる。おみやげに喜ばれそうな雑貨も揃っている。

DATA 交R.H.C.から徒歩1分
住2250 Kalakaua Ave.ワイキキ・ショッピング・プラザ1階
☎808-926-7850
時10時～22時30分　休なし J

まめちしき オーガニック・コスメとは自然由来の成分を中心に配合し、化学成分を不使用、またはごく少量のみ使用して作られる化粧品。

Lanikai Bath & Body
ラニカイ・バス&ボディ

ラニカイ在住の2人の女性によって2005年に創設された。ハワイの大地に育まれた花やフルーツの豊かな香りをふんだんに取り入れ、100%自然素材を使用。

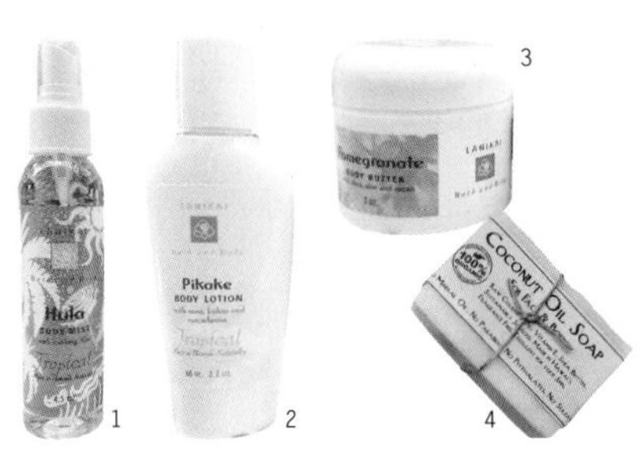

1. ハワイアンウォーターにアロエベラ、ビタミンEなどを配合したミスト$12.50(約128g)　2. アンチオキシダントとビタミンを含むハワイアンマカダミアとククイナッツのオイル入りのローション$6.50　3. シアバターとカカオバターを配合し、マカダミアとククイナッツのオイルも入ったナチュラルなクリーム$10.50　4. ハンドメイドのココナッツオイル入りの石けん$6.50(すべてⒶ)

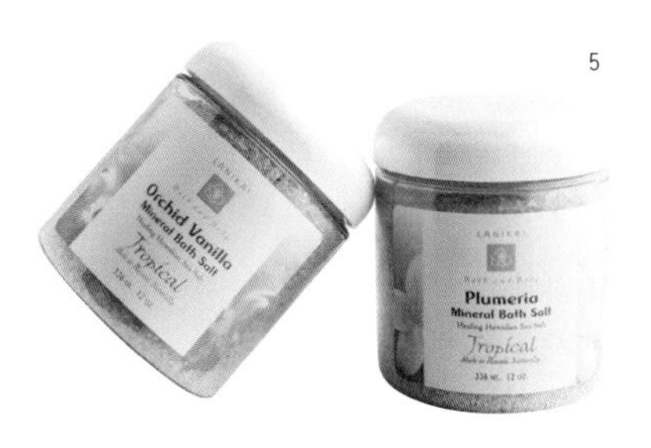

5. バスソルト$12.99もおすすめ(どちらもⒹ)

Honey Girl Organics
ハニー・ガール・オーガニクス

ノースショアにあるハチの巣箱から採集した有機ハチミツやプロポリスなど栄養価の高い成分がたっぷり入ったシリーズ。口に入っても安全な素材を使用。

1. 余計な脂分を除きつつ、肌に潤いを与えてくれるフェイシャルクレンザー$22.99　2. 寝る前につけることで、肌にハリが戻るナイトクリーム$33.99。翌朝は化粧ノリが抜群　3. プロポリスとローズ、ネロリのエッセンシャルオイル配合のフェイシャル・トナー$22.99(すべてⒺ)

4. 保湿性が高く唇がプルプルになるリップバーム$6.50
5. 保湿性抜群で容量が多くお得なリップバーム$7.60
6. ハチミツをベースに食べられる成分だけで作られたベストセラー商品。フェイス&アイ・クリーム$29.98(すべてⒷ)

付録MAP P3D2

●ワイアルア

ノースショア・ソープファクトリー
North Shore Soap Factory

植物オイルを使ったナチュラルソープ

ノースの小さな街、ワイアルアのシュガーミル跡に工場を構えるソープ工房。ハワイ産の原料を使った、肌や地球にやさしいアイテムを販売している。おみやげ探しにもおすすめ。

DATA ㊇ワイキキから車で44分 ㊟67-106 Kealohanui St. ☎808-637-8400 ㊔10〜16時(土曜は8時30分〜、日曜は11時〜) ㊡なし URL northshoresoapfactory.com

付録MAP P13C2

●アラモアナ

ブルー・ハワイ・ライフスタイル
Blue Hawaii Lifestyle

セレクト豊富な自然派ショップ

ハワイ発のオーガニックコスメやナチュラルフードからCDまで、ハワイのアイテムをバラエティ豊かに揃える。店内奥にはカフェもある(→P72)。

DATA ㊇ワイキキから車で5分 ㊟アラモアナセンター(→P42)2階 ☎808-942-0303 ㊔10〜18時(日曜は11時〜) ㊡なし Ⓙ Ⓙ

付録MAP P12A3

●ワード

ホールフーズ・マーケット・クイーン店
Whole Foods Market Queen →P62

コンシェルジュによるおすすめコメント付き

ラグジュアリーホテルで憧れのステイ

一度は泊まってみたい、憧れのラグジュアリーホテルが勢揃いしているハワイ。
最上級のホスピタリティがあなたを迎えてくれる。優雅な滞在に役立つコンシェルジュ情報もご紹介！

ワイキキ　付録MAP P8B4

ハレクラニ
Halekulani

天国の館の名をもつ名門ホテル

「天国にふさわしい館」という名のとおり、高級感あふれる設備と、きめ細かなホスピタリティで世界中のセレブたちを魅了し続けるホテル。すべての客室に広めのバルコニーを完備し、美しい海が一望できる。バスルームは独立したシャワーブース付き。

コンシェルジュリコメンド

ダイヤモンド・ヘッドスイートルーム
$2540～（1ベッド）
ダイヤモンド・ヘッドがワイキキーきれいに眺められると好評を得ている。

Point!
ホノルルの美術館などに無料で入場できるフォー・ユー・エブリシングプログラムもご利用ください。

DATA ⓧR.H.C.から徒歩6分 ⓨ2199 Kalia Rd. ☎808-923-2311 ⓡガーデンコートヤード＄640～、オーシャンフロント＄935～ 453室
J R P F

1.シンプルながらエレガントな雰囲気の客室　2.プレミアスイートではリッチな気分を満喫できる($6300～)　3.ホテルのシンボルであるオーキッドが描かれたプールは優雅な気分にさせてくれる

カハラ　付録MAP P7D2

ザ・カハラ・ホテル＆リゾート
The Kahala Hotel & Resort

高級リゾートに立つ隠れ家にステイ

豪邸が並ぶカハラ・アベニューに立つ、高級リゾートホテル。「カハラ・シック」をテーマにしたインテリアはラグジュアリーで洗練された雰囲気。ベッドはイタリアの高級リネンブランドを使用。またホテル内にはアクティビティ施設も充実していて滞在を満喫できる。

コンシェルジュリコメンド

Dolphin Lanai 1211号室
$550～
6頭のバンドウイルカが泳ぐラグーンを望む客室。かわいいイルカに癒やされて。

Point!
イルカと一緒に泳ぐことができるプログラム、ドルフィンクエストが人気です。

DATA ⓧワイキキから車で15分 ⓨ5000 Kahala Ave. ☎808-739-8888 ⓡシーーック＄450～　338室
J R P F

1.2棟に分かれた客室は広々としていてゆったりくつろげる　2.1964年の開業当初からウエディングなどに多く利用されているプール　3.夜にはラグーンに映る照明が幻想的な雰囲気を醸し出す

ロイヤル ハワイアン ラグジュアリー コレクション リゾート

The Royal Hawaiian, a Luxury Collection Resort

海に映える太平洋のピンクパレス

1927年に創業し、95年以上の歴史をもつ。「ピンクパレス」の愛称で親しまれる老舗ホテル。ワイキキのランドマーク的存在のピンクの建物内は気品あふれる空間。おみやげも購入できるロイヤル ハワイアン ベーカリーなど、ホテル内の施設も充実している。

DATA ㊋R.H.C.から徒歩1分 ㊟2259 Kalakaua Ave. ☎808-923-7311 ㊖ヒストリック・ルーム$439～ 528室 URL www.royal-hawaiian.jp/

J R P F

コンシェルジュリコメンド

ヒストリック・オーシャン・デラックス

$624～

オーシャンフロントの絶景と通常より広めの高級感あふれるリッチな客室。

Point!

プールには天蓋付きのプライベートスペース、カバナを設置。極上のひとときを過ごせます。

1.クラシカルな風格が漂うピンクの建物 2.ダークウッドを基調としたインテリアで落ち着いた雰囲気 3.プールは宿泊者のみ利用可能で、カバナもある

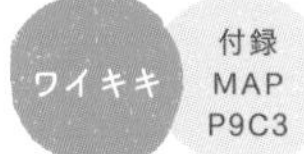

モアナ サーフライダー ウェスティン リゾート&スパ

Moana Surfrider, A Westin Resort & Spa

ワイキキ最古の由緒あるホテル

「ワイキキのファースト・レディ」とよばれる真っ白の優美なホテル。1901年創業当時の建物の面影を今も残し、古き良きハワイを感じさせる。ほとんどの客室からワイキキ・ビーチを望むことができ、ウェスティン独自のヘブンリーベッド完備で、快適な滞在を約束。

コンシェルジュリコメンド

ヒストリック・バニヤン・オーシャン

$399～

一番海に近い部屋のひとつ。まるで海に横たわっているかのような景観。

Point!

「ザ・ベランダ」から見える優雅なバニヤン・ツリーと美しい海の眺めが自慢です。

DATA ㊋R.H.C.から徒歩4分 ㊟2365 Kalakaua Ave. ☎808-922-3111 ㊖ヒストリック・バニヤン・オーシャン$399～ 791室

J R P F

1.なめらかな肌ざわりが自慢のヘブンリーベッドは、心地よい眠りに誘う 2.格調高い白亜の建物はワイキキでも他を圧倒する存在感 3.ビーチに面した開放感あふれるプール

居心地がいいホテルに泊まりたい！

カンファタブル・ホテル

ワイキキ周辺にあり、どこに行くのにもアクセス抜群。さらにコストパフォーマンスも◎。
そんな快適ステイを約束してくれる魅力的なホテルを厳選してご紹介。

付録 MAP P9D3

ハイアット リージェンシー ワイキキ ビーチ リゾート アンド スパ

Hyatt Regency Waikiki Beach Resort and Spa

高層ツインタワーで知られる大型ホテル

八角形のツインタワーが目印のラグジュアリーホテル。オーシャンフロントのすばらしい眺めが楽しめる客室や、ショップやレストラン、カフェなど50軒以上を併設したプアレイラニ アトリウム ショップス（→P55）など、充実の施設で快適なステイができる。

DATA 交R.H.C.から徒歩6分 住2424 Kalakaua Ave. ☎808-923-1234 料ワイキキ・ビュー＄259～、パーシャル・オーシャン・ビュー＄319～（日により変動） 1230室

J R P F

1.さわやかな印象の客室は広くて快適　2.全室ラナイ付きでワイキキの絶景を一望

付録 MAP P11C4

ワイキキ・ビーチ・マリオット・リゾート＆スパ

Waikiki Beach Marriott Resort & Spa

南国ムードあふれる巨大リゾート

ケアロヒラニタワー、パオアカラニタワーの2棟のデラックスタワーを備える。ワイキキ・ビーチの絶景はもちろんのこと、モダンで洗練されたインテリアも自慢。広大な敷地内には2つのプールやダイニング、人気ショップも揃う。

DATA 交R.H.C.から徒歩11分 住2552 Kalakaua Ave. ☎808-922-6611 料デラックス・オーシャン・ビュー＄560～　1307室

J R P F

1.ゆったりとした造りの客室はファミリー向けサービスもある　2.広々としたロビー

付録 MAP P8A4

トランプ®・インターナショナル・ホテル・ワイキキ

Trump® International Hotel Waikiki

機能性をプラスした高級リゾート

コンドミニアムの便利さを兼ね備えた快適空間が自慢の38階建て高層ラグジュアリーホテル。コンテンポラリーかつエレガントなデザインでゆったりとした造りの客室は、全部で10タイプ以上ある。自分好みのステイを実現できる。

DATA 交R.H.C.から徒歩7分 住223 Saratoga Rd. ☎808-683-7777 料ステューディオタイプ＄397～ 462室

J R P F

1.広々とした造りと大きくとられた窓が開放的な客室　2.緑と海が見られるプール

付録 MAP P13D3

ヒルトン・ハワイアン・ビレッジ・ワイキキ・ビーチ・リゾート

Hilton Hawaiian Village Waikiki Beach Resort

ハワイ最大級のリゾートを満喫

5つのタワーからなるホテル。広い敷地内には5つのプール、国際色豊かなレストラン、ショップなど80もの店舗が集まり、充実した時間を過ごすことができる。ルアウショーや毎晩行われるライブエンターテインメントのほか、ラグーンでのウオーターアクティビティも豊富に揃う。

DATA 交R.H.C.から徒歩15分 住2005 Kalia Rd. ☎808-949-4321 料リゾート・ビュー＄270～ 2860室

J R P F

1.人気が高いレインボータワーの角部屋　2.開放的な雰囲気のプール

［マークの凡例］ J 日本語OK　R レストラン　P プール　F フィットネスジム

ワイキキ 付録MAP P8A4

アウトリガー・リーフ・ワイキキ・ビーチ・リゾート
Outrigger Reef Waikiki Beach Resort

ハワイアンテイストを極めたホテル
随所にハワイらしさを感じるビーチフロントリゾート。全室インターネットアクセス完備。ライブ演奏が楽しめるレストランやショッピングに便利な立地もうれしい。

DATA ㊋R.H.C.から徒歩6分 ㊟2169 Kalia Rd. ☎808-923-3111 ㊕シティビュー＄259～、1ベッドルームスイート＄289～ 635室

J R P F

ワイキキ 付録MAP P8A4

エンバシー・スイーツ・バイ・ヒルトン・ワイキキ・ビーチ・ウォーク®
Embassy Suites by Hilton Waikiki Beach Walk®

全室スイートのデラックスホテル
客室はベッドルームとリビングルームがあるオールスイート。さらに朝食ビュッフェや、夜のレセプションでのアルコール類も無料という充実したサービスが魅力。

DATA ㊋R.H.C.から徒歩7分 ㊟201 Beachwalk St. ☎808-921-2345 ㊕1ベッドルームスイート＄349～ 369室

J R P F

ワイキキ 付録MAP P11C4

アロヒラニ・リゾート・ワイキキ・ビーチ
Alohilani Resort Waikiki Beach

ハワイの気分に浸れる眺望に感動
ハワイ語で「天使のような明るさ」という意味の名前をもつホテル。ハワイの自然や伝統文化をテーマにした館内はエレガントなデザインが見られる。

DATA ㊋R.H.C.から徒歩10分 ㊟2490 Kalakaua Ave. ☎808-922-1233 ㊕パーシャル・オーシャンビュー＄200～ 839室

J R P F

ワイキキ 付録MAP P11C4

ハイアット プレイス ワイキキ ビーチ
Hyatt Place Waikiki Beach

シンプルで快適、カジュアルなホテル
洗練された全客室にはラナイやソファを完備。スペシャリティルームは45㎡と広い。Wi-Fi無料。24時間利用できる軽食、スターバックスコーヒーも。

DATA ㊋R.H.C.から徒歩15分 ㊟175 Paoakalani Ave. ☎808-922-3861 ㊕シティビュー＄199～（日により変動） 426室

J R P F

ワイキキ 付録MAP P13D3

ザ・モダン・ホノルル
Hilton Vacation Club The Modern Honolulu(2023年9月13日～)

新鋭デザイナーが手がけた最新ホテル
全室オフホワイトでまとめられ、家具は自然の素材と風合いを生かしたぬくもりが感じられる。また、高級寝具が快適な眠りに誘う。

DATA ㊋R.H.Cから徒歩18分 ㊟1775 Ala Moana Blvd. ☎808-943-5800 ㊕シティビュー＄292～、パーシャルオーシャンビュー＄359～ 345室

R P F

ワイキキ 付録MAP P9C2

ザ・レイロウ・オートグラフ・コレクション
The Laylow, Autograph Collection

モンステラの壁紙が話題
モダンなバーカウンターやクラシカルなプールなどがフォトジェニックなデザイナーズホテル。宿泊者限定のキュートなアメニティも注目アイテムだ。

DATA ㊋R.H.C.から徒歩3分 ㊟2299 Kuhio Ave. ☎808-922-6600 ㊕デラックスルーム＄359～、ジュニアスイート＄389～、コーナースイート＄409～ 251室

J R P F

暮らすようなステイを実現

コンドミニアムで優雅なハワイライフを体験

ちょっと長めの滞在なら、ホテルよりもコンドミニアムがおすすめ。キッチンで料理したり、リビングでくつろいだりと、普通のホテルでは味わえない、「擬似ロコ生活」が満喫できる。

コンドミニアムの快適ポイント

- 多人数で借りれば、1人あたりの料金が割安になるのでお得
- キッチンで本格的な調理ができるので、好きなものを作って食べられる
- リビングには大型テレビやDVD、音響設備が整っているところも多い

ワイキキ 付録MAP P8A3

リージェンシー・オン・ビーチウォーク・ワイキキ Byアウトリガー

Regency on Beachwalk Waikiki by Outrigger

全室スイートのラグジュアリーコンド

スタイリッシュなホテルタイプのコンドミニアム。コンテンポラリーなデザインのインテリアにマッチする、フローリングやクイーンベッドが素敵。フラットスクリーンのテレビがあるのもうれしい。

1.スタイリッシュなベッドルーム 2.全室フルキッチンを装備し、立派なダイニングテーブルも使い勝手がよい 3.広々としていて開放的なロビー

◉設備LIST
電子レンジ、冷蔵庫、食器洗浄機、コンロ、コーヒーメーカー、フラットスクリーンテレビ、ベビーベッド（リクエストにつき）、Wi-Fi（無料）etc.

DATA 交R.H.C.から徒歩6分 住255 Beach Walk ☎808-922-3871 料1ベッドルーム・シティビュー$229～ 48室 R

ワイキキ 付録MAP P11C4

アストン・アット・ザ・ワイキキ・バニヤン

Aston at the Waikiki Banyan

全室フルキッチンで無料施設も魅力的

カピオラニ・パークの近くに立ち、ゆったりと落ち着いた雰囲気の客室は、全室フルキッチンを完備。無料施設も充実し、プールやテニス、子どもの遊具などが使用できる。1時間$2でBBQエリアも使用可。

DATA 交R.H.C.から徒歩13分 住201 Ohua Ave. ☎808-922-0555 料1ベッドルームスタンダード$405～ 876室 J P

◉設備LIST
冷蔵庫、フルキッチン、テレビ、ラナイ、バスタブ、ヘアドライヤー、洗浄便座付きトイレ（一部）etc.

1.光の差し込む大きな窓 2.ゆとりのある空間 3.プールも無料で使える

［マークの凡例］J 日本語OK R レストラン P プール F フィットネスジム

44階建ての高層コンドからの眺めは抜群

ワイキキ 付録MAP P8B1

アクア スカイライン アット アイランドコロニー
Aqua Skyline at Island Colony

アラワイ運河沿いにある静かな環境

アラワイ運河沿いにある高層コンド。客室はステューディオと1ベッドルームの2つのタイプある。美しい夜景も望める。

DATA ㊋R.H.C.から徒歩5分 ㊟445 Seaside Ave. ☎808-923-2345 ㊕ステューディオ$249～ 740室 P

◉設備LIST
電子レンジ、ミニ冷蔵庫、コーヒーメーカー、ケーブルテレビ、メイドサービス（毎日）、アイロン、ヘアドライヤーetc.

付録MAP P13D3

イリカイ・ホテル&ラグジュアリー・スイーツ
Ilikai Hotel & Luxury Suites

ヨットハーバーを一望するコンド

改装後にラグジュアリールームとなった客室などが自慢のコンド。

DATA ㊋R.H.C.から徒歩20分 ㊟1777 Ala Moana Blvd. ☎949-3811 ㊕ラグジュアリー・ジュニアスイート・ブルバードビュー・キッチン付き$600～ 201室 R F

◉設備LIST
冷蔵庫、ドライヤー、テレビ、フルキッチン、コーヒーメーカー、セーフティボックス、アイロン、電子レンジetc.

さわやかな色づかいでまとめられた客室

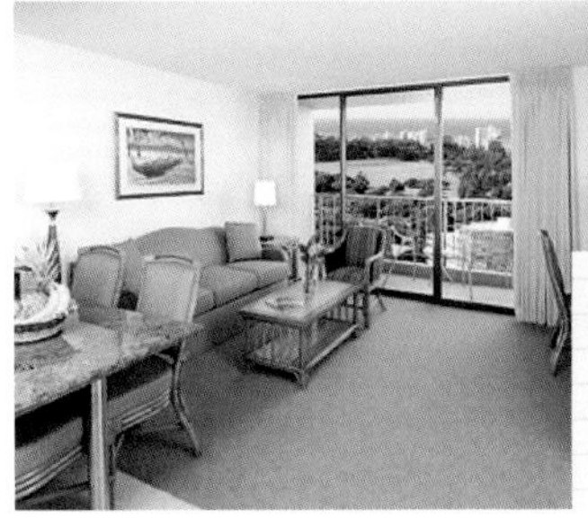

リビングにある大きなソファは座り心地抜群

ワイキキ 付録MAP P11C4

アストン・ワイキキ・サンセット
Aston Waikiki Sunset

プライベートラナイからの景色が◎

カピオラニ・パークに近いコンド。全室プライベートラナイがあり、海やダイヤモンド・ヘッドの絶景を堪能できる客室もある。

DATA ㊋R.H.C.から徒歩14分 ㊟229 Paoakalani Ave. ☎808-922-0511 ㊕1ベッドルーム$419～ 435室 J P

◉設備LIST
電子レンジ、冷蔵庫、クッキングヒーター、オーブン、トースター、コーヒーメーカー、ヘアドライヤーetc.

付録MAP P11C4

アストン・ワイキキ・ビーチ・タワー
Aston Waikiki Beach Tower

贅沢な造りの高級コンドミニアム

ホノルルで指折りの高級コンド。カラカウア通りを挟んでワイキキ・ビーチの向かい。広々とした2ベッドルームの客室は、まさに贅沢空間。

DATA ㊋R.H.C.から徒歩8分 ㊟2470 Kalakaua Ave. ☎808-926-6400 ㊕1ベッドルームデラックスオーシャンビュー$789～ 140室 J P

◉設備LIST
電子レンジ、冷蔵庫、食器洗浄機、DVDプレーヤー、Bose社製ウェーブラジオ、ディスポーザー、洗濯機etc.

リビングからラナイへと抜ける開放的な設計

ショッピングにも行きやすい！

優雅に過ごせる絶景ホテル

ロイヤル・ハワイアン・センターやアラモアナセンターなど、大型ショッピングモールへアクセスしやすいホテルをご紹介。オーシャンビューも楽しめて、気持ちよく過ごせます。

付録MAP P8B4

ハレプナ ワイキキ バイ ハレクラニ

Hale puna Waikiki by Halekulani

女子旅におすすめ！ 優雅な滞在体験を

ハレクラニの姉妹ホテルとして開業したワイキキパークホテルが2019年10月にリニューアル。ワイキキ初のスモールラグジュアリーホテルとして、世界中の人から評判を集めている。ルームキーを提示すると、「ビショップ博物館」や「ホノルル美術館」などの入場が無料になる特典を受けられる。

DATA 交R.H.C.から徒歩4分 住2233 Heluoa Rd. ☎808-921-7272 料スタンダードワイキキビュー＄430～ 284室

J R P F

1.ダイナミックな太平洋を一望できる人気のデラックスオーシャンビュー 2.ロビーの華やかな花

付録MAP P8A2

ザ・リッツ・カールトン・レジデンス・ワイキキビーチ

The Rits Carlton Residences Waikiki Beach

世界的ブランドの新型ホテル

リッツ・カールトンならではのきめ細かなサービスのレジデンスホテル。ショッピングエリアであるラグジュアリー・ロウ直結で、9～36階に位置する客室からはワイキキ・ビーチを眺めることができる。全室洗濯乾燥機付き。

DATA 交R.H.C.から徒歩6分 住383 Kalaimoku St. ☎808-922-8111/0120-853-201(東京予約センター) 料オーシャンビュールーム＄615～ 300室

1.客室の一例。コンドならではのゆとりある空間
2.ツインタワーが目印。ビーチへも行きやすい

付録MAP P8B4

シェラトン・ワイキキ

Sheraton Waikiki

アクティブ派も買い物派も快適に

コンテンポラリー・ハワイを基調として、海と砂浜をイメージしたモダンで明るい色合いと調度品が目を引くリゾート。広大な敷地には、1600室を超える部屋があり、7割以上の部屋から海やダイヤモンド・ヘッドを見ることができる。徒歩圏内にショッピングエリアがあるのもうれしい。

DATA 交R.H.C.から徒歩2分 住2255 Kalakaua Ave. ☎808-922-4422 料シティービュー＄429～ 1636室

1.デラックス・オーシャンフロントの客室 2.スライダー付きの大きなプール

付録MAP P8A1

星野リゾート サーフ ジャック ハワイ

The SURFJACK Hotel & Swim Club

レトロな雰囲気のおしゃれホテル

1960年代のミッドセンチュリーハワイを感じられるレトロなブティックホテル。ツーリストはもちろん、地元の人が自然と集まる空間で、アーティストの生ライブやワークショップなどの体験を多彩に楽しめる。ショップやカフェなども巡ってみよう。

DATA 交R.H.C.から徒歩5分 住412 Lewers St. ☎050-3134-8094（星野リゾート予約センター※日本） 料1室＄245～ 112室

J R P F

1.ベッドとリビングを備えた1ベッドルーム・スイート
2.アイコニックなプール

プリンス ワイキキ

Prince Waikiki

アラワイ・ヨットハーバーを望む

アラモアナセンターまで徒歩圏内の全室オーシャンフロントなホテル。改装を経て、モダンで快適な空間にさらにアップグレード。日本語サービスが充実し、5階にはインフィニティプールがある。90の白砂バンカー、10の池を持つゴルフ場も完備。緑深い山並みを眺めながらプレーもできる。

DATA ⓧワイキキから車で7分 ㊟100 Hokomoana St. ☎808-956-1111 ㊕オーシャンフロント・ハーバー＄625 563室

J R P F

1.ハーバーを見下ろせる人気のインフィニティプール 2.ホテルは2棟のタワーから成る

アラモアナ・ホテル・バイ・マントラ

Ala Moana Hotel by Mantra

ショッピングも海も楽しめる

買い物好きにはたまらない、アラモアナセンター(→P42)直結のホテル。アラモアナビーチパークが徒歩圏内で、海も楽しめるのがうれしい。全客室に電子レンジ、深めのバスタブが備わっている。新鮮なシーフードと熟成されたステーキが味わえるレストランにも訪れてみて。

DATA ⓧワイキキから車で6分 ㊟410 Atkinson Dr. ☎808-955-4811 1100室

1.ワイキキタワーの部屋からは、海も楽しめる 2.ホテル目の前に位置するアラモアナビーチパーク

アウトリガー・ワイキキ・ビーチコマー・ホテル

Outrigger Waikiki Beachcomber Hotel

ワイキキ中心の好立地

ロイヤル・ハワイアン・センター(→P50)の向かいでビーチも至近の好立地。併設するビールのレストラン「マウイ・ブリューイング・カンパニー」では人気のクラフトビールとピザを嗜んで、夜は乾杯して過ごそう。

DATA ⓧR.H.C.から徒歩4分 ㊟2300 Kalakaua Ave. ☎808-922-4646 ㊕ワイキキビュー＄269〜 498室 URL jp.outrigger.com

J R P F

1.スタイリッシュな雰囲気の利便性が魅力の客室
2.カラカウア通り沿い、ワイキキのど真ん中

クイーン カピオラニ ホテル

Queen Kapiolani Hotel

アート空間のモダンホテル

ダイヤモンドヘッド・ビューが人気の、ワイキキ最東端、カピオラニ公園真横にあるホテル。現代アートが飾られるホテル内には、コーヒーが人気の「ノッツ コーヒー ロースターズ」などがあり、心地よくモダンなアロハを感じることができる。人気レストランDeckも訪れよう。レイ作りやサーフィン体験などのワークショップも充実。

DATA ⓧワイキキから車で4分 ㊟150 Kapahulu Ave. ☎808-922-1941 ㊕スタンダードルーム＄199〜 315室

J R P F

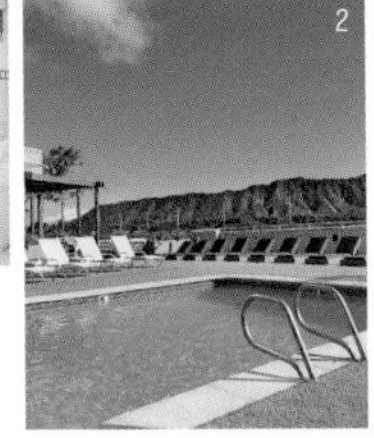

1.清潔感ある客室 2.カピオラニ公園に隣接している。プールも緑が豊かで、気持ちよく過ごせる

オプショナルツアー

滞在日数が短いときやハワイ初心者でも気軽に参加できて便利なのがオプショナルツアー。女子に人気の高いツアーを選りすぐってご紹介。

①出発・帰着時間　②所要時間　③催行日　④料金　⑤食事　⑥送迎の有無　⑦日本語スタッフ（目的地到着後）

オリオリハワイオプショナルツアー取り扱いデスク オリオリプラザ・シェラトン

付録MAP●P8B4

DATA 交R.H.Cから徒歩2分　住シェラトン・ワイキキ・ホテル正面玄関の車寄せエリア 木のベンチの裏
時8〜17時　休なし
URL www.hawaiioption.com/ J

天使の海ピクニック・セイル

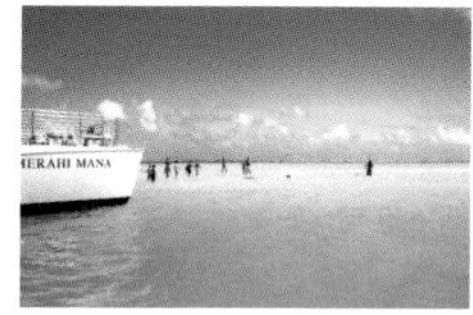

ハワイに来たら一度は訪れたい人気のポイント。干潮時、海の真ん中に見ることができる浅瀬のサンドバー（砂州）。息をのむほど美しい天使の海でハワイの休日を。

①9時〜15時30分　②約6時間　③月〜土曜日
④$169〜、3〜11歳$148〜　⑤昼食あり　⑥あり　⑦あり

ダイヤモンドヘッド・ハイキングとカフェ・カイラ朝食

ダイヤモンド・ヘッドをゆっくり登り、頂上からの絶景を眺めて爽快な気分に。その後人気のレストラン「カフェ・カイラ」のパンケーキ朝食を堪能。

①5〜9時　②約3時間30分　③毎日　④$125、0〜2歳無料
⑤朝食あり　⑥あり　⑦なし

クアロア牧場アクティビティー乗馬パッケージ

東京ドームの約450倍、人気映画の舞台にもなった広大なクアロア・ランチで、人気の乗馬やアクティビティに挑戦してみよう（10歳未満、妊婦の参加は不可）。

①7時15分〜16時30分　②約9時間　③月〜金曜　④$256
⑤昼食あり　⑥あり　⑦あり

カ・モアナ・ハワイアンディナーショーセレブリティ・パッケージ

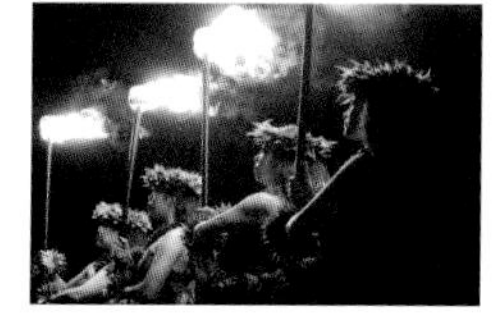

太平洋の島々のダンスや歌、レイ作りなどのアクティビティを通してポリネシア文化を体験！ ロミロミサーモンやポイなどのハワイの伝統料理も満喫できる。

①16時10分〜21時　②約4時間30分　③日〜金曜（7/29、8/26を除く2023年7〜8月の土曜日は催行）　④$228〜、4〜12歳$186〜、13〜17歳$207　⑤夕食あり　⑥あり　⑦あり

オアフ島一周よくばり観光 by JTB

噂のパワースポットや人気の街ノースショアまで充実の島巡り！ 名物ガーリックシュリンプのランチ付きなのもうれしい。

①8時〜16時20分　②約8時間　③毎日（一部の祝日は休み）　④$206、3〜11歳$194　⑤昼食あり　⑥あり　⑦あり

カイルア・カヤック・アドベンチャーツアー2時間ガイド付き

日本語ガイド付きだからカヤック未経験者にもおすすめ！全米1美しいハワイのビーチをとことん満喫しよう（13歳未満の参加は不可）。

①7時45分〜16時　②約7時間30分　③火〜土曜　④$187　⑤昼食あり　⑥あり　⑦あり

スピリチュアル・ハレイワ星空ツアー

マナ（スピリチュアル・パワー）に満ちたスポット&ハレイワ・タウン散策。夜は美しく満天に輝く星空観察付き（季節により発着時間変更）。

①12時45分〜21時30分　②約9時間　③毎日（一部の祝日は休み）　④$160、2〜11歳$130　⑤夕食あり　⑥あり　⑦あり

ディナー&シティ・ライト・タンタラス　オーキッズ

名門ホテル「ハレクラニ」のダイニング「オーキッズ」で豪華ディナーを楽しんだあとは、夜景スポットのタンタラスの丘へ。

①17時20分〜21時　②約3時間30分　③毎日　④$250、0〜2歳無料　⑤夕食あり　⑥あり　⑦なし

3スター・サンセット・クルーズセレブレーション・プラン

ワイキキ沖を大型クルーズ船で遊覧。美しいサンセットを窓際プライベート席から望める。豪華ディナーのあとに楽しいエンタメも。

①16時30分〜20時　②約3時間30分　③土〜木曜（独立記念日は休み）　④$223、3〜11歳$154　⑤夕食あり　⑥あり　⑦なし

ナ・ホオラ・スパ（ハワイアン・ロミロミ・マッサージ50分）

施設が大充実した1000平方メートル近い広さのスパで、窓の外に雄大な太平洋と美しいワイキキを眺めながらスペシャルマッサージを受けられる。

①10時予約の場合：9時40分〜11時　②約1時間30分　③毎日　④$234〜　⑤なし　⑥なし　⑦あり

注意事項　記載の料金・内容はツアー参加日が2023年7月1日以降のデータとなります。予告なく変更となる場合もありますのでご予約の際にご確認ください。年末年始、クリスマスおよび特定日の不催行など、予告なく変更になる場合もあるので事前に問合せを。子ども料金の適応年齢はツアーにより異なります。

Lala Citta Honolulu

Topic 5

人気エリア Area Guide

注目店が集まるカパフルやカイムキ、
やさしい時間が流れるカイルアやハレイワなど
街角での素敵な出合いが待っています。

ウォールアートにも大注目！

トレンド発信基地 ワード&カカアコ

ワードビレッジを中心に、おしゃれなカフェや個性派ショップが続々オープン。地元のアーティストたちが結集して仕上げたウォールアートは必見だ。

スクラッチ・キッチン&ミータリー
Scratch Kitchen & Meatery

買い物ついでに寄れるアメリカンキッチン

ワードビレッジのサウスショア・マーケットの人気店。ハンバーガーやフレンチトーストなど、アメリカンなメニューが揃うブランチのほか、アメリカ南部のテイストを取り入れたディナーも絶品。

DATA ㊋ワイキキから車で7分 ㊟ワードビレッジ(→P48)サウスショア・マーケット内 ☎808-589-1669 ㊐9〜21時（土・日曜は8時〜） ㊡なし

1. エントランスはクイーン･ストリート側に 2. アップルベーコン・バーガー$23。パティとグリルされたリンゴの相性が抜群！

フィッシュケーキ
fishcake

ハイセンスなアイテムが並ぶ

ローカルアーティストによる家具や生活雑貨を扱うインテリアショップ。ハワイのコンテンポラリーでモダンな一点ものアイテムが多数。アーティストのためのコミュニティスペースの役割も担う。

DATA ㊋ワイキキから車で15分 ㊟307 Kamani St. Ste C ☎808-800-6151 ㊐10〜17時（日曜は11〜16時） ㊡月曜

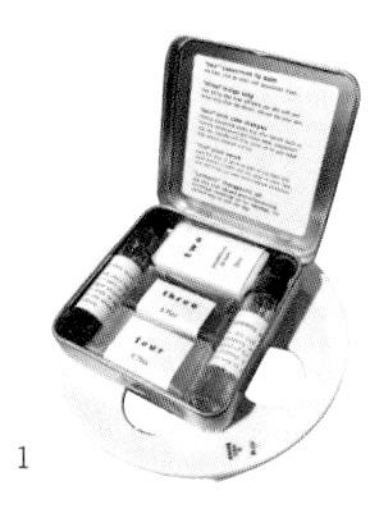

1. サンプルサイズがうれしいソープとスキンケアセット$40

フィッシャーハワイ
Fisher Hawaii

アメリカンなかわいい文具がいっぱい

文房具やオフィス用品などを扱うホールセールのショップ。アメリカならではの色づかいやデザインのペン、ノート、ステッカーなどは日本では見かけないのでギフトにもぴったり！

DATA ㊋ワイキキから車で15分 ㊟690 Pohukaina St. ☎808-356-1800 ㊐7〜18時（水曜は〜20時、土曜は8〜17時、日曜は10〜15時） ㊡なし

1. 豊富なデザインで用途が膨らみそうなマスキングテープ 2. デスクのアクセントとしても楽しいテープカッター

ホノルル・ビアワークス
Honolulu Beerworks

ビールを使ったユニークなメニュー
倉庫を改装したブルーの外観が印象的な地ビールが楽しめる店。自家醸造するビールは、フルーツや蜂蜜などを使用したフレーバーが特徴。20種類の定番と季節限定ビールに加え、フードメニューも充実。

DATA ㊋ワイキキから車で15分 ㊟328 Cooke St. ☎808-589-2337 ㊕11〜22時(金・土曜〜24時) ㊡日曜 Ⓙ

1. マカロニ&チーズ$14.50など、ビールと一緒に味わいたい

モク・キッチン
Moku Kitchen

ロコ絶賛の地産料理
ハワイの食材を使い、ハワイのスタイルで提供する料理の数々が、カカアコで働くロコたちを虜にするレストラン。バーテンダーもいるので、ディナーでの利用にもいい。フィッシュタコス$23も人気メニュー。

DATA ㊋ワイキキから車で15分 ㊟ソルト・アット・アワ・カカアコ（→P114） ☎808-591-6658 ㊕11〜21時（木〜土曜は〜22時） ㊡なし

1. ロッティサリー・ベジタブル・プレート$20 2. 日によってライブが開催される

アロハ・ベイクハウス&カフェ
Aloha Bakehouse & Cafe

朝ごはん・ランチはココで！
挽きたてコーヒーや種類豊富な焼きたてスコーンに定評のある穴場カフェ。2階のイートインスペースは居心地がよく、ロコたちにも大人気。便利な弁当や平日限定の日替わりランチも見逃せない。

DATA ㊋ワイキキから車で10分 ㊟1001A Waimanu St. ☎808-600-7907 ㊕7〜14時（土曜は8時〜） ㊡日曜 Ⓙ

1. 新鮮なフルーツをふんだんに使用したアサイーボウル$12
2. 2階のイートインスペースはボタニカルを意識したおしゃれな空間

アートな街並みカカアコ
ワードビレッジから歩いて5分ほどのカカアコ地区は、ウォールペイントを施した建物が並ぶアートな街。ベヴィー（→P93）など、おしゃれなカフェやバー、イベントも増えているのでチェック！

DATA ㊋ワイキキから車で8〜15分 ●ザ・バス19・20・42番でワイキキから15〜20分、アラモアナ・ブールバードまたはワード・アヴェニュー下車 付録MAP●P6B3

カラフルなストリートアートを楽しもう

NEWショップが次々と登場

進化を続ける ソルト・アット・アワ・カカアコ

**すっかりカカアコの顔となったハイセンスな複合施設。
オープンラッシュはまだまだ続いており、目が離せない。**

ソルト・アット・アワ・カカアコ

SALT at Our Kaka'ako

おしゃれなグルメスポットが集結

飲食店を中心に充実してきたカカアコを代表する複合施設。ホットドッグ専門店「ハンクス・オートドック」、地産地消にこだわったカジュアルレストラン「ベヴィー」、フィルムも揃えるカメラの専門店など、個性的な店が集合している。開発著しいカカアコだけに次々と新店舗がオープンしているので今後が楽しみ。ウォールアート見物と一緒に訪れたい。

DATA ㊋ワイキキから車で15分 ㊟691 Auahi St. ☎店により異なる ㊓4時30分～翌2時 ㊡なし

1.街のひと区画に店舗が点在し、ひとつの施設となっている 2.バリエーション豊富な「ハンクス・オートドック」のメニュー

グルメスポット

ハイウェイ・イン

Highway Inn

伝統的な料理からB級グルメまで

創業は1947年。バラエティに富んだメニューを楽しめる人気ダイナーのカカアコ店。愛情たっぷりのホームメイドハワイ料理などに、地元食材をふんだんに使用。

DATA ☎808-954-4955 ㊓10時30分～20時（金曜は～20時30分、土曜は9時30分～20時30分、日曜は9～15時） ㊡なし

1.ハワイ産の新鮮な卵を使った目玉焼と自家製グレービーソースが、やわらかなハンバーグにぴったり！ ロコモコ$16.95 2.ローカルだけでなく観光客も訪れる

ジェイズ・バーベキュー

J's BBQ

大ボリュームの韓国料理

カカアコ地区で惜しまれつつ閉店した人気店が2018年ソルト・アット・アワ・カカアコ内に復活。カルビなどの韓国料理のほか、ハンバーガーなどメニューは多彩。

DATA ☎808-537-1117 ㊓7～20時 ㊡なし

1.コンボはミートジコンとBBQチキン$16.95 2.家族2世代、3世代で利用するロコも多い

ちょっとひとやすみ

ラニカイ・ジュース

Lanikai Juice

アサイーボウル&スムージーの老舗

ハワイ産の新鮮なフルーツと野菜をメインにした、スムージーやアサイーボウルの人気店。砂糖不使用のヘルシースイーツがラインナップに充実している。

DATA ☎808-369-1400 時8～17時 休なし

1.カカアコ店限定販売のカカアコラバ$11.50　2.カカアコ店は注目スポットのソルト内にある　3.ピタヤスムージー(左) $8.85、ラニカイスプラッシュ(中) $6.80、マンゴサンライズ(右) $6.80

ナイン・バー・ホノルル

9 Bar HNL

本格エスプレッソならここで決まり！

モダンインダストリアルな雰囲気のコーヒー専門店。バーカウンター内蔵型のエスプレッソマシーンがある。スコーンとマフィンを組み合わせた「スコフィン」も美味。

DATA ☎808-762-0255 時7～12時(金曜は～13時、土・日曜は8～14時) 休なし URL 9barhnl.com

1.オリジナルスイーツのスコフィン$4.25とラテ$4～の組み合わせが最高。スコフィンは毎日8種類のフレーバーを用意している　2.注文をしてからアートな空間の店内へ

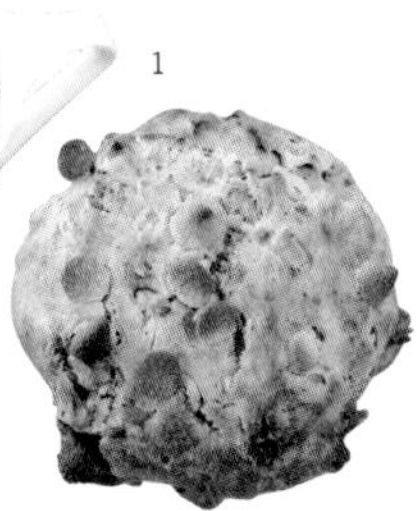

ショップも個性派揃い

ミロ

Milo

自然派の人におすすめ

地元アーティストによるアパレルや雑貨などを揃えるセレクトショップ。ハワイの流行をキャッチできるとして高感度ロコに人気の店。

DATA ☎808-369-1888 時10～17時 休なし

1.シンプルなデザインのTシャツ$35は着心地抜群　2.スタイリッシュな商品が並ぶ店内

ツリーハウス

treehouse

旅の思い出をカメラで

フィルムカメラの専門店。昔懐かしいインスタントのカメラや、カメラ雑貨、アパレル類などが並ぶ。

DATA ☎808-597-8733 時10～18時(日曜は11～17時) 休なし

1.ヤシ柄がかわいいインスタントカメラ　2.カウンターにはフィルムカメラがズラリと並ぶ　3.ツリーハウスオリジナルキャップ

ワイキキ周辺の注目エリア

ロコが愛するグルメタウン カパフル&カイムキ

ホノルル屈指のグルメタウン、カイムキには注目店が続々オープン。
オーナーのセンスが光る個性派ショップが多いカパフルとともにクローズアップ！

大人気のテイクアウトグルメ

レナーズ・ベーカリー
カパフル 付録MAP P11C2

Leonard's Bakery

行列必至のふわふわマラサダ

外はカリッ、中はふわっとした食感がクセになる揚げドーナツ、マラサダ(→P81)が人気の老舗ベーカリー。どこか懐かしい味わいで、いつでも行列が絶えない人気ぶり。できたてアツアツをどうぞ。

DATA ㊋ワイキキから車で5分 ㊟933 Kapahulu Ave. ☎808-737-5591 ㊋5時30分～19時 ㊡なし

1.定番のプレーンマラサダ1個$1.70　2.クリーム入りマラサダ・パフ$2.10。数種類のフレーバーがある

1.カウンターでオーダー　2.グリーンミックスとパイナップルのキング・グリーン$8　3.ビーツやニンジン入りのルーツ・ロック$8

レアヒ・ヘルス
カイムキ 付録MAP P11D1

Leahi Health

ヘルシージュースで活力チャージ

ハワイ産のフレッシュな野菜やフルーツを使った、ヘルシーなジュースやスムージーが味わえる。ドリンクはすべて$5とリーズナブルなのもうれしい。

DATA ㊋ワイキキから車で9分 ㊟3441 Waialae Ave. ☎なし ㊋8～17時(日曜は10～15時) ㊡なし

スプラウト・サンドイッチ・ショップ
カイムキ 付録MAP P11D1

Sprout Sandwich Shop

良質な素材をギュッとまとめた極上サンド

ローカルの野菜、毎日焼きたてのパン、質のよい肉を使ったグルメサンドはオープン直後から行列ができる人気ぶり。ソースやマヨネーズもほぼ自家製。グルテンフリーのパンなども用意されており、ヘルスコンシャスなロコに受けている。

DATA ㊋ワイキキから車で12分 ㊟1154 Koko Head Ave. ☎なし ㊋10～15時 ㊡なし

1.ヴィーガン用パティに自家製アイオリとBBQソースを使ったザ・スプラウトイッチ$13.50　2.ベーコン&ターキーに大量の野菜と自家製マヨネーズを挟んだザ・デューク$13も人気

プチ情報　「ココ・ヘッド・カフェ」には、キムチとベーコン、チェダーチーズのスコーン$5や、すし飯に味噌味の豚肉を合わせたどんぶり$16など、ほかでは味わえないアジアン・テイストのオリジナルメニューもある。

話題のグルメスポット

付録MAP P11D1

ココ・ヘッド・カフェ
Koko Head Cafe

ひねりの利いたハワイアンが大人気

ロコに大人気のカフェ・レストラン。女性シェフが作る料理は、定番から各国のテイストを取り入れたオリジナルまでバラエティ豊か。タロイモなど伝統的な食材を取り入れているのもユニーク。

DATA ㊋ワイキキから車で10分 ㊟1120 12th Ave.
☎808-732-8920 ㊛7～14時 ㊡火曜

1.コーンフレークフレンチトースト$24　2.ドンブリチェン$24
3.店内はアメリカン・ダイナー風

カパフル 付録MAP P11C3

サイド・ストリート・イン・オン・ダ・ストリップ
Side Street Inn On Da Strip

ボリューム満点の料理の数々

リーズナブルながらボリュームたっぷりのローカル料理が味わえると、ロコに人気。カジュアルな雰囲気の店内は広々としており、テレビでのスポーツ観戦もできる。アラワイ・ゴルフ・コースを背にした、カパフル通り沿いにある。

DATA ㊋ワイキキから車で5分 ㊟614 Kapahulu Ave.
☎808-739-3939 ㊛16～22時（土・日曜は11時～） ㊡なし
J

1.カリカリに揚がったフライド・アイランド・ポークチョップ$32　2.週末ともなると満席状態に　3.ロコに親しまれる街のダイナー。大人数でシェアして食べると楽しい

ショップも個性派揃い

付録MAP P11D3

ベイリーズ・アンティークス
Bailey's Antiques

掘り出し物が見つかるかも

アロハシャツの専門店。ヴィンテージから普段着向きのカジュアルアロハまで、豊富な品揃え。手頃なものなら$3.99～。

DATA ㊋ワイキキから車で5分
㊟517 Kapahulu Ave.
☎808-734-7628
㊛11～17時 ㊡なし

1.ここのアロハシャツは嵐も購入していったとか　2.オープン前から並ぶこともある

付録MAP P11D1

シュガーケーン
Sugarcane

シャビーなアイテムが揃う

オーナーのセンスで買い付けるヴィンテージアイテムがキュート。メインは食器や小物だが、一部古着も販売している。

DATA ㊋ワイキキから車で9分
㊟1137 11th Ave.
☎808-739-2263
㊛10～16時 ㊡なし

1.ヴィンテージ生地で作った財布　2.メイド・イン・ハワイの商品が主体の店内

こだわりのショップが点在

ハイセンスな店が集まる カイルアを街歩き

ゆったりとした空気が流れるカイルア。ロコに人気のおしゃれなセレクトショップや雰囲気のいいカフェが点在しているので、美しいカイルア・ビーチと合わせてのんびり訪れたい。

ホノルルから車で北東に30分。静かな白い砂浜が続くラニカイ・ビーチをはじめ、美しいビーチに囲まれている。地元に根づいたおしゃれなファッションやグルメのショップも多い。

ACCESS

●ワイキキから車で30分。H-1フリーウェイウエストに乗り、21B出口を下りて、61号線(パリ・ハイウェイ)へ。トンネルを抜けカイルア・ロードを道なりに進み、白い小さな橋を渡るとカイルアタウン。

●ザ・バスは、アラモアナセンター(→P42)から56・57・57A番利用で40分。

オリーブ・ブティック Olive Boutique

ロコメイドのビーチ・カジュアル

白を基調とした店内には「ビーチ・カジュアル」をテーマにセレクトしたウエアや小物が並ぶ。ハワイ在住デザイナーによる服やアクセはどれも洗練されたセンスのよさが光る。

DATA ㊋カイルア・ショッピングセンターから徒歩8分 ㊟43 Kihapai St. ☎808-263-9919 ㊉10～17時 ㊡なし

1.人気のO&Oパイナップルエナメルカップ$24 2.コンパクトに折りたためるトートバッグ$18

アイランドスノー Island Snow

オバマ元大統領も食べたシェイブアイス!

シェイブアイスの人気店がショッピングセンター内にオープン。フレーバーも豊富で、ハワイ産の100%オーガニックフルーツで作ったシロップも好評!

DATA ㊟600 Kailua Rd.#111 カイルア・ショッピングセンター内 ☎808-261-3300 ㊉10～19時 ㊡なし

100%フルーツで作ったチェリー、グァバ、オレンジ$6.25(大)が大人気!

ビートボックス・カフェ・カイルア The Beet Box Café Kailua

見た目も美しいベジタリアンカフェ

ハレイワの人気カフェの2号店。できる限りハワイ産のオーガニック食材を使って作られるメニューは、サラダをはじめ、サンドイッチやハンバーガーがある。

DATA ㊋カイルア・ショッピングセンターから徒歩8分 ㊟46 Hoola St. ☎808-262-5000 ㊉9～15時 ㊡なし

一番人気の自家製ベジバーガー$15.75

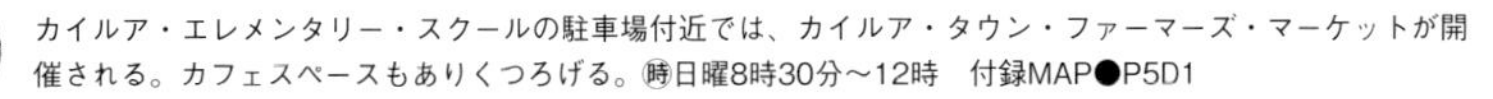
カイルア・エレメンタリー・スクールの駐車場付近では、カイルア・タウン・ファーマーズ・マーケットが開催される。カフェスペースもありくつろげる。㊉日曜8時30分～12時 付録MAP●P5D1

ファッション 付録MAP P5D1

ブルー ラニ ハワイ
Blue Lani Hawaii

お手軽にロコファッションが完成！

オリジナルのリゾートドレスや水着、おみやげなどが充実した、ロコガールズに人気のショップ。お手頃な価格設定もうれしい。

DATA 交カイルア・ショッピングセンターから徒歩8分 住45 Hoolai St. ☎808-261-2622 時10〜16時 休なし J

おみやげの定番であるリップバーム$3.80

雑貨 付録MAP P5D1

ミューズ・カイルア
MUSE Kailua

ロマンチックな世界観にあふれるブティック

ローカルに愛される癒やしのセレクトショップ。洋服、ヴィンテージ、ローカルアーティストジュエリー、手作りキャラメルまで幅広い品揃え。

DATA 交カイルア・ショッピングセンターから徒歩8分 住332 Uluniu St. Suite A ☎808-261-0202 時10〜16時(土曜は〜15時) 休なし

1.シャビーシックなエクステリアが目を引く 2.かわいい雑貨は目移り必至

雑貨 付録MAP P5D1

ソーハ・リビング・カイルア
Soha Living Kailua

海を感じさせる雑貨が充実

カラハモール内の人気雑貨店がカイルアにも。ハワイらしい海をイメージさせる小物が多く、なかでもカイルア限定のグッズが狙い目。

DATA 交カイルア・ショッピングセンターから徒歩1分 住539 Kailua Rd.#106 ☎808-772-4805 時9〜18時 休なし

カイルアの地名入り壁掛け$24.80

レストラン 付録MAP P5D1

モケズ・ブレッド&ブレックファスト
Moke's Bread & Breakfast

週末は行列必至の朝食専門店

パンケーキやオムレツ、エッグベネディクトなど定番の朝食メニューが揃う、ロコ御用達レストラン。日替わりの自家製マフィンやロコモコも人気がある。

DATA 交カイルア・ショッピングセンターから徒歩8分 住27 Hoolai St. ☎808-261-5565 時7時30分〜13時(土・日曜は7時〜) 休月・火曜 J

オープンオムレツに季節の野菜をのせたベジタブル・フリッタータ$16.95

レストラン 付録MAP P5C2

ブーツ&キモズ
Boots & Kimo's

常に行列のできる人気パンケーキ店

カイルアで知らない人はいない有名店。看板メニューは、マカダミアナッツソースがかかったふわふわのパンケーキ(3枚) $18.99〜(→P70)。テイクアウトもOK。

DATA 交カイルア・ショッピングセンターから徒歩4分 住1020 Keolu Dr suite D1 ☎808-263-7929 時7時30分〜15時(土・日曜は7時〜) 休火曜

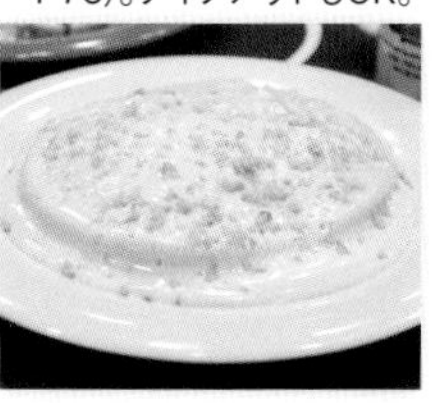

とろとろでクリーミーなソースは一度食べたらハマる味

オールドハワイを見つける街歩き

ノスタルジックタウン ハレイワを散策

**かつてはパイナップル産業で栄え、古き良きハワイの雰囲気が残る街。
複合施設「ハレイワ・ストア・ロッツ」などもあり、ますます魅力的になった人気タウンを歩こう。**

ハレイワの街は全長1.5kmほど。
南北に通るカメハメハ・ハイウェイ沿いにショップやレストランが並ぶ。レンタカーの場合は、ノースショア・マーケットプレイスなどに車を停めて散策を。

●ワイキキから車で1時間。H-1ウエストを進み、パール・シティでH-2に入り北上。H-2の終点からそのまま80号線を経由し99号線(カメハメハ・ハイウェイ)へ入り、ハレイワへ向かう。
●ザ・バスで、アラモアナセンター(→P42)から52番に乗り1時間40分。

ハレイワ・ストア・ロッツ
Haleiwa Store Lots

ハレイワの街並みになじむ複合施設

ハレイワ・タウンの古き良きプランテーション時代の雰囲気を再現したショッピングエリア。ハワイの美しい波の写真を展示・販売するクラーク・リトル・ギャラリーなどが入る。

DATA ㊋ノースショア・マーケットプレイスから徒歩9分
㊟66-111 Kamehameha Hwy. ☎808-203-5700
㊕㊡店舗により異なる

1

2

3

4

1.サンセットタイムの奇跡的な写真を使用したポーチ$50～(クラーク・リトル・ギャラリー)
2.持ち帰りやすい小さいサイズのプリント写真$60～(クラーク・リトル・ギャラリー)
3.ハレイワの中心にあり、ハイセンスなショップがひしめく 4.クラーク・リトル・ギャラリーでは迫力のある写真を展示

カイ・ク・ハレ
Kai Ku Hale

アイランド・リビングの雑貨店

100人以上のハワイ在住アーティストの作品を扱うセレクトショップ。テーマごとに飾り付けられたコーナーは、見ているだけでわくわくする。

DATA ㊋ノースショア・マーケットプレイスから徒歩6分
㊟145-66 Kamehameha Hwy. ☎808-696-2244
㊕11～17時 ㊡なし

ハレイワの看板をモチーフにしたマグネット各$9

サーフ・アンド・シー
Surf'n Sea

サーフィングッズを揃えるならココ

飛び出し注意の看板に似たロゴで知られる1965年創業のサーフグッズショップ。さまざまなブランドとのコラボ商品も多数扱っている。

DATA ㊋ノースショア・マーケットプレイスから徒歩10分 ㊟62-595 Kamehameha Hwy.
☎808-637-7873 ㊕9～19時 ㊡なし Ⓙ

使い勝手のいい大きめサイズのオリジナルトートバッグ$16

プチ情報

「サーフ・アンド・シー」が開催するサーフ・レッスンの初心者向きのコースは、毎日10時～と13時～の2回実施。所要時間は2～3時間ほど、料金は大人$85。ショップに集合で、近くのスポットでレッスンする。要予約。

カフェ 付録MAP P3D1

カフェ・ハレイワ
Cafe Haleiwa

ロコ御用達の老舗カフェ

レトロな看板が目印の老舗カフェ。パンケーキやエッグベネディクトなど、おなじみの朝食メニューが揃い、ロコサーファーたちのたまり場になっている。

DATA ㊝ノースショア・マーケットプレイスから徒歩8分 ㊟66-460 Kamehameha Hwy. ☎808-637-5516 ㊋8～14時 ㊡火～木曜

チーズ、オニオン、トマトが入ったシンプルなカフェバーガー$10（手前）と、グァバジュース$6～（奥）

クレープ 付録MAP P3D1

ノースショア・クレープ・カフェ
Northshore Crepes Café

本場フランスのクレープ屋台

かわいい赤いトラック屋台のクレープ店。フランス人オーナーが作るクレープは、本格的な味。グルテンフリーやヴィーガンメニューも人気。

DATA ㊝ノースショア・マーケットプレイスから徒歩8分 ㊟66-472 Kamehameha Hwy. ☎808-238-7206 ㊋10～17時 ㊡なし J

ハニー、ストロベリー、バナナのハレイワクレープ$8.95

カフェ 付録MAP P3D1

ワイアルア・ベーカリー
Waialua Bakery

体にやさしいサンドイッチが自慢

自家製パンにオーガニック野菜をたっぷり挟んだサンドイッチが看板メニュー。自慢のスムージーも一緒に注文しよう。

DATA ㊝ノースショア・マーケットプレイスから徒歩1分 ㊟66-200 Kamehameha Hwy. ☎808-341-2838 ㊋10～16時 ㊡日曜 J

具だくさんでボリューミーなサンドイッチは$7.50～。野菜たっぷりがうれしい

カフェ 付録MAP P3D1

ハレイワ・ボウルズ
Haleiwa Bowls

新鮮フルーツで栄養補給！

ロコやサーファーが通うアサイ&スムージーの専門スタンド。ノースサイドでとれた新鮮フルーツを使ったメニューを思う存分楽しめる。

DATA ㊝ノースショア・マーケットプレイスから徒歩8分 ㊟66-030 Kamehameha Hwy. ☎なし ㊋7時30分～18時30分 ㊡なし

アサイボウルは2種類あり、S$12、L$14。トッピングは1種類$1。コンブチャ$4

カフェ 付録MAP P3D1

コーヒー・ギャラリー
Coffee Gallery

100%ハワイアンコーヒーが味わえる

ノースショア・マーケットプレイス内にあるコーヒーショップ。ハワイの各島からとれた豆を毎日ローストして淹れたコーヒーは格別。おみやげに最適なオリジナルブレンド豆も販売する。

DATA ㊝ノースショア・マーケットプレイス内 ㊟66-250 Kamehameha Hwy. ☎808-824-0368 ㊋6時30分～19時 ㊡なし J

エスプレッソとバニラアイス、チョコをMIXしたモカ・フリーズ$7.75～

焼きたてチキンが食べられる！

キアヴェという木の炭火で焼き上げるジューシーなチキンの屋台。土・日曜のみの営業。

グルメ屋台 付録MAP P3D1

レイズ・キアヴェ・ブロイルド・チキン
Ray's Kiawe Broiled Chicken

DATA ㊝ノースショア・マーケットプレイスから徒歩4分 ㊟66-190 Kamehameha Hwy. ☎808-351-6258 ㊋9時30分～16時30分 ㊡月～金曜

パリパリに焼かれた皮が香ばしいフリフリ・チキン$7.5（ハーフサイズ）

ホノルルのオフィス街
新旧カルチャーが混在するダウンタウンを歩く

ダウンタウンは昔からハワイの政治と経済の中心。西にはチャイナタウンが隣接し、東には史跡が残る。現在は個性派ロコブランドや人気グルメ店も多くオープンし、新旧混合の雰囲気。

個性派ショップ

ファッション 付録MAP P14B2 ロベルタ・オークス Roberta Oaks

メイド・イン・ハワイの人気オリジナルブランド

ハワイ出身のロベルタ・オークス氏自身がデザインする、メイド・イン・ハワイのセンスよいドレスやジュエリーは必見。ロベルタがカスタマイズしたオイルやバスソルト、キャンドルなどライフスタイルグッズも。

DATA 交ワイキキから車で12分 住1152 Nuuanu Ave. ☎808-526-1111 時11～18時 休日曜

1・2．大きな窓から採光が美しく、店内は開放的な雰囲気
3・4．洋服や雑貨などハワイならではのアイテムがラインナップ
5．メンズのアロハシャツ$135～$225
6．レディースのアロハシャツやドレス$120～$225

アクセサリー 付録MAP P14B2 ジンジャー13 Ginger 13

ハンドメイドのアートジュエリー

デザイナー兼オーナーのシンディさんのセンスが光る、オールハンドメイドの個性的なジュエリーは誰もが感動するクオリティの高さ。

DATA 交ワイキキから車で12分 住22 S.Pauahi St. ☎808-531-5311 時10～18時（土曜は～16時、日曜は11～16時） 休なし

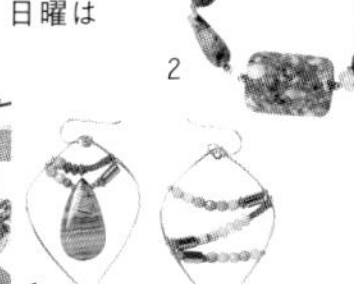

1．左右デザインが違うマラカイトのピアス$80
2．アメジストとウッドを組み合わせたブレスレット$25

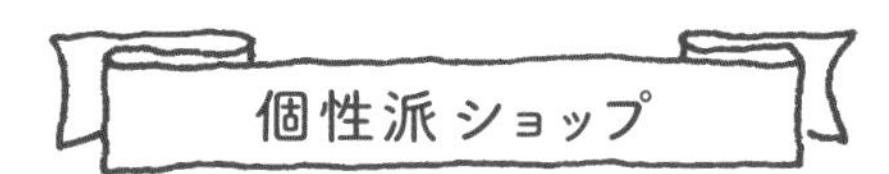

こちらもチェック

ティン・カン・メールマン Tin Can Mailman

アンティークショップ 付録MAP ● P14B2

ティーカップなどアンティーク雑貨を中心に扱う。特に1920～40年代の書籍類が充実。

DATA 交ワイキキから車で12分 住1026 Nuuanu Ave. ☎808-524-3009 時11～17時（土曜は～16時） 休日曜

1．1970年代のフラガール$125
2．ハワイアンなピンズも

プチ情報 ダウンタウンのチャイナタウン周辺では毎月第1金曜17～21時ごろ、「ファースト・フライデー・アート・イベント」を開催。遅くまでギャラリーがオープンし、ストリートでの音楽演奏などのパフォーマンスが行われる。詳細はURL www.firstfridayhawaii.com参照。

話題のグルメスポット

フェテ
Fete Hawaii

レストラン 付録MAP P14B2

ハワイ×ブルックリンの新レストラン

カジュアルかつ洗練されたNYスタイルの雰囲気をもつダイニング。料理はもちろんドリンクにもこだわり、食材や調理法のチョイスがグルメなロコたちの評価を集めている。

DATA ㊌ワイキキから車で12分 ㊟2 N.Hotel St. ☎808-369-1390 ㊏11～22時（金・土曜は～23時） ㊡日曜

1.赤いレンガ造りの店内 2.（手前）リングイネ・カルボナーラ$23、（奥）キヌア・コロッケ、アボカド、ロメスコソース添え$12

1.大きな窓から日が差し込むおしゃれな空間 2.とろとろ卵がアクセントのロコモコ$26（ランチのみ）

カフェ・ジュリア
Cafe Julia

レストラン 付録MAP P15C2

西洋風の洗練されたカフェ

1927年建造の建物を使った、洗練されたヨーロッパ風のカフェ。メニューのほとんどは地元食材を使い、ヘルシーな料理が味わえる。

DATA ㊌ワイキキから車で10分 ㊟1040 Richards St. ☎808-533-3334 ㊏11～14時 ㊡土・日曜

ライブストック・タバーン
Livestock Tavern

レストラン 付録MAP P14B2

話題のスポット、アメリカン・キュイジーヌ

肉料理がメインのシーズナル・アメリカンレストラン。季節ごとにメニューとインテリアを替え、新鮮な食材を使った新感覚のアメリカ料理が楽しめる。人気店なので、WEBサイトからの予約がベター。

DATA ㊌ワイキキから車で12分 ㊟49 N.Hotel St. ☎808-537-2577 ㊏17～22時（土・日曜は10～14時も営業） ㊡なし

1.レンガ造りの店構えでおしゃれな雰囲気 2.自家製バンズがおいしいタバーン・バーガー$25

こちらもチェック

ロイヤル・キッチン
Royal Kitchen

テイクアウト 付録MAP●P14A1

チャーシュー入りのマナプア$2.29

マナプアとはハワイの肉まん。ここの焼きたてマナプアを食べればクセになること間違いなし！ハワイ伝統料理カルア・ピッグや甘味系メニューも。

DATA ㊌ワイキキから車で15分 ㊟Chinatown Cultural Plaza #175 ☎808-524-4461 ㊏5時30分～翌2時（土・日曜は6時30分～14時） ㊡火曜

※周辺マップ→付録P14、15参照 ACCESS ●ワイキキから車で15分●ザ・バス2・13番でワイキキから30分

アクティビティ満載！

コオリナに位置するディズニーのリゾートに注目

ハワイの伝統＆文化がディズニーと融合

ハワイの歴史や伝統文化をディズニーならではの手法で体験できる、今までにないリゾートホテル。敷地面積約8万5000㎡のリゾートの中央部分には、ウォータースライダーや流れるプールをはじめ、豊富なウォーター・アクティビティを楽しめるエリアがある。満喫するには3泊がおすすめ！

As to Disney artwork, logos, and properties: ©2023 Disney

客室は2つのタワーからなる

インフィニティエッジのプールが人気の「カ・マカ・ランディング」

予約必須のディナーショー「カ・ヴァア：ルアウ・アット・アウラニ」の詳細はHPで

ディズニーならではの美しい装飾の客室

シックでウッディなインテリアに、ディズニーモチーフがさりげなく調和する客室。景色や広さにより多数の客室タイプがある。

一流シェフによる世界の料理

「マカヒキ」ではディズニーならではのキャラクター・ブレックファストが楽しめる。そのほかオープンエアで優雅なムードの「アマアマ」など多種多様なレストランがある。

家族で楽しめるワイコロヘ・ストリーム

ハワイの文化や自然を生かしたアクティビティ

スリリングなウォータースライダーが付いた広大なワイコロヘ・プールをはじめ、リゾート内では星空の下でのディズニー映画鑑賞会やスタンドアップ・パドル体験などさまざまなアクティビティが楽しめる。

リゾートオリジナルスパ

ハワイ語で「真水の天国」を意味する「ラニヴァイ・ディズニー・スパ」では、150種以上ものメニューを揃える。また、「ハイドロセラピー・ガーデン」にはソーキング・プールやリフレクソロジー・バスなどがあり、癒やしの空間となっている。

コオリナ 付録MAP P2B4

アウラニ・ディズニー・リゾート＆スパ コオリナ・ハワイ

Aulani, A Disney Resort & Spa, in Ko Olina, Hawai'i

351のホテル客室と、ディズニー・バケーション・クラブのヴィラ481室からなる一大リゾート。各客室から大自然の景色が楽しめる。

DATA 交ワイキキから車で45分 住92-1185 Ali'inui Dr.
☎808-674-6200 料スタンダード・ビュー＄494～ 351室（ホテル客室）、ディズニー・バケーション・クラブ・ヴィラ481室
URL aulani.jp J R P F

プチ情報 「ラニヴァイ・ディズニー・スパ」は、初のディズニー直営スパ。隣接する「ペインテッド・スカイ：ハイスタイル・スタジオ」では、子どものためのメイクオーバー・サービス（有料）を提供している。

Lala Citta Honolulu

Topic 6

トラベルインフォメーション

Travel Information

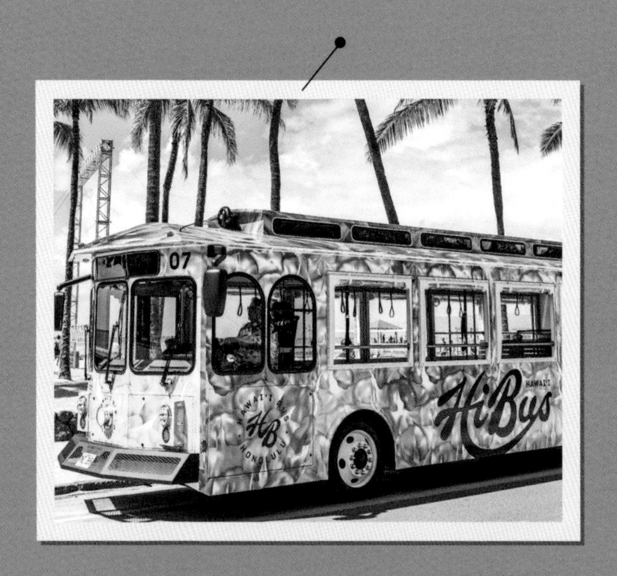

出発前の注意点から現地で使える知識まで。
基本情報を事前にチェックしておいて
旅を思いきり満喫しよう！

Hawaii Travel Info

アメリカ出入国の流れ

**大事な出入国情報は旅行が決まったら
すぐにチェック! 万全の準備で空港へ。**

アメリカ入国

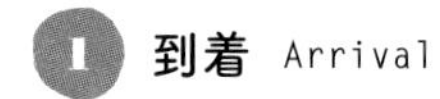

1 到着 Arrival

空港に着いたら、到着(Arrival)の表示に従ってメインターミナルへ移動し、入国審査に進む。

2 入国審査 Immigration

自動入国審査機は使用されておらず、全て検査官による入国審査となる。係官のいるカウンターに行き、入国のスタンプを押してもらう。

3 荷物受取所 Baggage Claim

自分が乗ってきた飛行機の便名が表示されたターンテーブルで荷物が出てくるのを待つ。もしも荷物に破損があったり、出てこなかった場合は荷物引換証(クレームタグ)を航空会社の係員に見せてその旨を伝える。通常、荷物引換証は航空券の裏に貼られている。

4 税関審査 Customs Declaration

パスポートを提示。申告がない場合は緑のサインがついたカウンターへ。申告がある人のみ税関申告書を提示し、赤いサインのカウンターへ進んで荷物検査を受ける。

5 到着ロビー Arrival Lobby

個人旅行も団体旅行も出口は同じ。税関を出て左へ進むと出口がある。

旅行が決まったら準備

●ESTA(電子渡航認証システム)

ビザ(査証)を取得せずに、アメリカへ短期(最長90日)の観光・商用または通過目的で入国する場合、「ESTA」の申請が必要。費用は$21で、指定のクレジットカードまたはデビットカードにて支払う。現在、マスターカード、VISA、アメリカン・エキスプレス、ディスカバー(JCB、ダイナースクラブ)が利用可能。渡航の72時間前までに取得しておこう。一度認証されると2年間有効(2年以内にパスポートが失効する場合はパスポート有効期限まで)。申請はESTAのWEBサイト URL esta.cbp.dhs.gov/esta/上で可能。

●セキュア・フライト・プログラム

アメリカを離着陸する民間航空機の保安強化を目的としたプログラム。航空券やツアー予約時に、航空会社や旅行会社の指示に従いパスポートに記載の氏名、生年月日(西暦)、性別、リドレスナンバー(※持っている場合)を登録する。

※リドレスナンバーとは、テロリストなどと同姓同名であるなどの理由により誤認されてしまう渡航者への救済手段として、米国国土安全保障省(DHS)から付与される番号のこと

●アメリカ入国時の制限

○申告対象品目
現金…持込み、持出し無制限。ただし、合計$1万相当以上の額の場合、申告が必要。
みやげ品$100相当以上は申告が必要。

○主な免税範囲
アルコール1ℓまで。たばこ200本、または葉巻100本まで ※酒類・たばこの持込みはいずれも21歳以上。

○主な持込み禁止品
肉製品(缶詰など含む)、わいせつ物、麻薬、銃器、一部の動植物、食品(果物、野菜など含む)、コピー品など。

日本出国時の注意点

出発の10日~1カ月前までにチェック

●アメリカの入国条件

○パスポートの残存有効期間
入国時に90日以上が望ましい。

○ビザ免除プログラムの利用条件
ESTAにより渡航認証がされていること。短期の商用・観光または通過目的の90日以下の滞在であること。日本のIC旅券、往復または次の目的地までの航空券、乗船券を所持していること(eチケットの場合は旅程確認書)。

自宅~空港でチェック

○空港の出発ターミナル
成田空港では、航空会社によって第1と第2ターミナルに分かれる。全日本空輸(NH)、ユナイテッド航空(UA)、デルタ航空(DL)、大韓航空(KE)、ジップエア(ZG)は第1ターミナル、日本航空(JL)、ハワイアン航空(HA)は第2ターミナルに発着。

○液体物の機内持込み制限
機内持込み手荷物に100mℓ以上の液体物が入っていると、日本出国時の荷物検査で没収となるので注意。100mℓ以下であれば、ジッパーのついた容量1ℓ以下の透明プラスチック製袋に入れて持ち込める。詳細は国土交通省のウェブサイト URL www.mlit.go.jp/koku/15_bf_000006.html参照。

注意事項 ESTAの申請後、入国時に確認を求められることはないが、心配なら領収書をプリントしてパスポートと一緒に保管しておくと安心。

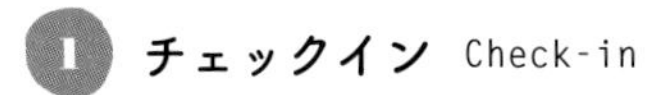

アメリカ出国

1 チェックイン Check-in

出国手続きが非常に厳しく、時間がかかるので、出発時間の3時間前には空港へ着くように。まず搭乗する航空会社のカウンターで、預ける荷物のセキュリティチェックを受ける。その後、チェックイン・カウンターで、航空券（eチケットの場合は旅程確認書）とパスポートを係員に提示すると、搭乗券が発行される。機内預けの荷物を渡して、荷物引換書（クレームタグ）をもらえばOK。機内預けの荷物はセキュリティ強化のため、乗客立会い不可で検査される。施錠してあるスーツケースも開けられる場合があり、壊れても保険対象外なので要注意。

2 手荷物検査 Security Check

手荷物検査は非常に時間がかかる。機内持込み荷物はすべてX線検査機へ通し、ボディチェックも受ける。金属類は事前に外しておこう。

3 搭乗 Boarding

出発フロアはとても広く、飲食店や免税店が並ぶ。必ず自分が乗る便の搭乗ゲートの位置を確認し、出発の30分前には待合所にいるようにしよう。搭乗の際に、係員がパスポートを確認することもある。

●TSロックについて

TSロックはアメリカ運輸保安局 TSA（Transportation Security Administration）によって認可・容認されたロックのこと。セキュリティチェックが最も厳しいアメリカであっても、鍵をかけたまま航空会社に預けることができる。「ロックしないで預けるのが不安」という人におすすめで、搭載されたスーツケースやベルトが販売されている。

ダニエル・K・イノウエ国際空港

付録 MAP P4A3

Daniel K Inouye International Airport

オアフ島の南東に位置するハワイ州最大の国際空港で、ハワイの空の玄関口として知られる。24時間空港で、昼夜問わず発着数も多い。また、オアフ島に隣接するネイバー（離島）への乗り継ぎ空港としての役割も担う。主な施設としてはレストランや売店、ビジネスセンターなどが入っている。

○買いそびれたおみやげはココで

空港内にはコーチなど有名ブランド店や免税店、コンビニ、書店などが多数入り、搭乗前に最後の買い物ができる。売店ではコーヒーやチョコレートなどのおみやげも揃っている。なお、ほとんどの店舗はセントラル・ロビーに入っている。

○出発前の休憩はフードコートで

出国審査を終えて入るセントラル・ロビーにはフードコートが点在。バーガー・キングやスターバックスなど、おなじみの人気チェーン店が入っている。

○両替所

両替所は全て閉鎖しているので要注意。

○ネット環境

セントラル・ロビーにあったビジネスセンターが撤退し、インターネットやコピー、ファックスなどは利用できない。空港内では有料のWi-Fi接続サービスShakaNetが利用できる(2時間$6.95)。国際線ターミナル1・2階の一部エリアでは、フリーWi-Fiのサービスが利用できる。

日本入国時の制限

日本帰国時の税関で、機内や税関前にある「携帯品・別送品申告書」を提出する（家族は代表者のみ）。

●主な免税範囲

酒類	3本（1本760㎖までのもの。20歳未満の免税なし）
たばこ	紙巻たばこのみの場合日本製・外国製各200本まで、葉巻たばこのみの場合50本まで、その他の場合250gまで（20歳未満の免税なし）。
香水	2オンス（1オンスは約28㎖。オーデコロン、オードトワレは含まない）。
その他	1品目ごとの海外市価合計額が1万円以下のもの全量、そのほかは海外市価合計額20万円まで

詳細は税関 URL www.customs.go.jp/を参照

●主な輸入禁止品と輸入制限品

● 輸入禁止…◎麻薬、大麻、覚醒剤、鉄砲類、爆発物や火薬、通貨または有価証券の偽造・変造・模造品、わいせつ物、偽ブランド品など。

● 輸入制限…◎ワシントン条約に該当する物品。対象物を原料とした漢方薬、毛皮・敷物などの加工品も同様。ワニ、ヘビなどの皮革製品、象牙、はく製、ラン、サボテンなどは特に注意。

● 動植物…土付きの植物、果実、切花、野菜、ソーセージといった肉類などは要検疫。

● 医薬品・化粧品など…個人が自ら使用するものでも数量制限がある。医薬品及び医薬部外品は2カ月以内（外用剤は1品目24個以内）。化粧品は1品目24個以内。

ダニエル・K・イノウエ国際空港では、帰国時のセキュリティチェックで全身スキャナーが設置されている。時間がかかるので、空港へは余裕をもって到着したほうがよい。

Hawaii Travel Info

空港～ホノルル中心部への交通

交通早見表

交通機関	特徴
安い エアポート・シャトル	飛行機の離発着時刻に合わせて運行。乗客の滞在ホテルを巡回する。トランクに預ける荷物は2個までは無料だが、以降1個につき追加＄9.68がかかる。ゴルフバッグなどは別料金。ホテルに着くとドライバーが荷物の出し入れを行ってくれるので、＄1程度のチップを渡そう。
早い タクシー	待ち時間が少ないうえに目的地まで直接行けるので、最も手軽で利便性が高い。到着ロビーを出たあたりにいる配車スタッフに声をかければ、車まで案内してくれる。スーツケース1個程度なら運行料金に含まれるが、2個以上ならチップを多め（＋＄5程度が目安）にして渡そう。
早い リムジン	日本では高級なイメージがあり、なじみが薄いものの、グループでの利用には便利。最大6～8人まで乗車可能で、車内にはドリンクも用意されている。予約時は利用人数と便名を伝えておこう。観光名所やショッピングセンターまで運行してくれるサービスもある（別料金）。
安い ザ・バス	最も安く移動できる手段だが、大きな荷物は持ち込めない。最寄りのバス停に到着した際、声をかけてもらうようドライバーに頼んでおくと便利。空港2階ロビーにあるバス停から20番のWAIKIKI BEACH＆HOTELS行きのバス利用が一般的。おつりは出ないので注意。

エアポート・シャトル Airport Shuttle

使い方を覚えれば簡単で便利なエアポート・シャトル。乗り方から料金の払い方までを解説。到着時に帰りの便の予約をしておくとよい。

●乗ってみよう

1 乗り場を探す

通関後の個人旅行者用出口を出たあたりに、アロハシャツを着た係員がシャトルバスの看板を持って立っているので、声をかけるとバス乗り場まで先導してくれる。

2 乗車する

シャトルは大体20分おきに到着する。荷物を渡し、ドライバーに行き先を伝えバスに乗り込む。荷物は2個まで無料。

3 降車する

目的地に着いたらすみやかに下車しよう。

●予約＆支払い

○係員から購入

バスに乗る前、もしくはバスが発車したあと、途中で停車するところでチケットを購入。片道の場合は「One way please」、往復の場合は「Round trip please」と言おう。往復は＄30。

○事前にネット予約

各バス会社のWEBサイトから事前にチケットのネット予約が可能。乗車時に領収書ページを印刷して見せればOK。預ける荷物の中に忘れないよう、あらかじめ手荷物に保管しておこう。

○チップの払い方

ホテル到着の際、ドライバーが荷物の出し入れをしてくれるので、チップを払う。荷物1個につき$1が目安。

○帰りの便の予約

帰りの便の予約は、ネットで事前にしておくか、行きのチケット購入の際に往復チケットを購入しよう。

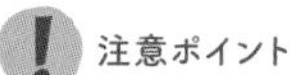

! 注意ポイント

○手荷物について

車内に持ち込む手荷物は1個まで無料。ひざの上に乗る大きさが条件。

○帰国時の便は早めに予約を

帰国時のバスは少なくとも48時間前には予約をしておこう。到着時に帰りの予約をするのがベター。

プチ情報 タクシーやリムジンバス乗り場は、個人旅行者用出口を出たところにある道路の中央分離帯から発着する。また、レンタカー会社の送迎バスは、約50mほど右側の中央分離帯から発着する。

空港からワイキキまでの所要時間は約30～50分。交通手段は、エアポート・シャトルやザ・バス、タクシーなど全4種類ある。その時の予算、時間を考慮して上手に選択しよう。ホテルによっては空港への無料送迎があるので、予約時に確認を。

ダニエル・K・イノウエ国際空港の到着ロビー(団体用)

料金(片道)	運行間隔	運行時間	公式WEBサイト
$19.50(+チップ15%+荷物1個につきチップ$1)※スピーディ・シャトルの場合	約30分	約20分間隔で運行	スピーディ・シャトル ☎808-342-3708 URL www.speedishuttle.com/jp(日本語) ロバーツ・ハワイ ☎808-954-8637(日本語は8～17時)/1-866-293-6329 URL www.airportshuttlehawaii.com/ja(日本語)
約$45～55 (+チップ$8程度) ※チャーリーズ・タクシーの定額サービス$33(4名まで、チップ別途)	約25分	随時	チャーリーズ・タクシー ☎844-531-1331 URL charleystaxi.com/jp(日本語) ザ・キャブ ☎808-422-2222 URL www.thecabhawaii.com(英語のみ)
約$95～(会社により異なる) (+チップ$15程度)	約25分	24時間(要予約)	クリスタル・エンタープライズ・リムジン ☎808-228-2440 URL krystallimousinehi.com(英語のみ)
$3.00(現金払い) $2.00(Holoカード払い)	約50分	約15～60分間隔で運行	オアフ・トランジット・サービス (ザ・バス・インフォメーション) URL www.thebus.org/(英語)

タクシー Taxi →P131

●乗り場を探す

タクシーやリムジンバスの乗り場は、個人旅行者用出口を出たところにある道路の中央分離帯にある。「TAXI」の看板が目印。

レンタカー Rent a car →P132

●カウンターを探す

空港を出たら到着ロビー前の道路の中央分離帯にある、各レンタカー会社のシャトルバスが停まる停留所へ。予約したレンタカー会社のシャトルバスに乗って営業所へ移動。営業所のカウンターで予約確認書を提示し、スタッフから渡される書類に記入する。

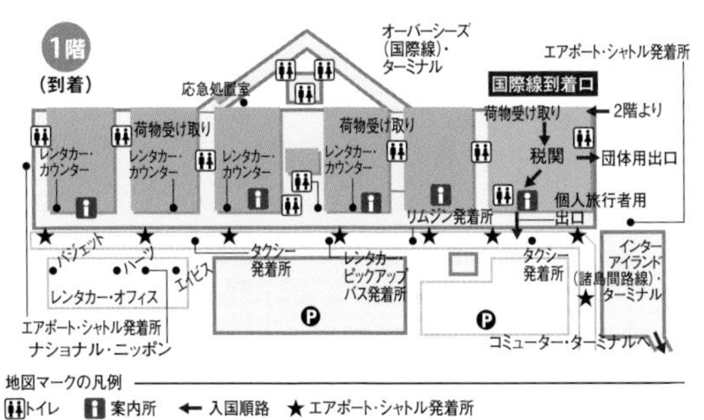

○空港からのタクシーの所要時間と料金の目安

～ワイキキ中心部…20～30分/約$45
～アラモアナ…15～20分/約$35
～カハラ…約30分/約$50
～ノースショア…約40分/約$120
～コオリナ…約30分/約$100
～アロハ・タワー…約15分/約$30

プチ情報 スピーディ・シャトルのエアポート・シャトルは、ダニエル・K・イノウエ国際空港公式のシャトルサービスとして運行している。オアフ島全島を回るので便利。

Hawaii Travel Info

島内交通

オアフ島を網羅する唯一の公共交通機関ザ・バスや、ホノルル市内の主要スポットを運行するワイキキトロリーなど、目的のエリアによって、各種の交通機関をうまく使いこなそう。

街の回り方

●山側・海側が目印！

ワイキキを歩くときには山側が北、海側が南と覚え、東のダイヤモンド・ヘッドを目印にすると、自分がどの方角にいるかすぐにわかる。

道に迷ったときは目印を探そう

●通り名をCheck

ワイキキは、ビーチ側から順にカラカウア大通り、クヒオ通り、アラワイ大通りが東西に走り、アラワイ運河がその北にある。一方通行が多いので、運転時は確認を。

通り名の道標

●番地について

ワイキキの住所の番地は基本的に、東西の通りは南側が偶数、北側が奇数で、対して南北の通りは西側が偶数、東側が奇数になる。

目抜き通りは建物が立ち並ぶ

ワイキキトロリー

Waikiki Trolley

ホノルル市内の主要スポットを回る旅行者の便利な交通手段。現在、ダウンタウン／ホノルル観光コース（レッドライン）、ワイキキ／アラモアナ・ショッピングコース（ピンクライン）、ダイヤモンド・ヘッド観光コース（グリーンライン）、パノラマコースト観光コース（ブルーライン）の4ラインが運行している。

●チケットの種類

シングルライン
- ・グリーン：大人$18、子ども$11
- ・ブルー：大人$30、子ども$20
- ・レッド：大人$30、子ども$20
- ・ピンク：$5

全ライン乗り放題
- ・1日：大人$55、子ども$30
- ・4日：大人$65、子ども$40
- ・7日：大人$75、子ども$50

※子どもは3～11歳
※乗車時現金払いの片道乗車料金が適用されるのは、ピンクラインのみ

●チケット売場

ワイキキ・ショッピング・プラザ・メインロビー
☎808-465-5543　㊋8～17時　㊡なし Ⓙ
付録MAP●P8B3

注意ポイント

○2歳以下の子どもは無料。保護者の膝の上に座らせて。
○ベビーカーはたたんでから乗車しよう。通常より大型のベビーカーの持込みは禁止。

●路線　詳細は→付録P23

レッドライン（ダウンタウン／ホノルル観光コース）

ホノルルの歴史や文化にふれるコース。イオラニ宮殿など歴史的建造物や活気あふれるチャイナタウンを通る。

○運行時間　10～15時（ワイキキ・ショッピング・プラザ発）
○頻度　約60分間隔　○所要時間　1周約110分

ピンクライン（ワイキキ／アラモアナ・ショッピングコース）

ワイキキの主要ホテルとアラモアナセンターをつなぐコース。

○運行時間　10時～20時17分（日曜、祝日～19時30分）（ワイキキ・ショッピング・プラザ発）
○頻度　約15分間隔　○所要時間　1周約60分

グリーンライン（ダイヤモンド・ヘッド観光コース）

ダイヤモンド・ヘッドを中心に回るコース。土曜午前には人気のサタデー・ファーマーズ・マーケットKCC前にも停車。

○運行時間　7時30分～13時30分（ワイキキ・ショッピング・プラザ発）
○頻度　約60分間隔　○所要時間　1周約60分

ブルーライン（パノラマコースト観光コース）

美しいビーチが続く東海岸の絶景を楽しむコース。2階建てバスを利用している。

○運行時間　8時30分～13時50分（ワイキキ・ショッピング・プラザ発）
○頻度　約40分間隔　○所要時間　1周約110分

プチ情報　ワイキキトロリーを車いすで利用する場合は、車いす対応のトロリーを利用しよう。また、混雑する夕方や店の閉店時間の際は乗れないこともあるので、早めに行動を。　※上記は2023年6月現在の情報です。

タクシー  Taxi

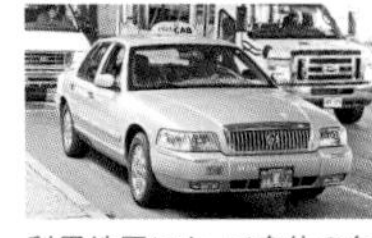
利用地区によって車体の色や料金システムが異なる

荷物が多いときや急いでいるときに便利なタクシーだが、ハワイではタクシーが道端で乗客を乗せることは禁じられていて、街なかにはタクシースタンドもない。必要なときは各建物にいるスタッフに呼んでもらおう。

○料金　料金はメーター制。初乗り料金は$3.50～（会社により異なる）。以下追加で160mごとに$0.42、待ち時間では60秒ごとに$0.746ずつ加算される。
○問い合わせ先　・チャーリーズ・タクシー　☎844-531-1331（日本語予約サービス6～22時）
・ザ・キャブ　☎808-422-2222

注意ポイント
○流し（道端でタクシーに乗ること）はない。
○大きい荷物がある場合はチップが必要。
○ドアの開閉は日本とは違い手動。

ザ・バス  The Bus 

路線図 付録MAP P24-25

オアフ島全土を網羅する交通機関。約80の路線、4000を超える停留所がある。地元の人たちの大切な移動手段として親しまれ、旅行者にも利用しやすいシステムになっている。慣れるまでは、ホテルのロビーやABCストアにも置いてある、時刻表＆ルートマップ（無料）を使うと便利。

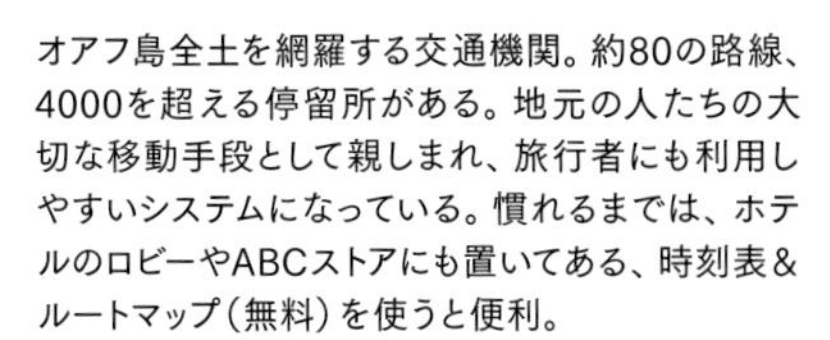

車体のレインボーがハワイらしい

○料金　距離に関係なく一律$3、子ども（6～17歳）$1.50。
○運行時間　6～24時ごろ

 **注意ポイント**

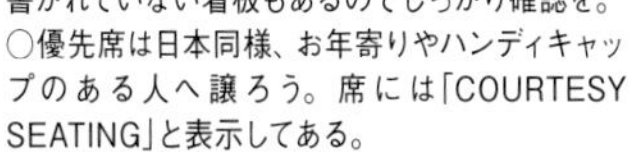

○停留所は特になく「The Bus」の文字が入った看板がバス停の目印。バスの路線番号、行き先も書かれていない看板もあるのでしっかり確認を。
○優先席は日本同様、お年寄りやハンディキャップのある人へ譲ろう。席には「COURTESY SEATING」と表示してある。
○車内では喫煙、飲食、携帯電話でのゲームも禁止。走行中、運転手に話しかけることもNG。
○乗り換え用のトランスファー・チケットは廃止されたので、ザ・バスに1日に2回以上乗車する場合は1デイパスを購入しよう。
○ひざに乗せられない荷物の持込みは禁止。ベビーカーは折りたためばOK。
○日が暮れてから人通りの少ない停留所でバスを長時間待つのは危険。

●パスの種類

○オプション
現金$3で2時間30分乗り放題。
Holoカード$2使用の場合、1日$7.50以降乗り放題。

●インフォメーション

○ゲストサービス　アラモアナセンター1階にあるゲストサービス（付録MAP●P16）では、各ルートの運行時間を表示した時刻表やルートマップを無料で配布している。☎808-955-9517（日本語）　㊕10～20時　㊡なし

●ワイキキ、アラモアナセンターから行く主な路線　詳細は→付録P24

●アラモアナセンター	○番号　8・13・20・23・42　○所要時間　ワイキキから約15分 アラワイ運河を渡った1つ目の信号を越えたところで下車。多くの客が降りるので、間違えることはないはず。
●ワード・センター	○番号　20・42　○所要時間　ワイキキから約20分 アラモアナセンターを過ぎると右手にブルーのガラス張りのコンドミニアム、IBMビルの順に通過し、その次がワード・センター。
●ビショップ・ミュージアム	○番号　2　○所要時間　ワイキキから約45分 クヒオ通りを過ぎスクール通りを左折したあと、カパラマ通りの角で下車。
●カイルア	○番号　直通廃線　○所要時間　アラモアナセンターから約1時間 アラモアナセンターから67番利用。カイルア・ショッピング・センター下車。

プチ情報　ホテルやショッピングセンターにはタクシー専用電話がある。受話器を取って「Taxi, please.」と言い、自分の名前を告げるだけでその電話の場所まで車が来てくれるという便利なシステム。

レンタカー  Rent a car

自由に観光を楽しみたいなら、時間を気にせず行動できるレンタカーがおすすめ。道路網がさほど複雑ではないので右側通行、左ハンドルに慣れれば、大丈夫。バスでは行きづらい場所へも簡単にアクセスできるので、より奥深いハワイを知って楽しもう！

○申込みから返却まで
レンタカー会社によって、年齢制限や返却方法が違うので、わからないことは事前に確認をしておこう。

1 ●日本での申込み

現地でも予約可能だが、日本で事前予約すると保険フルカバーが付いたり格安料金になったりと、お得になることも。確約後、送付される予約確認書を持参する。

●現地での申込み

空港や街なかのレンタカー会社のカウンターで申し込める。身分証明も兼ねてクレジットカードの提示を求められる。支払いは返却時にクレジットカードで行う。

2 ピックアップ

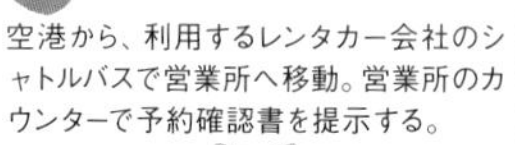

空港から、利用するレンタカー会社のシャトルバスで営業所へ移動。営業所のカウンターで予約確認書を提示する。

3 ガソリンを満タンにする

ガソリンを満タンで返却する契約の人は、返却前に近くのガソリンスタンドで給油しておく（ガソリンの入れ方はP133参照）。

4 レンタカーを返す

空港内の看板に従って、返却エリアへ。係員が返却時間や距離、車両の状態等を調べる。鍵を渡し、明細書をもらえば完了。

レンタカーのポイント

1 チャイルドシート

4歳未満の子どもはインファントシートまたはチャイルドシートの着用が義務付けられている。レンタカー会社でレンタルも可能だが、数に限りがあるので早めに手配しよう（レンタル料金は1日につき＄12前後）。また、4～7歳で身長145㎝未満、体重約20kg未満の子どもはチャイルドシートまたはブースターシートの着用が義務付けられている。

2 保険の種類

車を借りると、対人・対物の自動車損害賠償保険（LE&P）に自動的に加入する（保険料はレンタル料に含まれる）仕組みだが、補償内容が低いため、万一の事故に備え、できるだけカバー力の高い任意保険に加入しておきたい。
LDW/CDW（車両損害補償制度）
盗難、紛失、事故などでレンタル車両が被害を受けた場合に、損害額の契約者負担を免除する。

3 車種

コンパクト…小排気量タイプで運転しやすい4人乗り。海外ドライブ初心者におすすめ。
SUVスタンダード…オフロードでも楽々走れる4WD。5人乗りで収容スペースもたっぷり。
ミニバン…7人までゆったり座れる収容力。家族連れやグループでのドライブにおすすめ。
コンバーチブル…2人乗りのオープンカー。爽快ドライブをしたい人に最適。

主なレンタカー会社

会社名	電話・営業時間・休み	日本での予約・問い合わせ
アラモ Alamo	ダニエル・K・イノウエ国際空港営業所 ☎1-844-913-0736（日本語可） 時5～23時 休なし	☎0120-088-980（通話無料） ☎03-5962-0345（直通） 時9時30分～18時 休土・日曜、祝日 URL www.alamo.jp
ダラー Dollar	ダニエル・K・イノウエ国際空港営業所 ☎1-866-434-2226 時5時30分～23時59分 休なし	☎0800-999-2008（通話無料） 0800-999-2102（通話無料） 時9～17時 休土・日曜、祝日 URL www.dollar.co.jp
ハーツ Hertz	ダニエル・K・イノウエ国際空港内営業所 ☎808-837-7100 時5時30分～23時59分 休なし	☎0800-999-1406（通話無料） 0800-999-2408（通話無料） 時9～17時 休土・日曜、祝日 URL www.hertz.com
エイビス Avis	ダニエル・K・イノウエ国際空港内営業所 ☎808-210-0000 時5時～翌1時 休なし	☎0120-31-1911（通話無料） 時9～18時 休土・日曜、祝日 URL www.avis-japan.com

日本語が通じるレンタカー会社

会社名	電話・営業時間・休み	ハワイでの予約・問い合わせ
ニッポンレンタカー	ホノルル空港営業所 時7～12時	☎1-808-922-0882 URL www.nipponrentacar.co.jp/hawaii/

（2023年7月現在の情報です。料金などの詳細は時期によって変動するので予約時に各レンタカー会社にご確認ください。）

プチ情報 駐車違反で車がレッカー移動されてしまった場合は、近くの公衆電話から☎911に電話をしよう。駐車位置と車のナンバーを伝えると連絡先を教えてくれるので、そこへ出向いて罰金を払い、車を引き取らなくてはいけない。

●セルフサービスでのガソリンの入れ方

レンタカーを利用した場合、給油は必須に。セルフサービスのガソリンスタンドでの給油方法をマスターしておこう。また車の給油口も事前に位置をチェック。

1 車を停める

"SELF SERVICE"の表示がある給油機の横に車を停める。停めたあとレジへ行き、給油機の番号、ガソリンの種類を告げてデポジットとして現金を多めに渡しておく。クレジットカードを使う場合は給油機の挿入口にカードを入れて引き抜く。

2 ガソリンを選ぶ

給油のノズルをオンにして車の給油口に差し込む。レギュラー、プラス、プレミアムから1つを選択する。レンタカーの場合はレギュラーでOK。

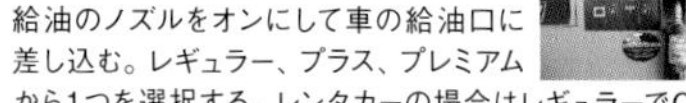

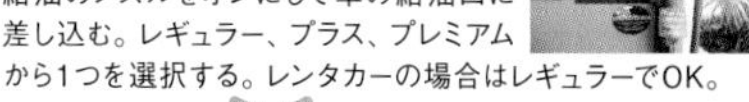

3 給油する

給油量と料金メーターがゼロになったら、グリップを握って給油開始。満タンになると自動的に給油が止まるが、グリップをゆるめても給油を止められる。

4 料金を支払う

給油が終了したら再度レジへ行き、使用した給油機の番号を伝えて精算する。

ドライブでのポイント

1 国際免許証

ハワイで運転する際には日本の免許証があれば運転可能。ただし、万が一事故やトラブルに遭った場合、日本の免許証では処理に時間がかかり、手続きが煩雑になるため国際免許証も持参したほうがなにかと安心。国際免許証の取得は簡単なので、取れるときに取っておこう。詳細は最寄りの運転免許試験場に問い合わせよう。

2 注意すべき交通規則

日本との一番の違いは、ハワイは右側通行ということ。走行中は常にセンターラインが左にくるように意識しよう。右折、左折時は特に間違えやすいので要注意。また、横断歩道を渡る通行者がいた場合は、通過するまで待たないと罰金対象となるので気をつけて。また、ホノルル市街は一方通行が多いので必ず確認を。

3 駐車禁止

違法となるのは、駐車禁止地帯(TOW AWAY ZONE)や路上に赤や黄色の線が引かれているエリア、路上駐車、歩道への乗り上げなど。停車禁止のところも多い。見つかるとレッカー車で運ばれ＄35～260の罰金が科せられる。また、身障者専用の駐車スペースに許可なく停めると、2倍以上の罰金になる場合もあるので気をつけよう。

ハワイで多い車のトラブル

海外での運転は、細心の注意を払って行いたい。ここで挙げたいくつかのレンタカートラブル例で事前に予習しておこう。

◯子どもの放置

チャイルドシートやブースターシート、シートベルトの着用義務など、子どもを保護する法律が厳しいハワイ。そのほか、子どもを放置することも法律で禁じられており、車内に子どもを置いたまま離れてしまうと、逮捕の対象となることもあるので注意しよう。

◯盗難

治安がいいとはいえ、盗難には要注意。たとえ数分でも、車を離れるときは貴重品を車内やトランクに残さないようにしよう。また、万が一のために、現金を除く携行品の盗難、損傷を補償する保険、所持品盗難保険(PEP/PEC)などに加入しておくと安心だ。

◯鍵のインロック

イグニッションに鍵を差したまま車のドアを閉め、ロックしなくても一定時間が過ぎると、自動的に鍵がかかることがある。エンジンがかかったままとなり、大変な事態に。ガソリン代、鍵のコピー代のほか、スペアキーを運ぶタクシー代の負担が必要になる。場所によっては数百ドルかかることもある。

◯濡れた鍵

鍵を濡らすと故障につながる可能性あり。また、湿ったタオルに巻いただけでも、同様に動かなくなる場合があるので要注意。鍵のインロック時(上記)と同じく、時間とお金を無駄にする羽目になる。特に海水だとすぐに壊れてしまうので、ビーチで遊ぶ際には十分に注意しよう。

◯事故に遭ってしまったら「911」

事故に遭った場合、以下の手順で冷静かつ迅速に対応しよう。まずは、車を道路の右側に寄せ、けが人がいたら、助けよう。ほかの車に事故を知らせるために警告灯を点灯してから、警察・救急車(☎911)とレンタカー会社に電話をする。事故発生より24時間以内に事故報告書を届け出ないと保険が適用されないので注意。

駐車の仕方

●パーキング・メーター
Parking Meter

5¢、10¢、25¢のコインが使用可能。場所によっては夜間や日曜は使用不可の場合も。ワイキキ周辺では、10分25¢、1時間$1.50が目安。クレジットカードが使用できるスマートメーターもある。

●バリデイテッド・パーキング
Validated Parking

ホテルやレストラン、ショップなどの施設利用で料金が無料または割引になるシステム。駐車券を利用店に持参し、スタンプかシールが付いた券を提示して精算する。

●バレー・パーキング
Valet Parking

パーキングスタッフが車の出し入れをしてくれるシステム。入口付近に車を停め、係員にキーを渡す。ホテルに宿泊の場合、1日＄25～35チャージされる。車を出すときはスタッフにチップを。

注意事項 レンタカーが可能な年齢はレンタカー会社によって異なる。あらかじめ各社に確認を。またドライバー名義のクレジットカードとパスポートがないと借りられないので忘れずに。

Hawaii Travel Info

旅のキホン

アメリカ合衆国の1つの州であるハワイだが、世界各国からの移住者も多く、独特の習慣やルールもある。しっかりインプットして、より楽しい旅にしよう。

お金のこと

ハワイの通貨単位はドル($)。レートは変動相場制で、$1は100セント(¢)になる。また紙幣は6種類、硬貨は4種類あり、紙幣は偽造対策で定期的にデザインを変更している。

$1≒約142円

(2023年8月現在)

どの紙幣もサイズが同じなので、使用するときは要注意。硬貨は1、5、10、25¢で、それぞれペニー、ニッケル、ダイム、クォーターとよばれる。チップとしてよく使う$1紙幣は常に用意しておいたほうが便利。現金は必要最低限の額を持参しよう。現金のほかにはクレジットカード、国際デビット、トラベルプリペイドカードなどがあるので、自分のスタイルに合ったカードを選ぼう。

$1

$5

$10

$20

$50

$100

1¢
ペニー

5¢
ニッケル

10¢
ダイム

25¢
クォーター

●両替

両替ができる場所は限られるので、現地での両替は最小限にし、クレジットカードを活用しよう。銀行、ホテル、民間の両替所などで両替でき、一般的に交換レートは街なかの銀行が一番よいとされ、ホテルは少し割高といわれている。

空港	銀行	街なかの両替所	ATM	ホテル
両替所なし	レートがよい	数が多い	24時間使える	安全&便利
空港内に両替所がない。営業していてもレートがよくなく、手数料が割高なので、両替するにしても必要最低限に。	レートはいいが、営業時間が短いので注意。一度に多額の両替をする場合、パスポートの提示を求められることも。	ワイキキ中心部に3店舗あり、夜遅くまで営業している。手数料やレートは店ごとに違うのでチェックしよう。	空港や市内に多くあり、カードではぼ24時間ドルが引き出せる。日本語で操作できるものもあるので便利。	フロントでは24時間両替が可能。手数料、レートはホテルによって異なるが、基本的には少し割高。

ATMお役立ち英単語集

ワイキキには国際対応型のATMがたくさん設置されている。日本語対応のものもあるが、郊外では英語のみのATMも多いので、基本用語を覚えておこう。

暗証番号…PIN/ID CODE/SECRET CODE
確認…ENTER/OK/CORRECT/YES
取消…CANCEL
取引…TRANSACTION
現金引出…WITHDRAWAL/CASH ADVANCE/GET CASH
金額…AMOUNT
クレジットカード…CREDIT CARD/cash in advance
預金(国際デビット、トラベルプリペイドの場合)…SAVINGS

余った現地通貨は空港のショップなどでカードと併せて支払い、使い切るのがおすすめ。余った現金を再両替すると二重に手数料がかかる。現地通貨は使いきれる分だけ用意するよう心がけて。

シーズンチェック

祝祭日やその前後はレストラン、ショップや銀行が休業になることも。旅行日程を決める前に必ずチェック！

●主な祝祭日

1月1日	ニューイヤーズ・デー
1月15日※	キング牧師記念日
2月19日※	プレジデント・デー
3月26日	プリンス・クヒオ・デー
3月29日※	聖金曜日
3月31日※	イースター（復活祭）
5月27日※	メモリアル・デー
6月11日	キングカメハメハ・デー
6月19日	ジューンティーンス
7月4日	アメリカ合衆国独立記念日
8月16日※	州制施行記念日
9月4日※	レイバー・デー
（11月第1火曜	選挙の日 ※偶数年のみ）
11月11日	復員軍人の日
11月23日※	感謝祭
12月25日	クリスマス

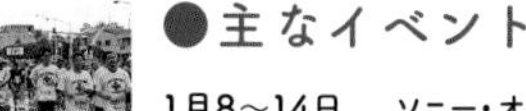

2月開催の、グレート・アロハ・ラン

●主なイベント

1月8～14日	ソニー・オープン・イン・ハワイ
2月19日	グレート・アロハ・ラン
3月8～10日	ホノルル・フェスティバル
4月27日	ワイキキ・スパム・ジャム
5月1日	レイ・デー・セレブレーション
6月8日	キング・カメハメハ・セレブレーション
7月21日	ウクレレ・フェスティバル
9月上旬～下旬	アロハ・フェスティバル
10月中旬	ハワイ・インターナショナル・フィルム・フェスティバル
12月10日	ホノルル・マラソン
12月上旬～1月上旬	ホノルル・シティ・ライツ

街中が賑やかになるハワイのクリスマス

ハワイ各島で開催されるアロハ・フェスティバル

※印の祝祭日の日程は年によって変わります。記載は2023年9月～2024年8月の予定です

●気候とアドバイス

雨季			乾季							雨季	
1月	2月	3月	4月	5月	6月	7月	8月	9月	10月	11月	12月
ハワイの雨季は11～3月。雨の日が多く、気温もプールで泳ぐには少し寒い。ただ、通り雨が多く、日が差せば日中は半袖でOK。			ハワイの乾季は雨も少なく、気温は高いが、湿度が低いので木陰に入ると涼しく、快適で過ごしやすいベストシーズン。冬の間は大波が押し寄せていたノースショアの海も遊泳が可能になる。ワイキキのビーチは通年泳げる。建物内は冷房が効いているので乾季もカーディガンの用意を。							日が沈むと寒く冬は薄手の上着の用意を。ザトウクジラが姿を現す時期。	
食べ物の旬	4～6月/パイナップル　7～9月/マンゴー、バナナ　10～11月/ランブータン　12～3月/アボカド										

●気温と降水量

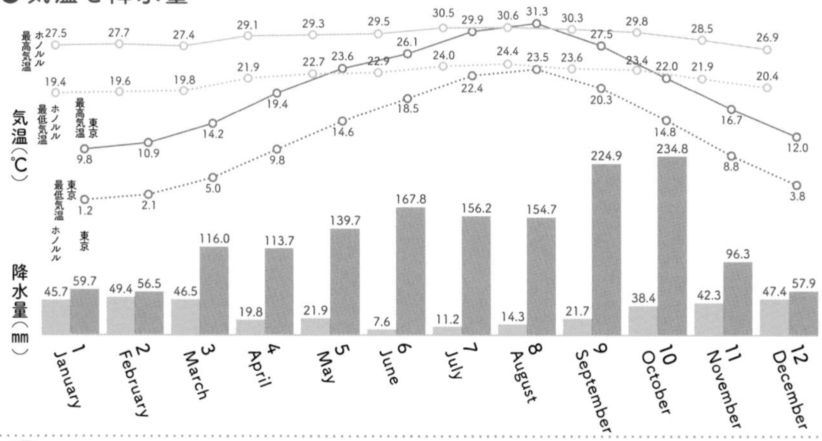

プチ情報　古代ハワイの収穫祭にちなんだ、ハワイで最も大きな祭り、「アロハ・フェスティバル」。各島で日程をずらしながら約1カ月にわたって開催される。オアフ島は9月下旬の土曜に行われるフローラル・パレードがメイン。

電話のかけ方

めっきり少なくなった公衆電話

●ホテルの客室からかける場合…最初に外線専用番号を押し、その後に続けて相手の電話番号をダイヤルする。外線専用番号は、各ホテルの客室にて確認。通話料の他、手数料もかかる。
●自分の携帯電話からかける場合…機種や契約によってかけ方や料金体系がさまざま。日本出国前に確認しておこう。
●公衆電話…硬貨のみ利用可能なタイプと硬貨、各種カードが利用可能なタイプがある。硬貨は5¢、10¢、25¢が利用可能。フォンカードはABCストアやコンビニエンスストアなどで購入できる。

●ホノルル→日本

011(アメリカの国際電話識別番号) **−81**(日本の国番号) **−相手の電話番号**(市外局番の最初の0はとる)

●日本→ホノルル

マイラインやマイラインプラスに登録している場合は各電話会社の識別番号不要。

電話会社の識別番号(※1) **−010−1**(アメリカの国番号)**−808**(オアフ島の市外局番) **−相手の電話番号**

※1　未登録の場合。KDDI…001、NTTコミュニケーションズ…0033、ソフトバンク…0061
マイラインは2024年1月にサービス終了予定

●オアフ島内通話

オアフ島の市外局番(808)を含む相手の電話番号をそのまま押せばよい。公衆電話での島内通話なら1通話50¢で、時間の制限なく話すことができる。

インターネット事情

●街なかで

ワイキキ周辺のショッピングセンターでは、無料のWi-Fiを設置しているところも多く、アラモアナセンターや、ロイヤル・ハワイアン・センターなどで使うことができる。また、マクドナルドやスターバックス・コーヒーなど、無線LANが使えるカフェも多く、入口に「Free Wi-Fi」などのサインがある。常にネットに接続したい場合は、日本からWi-Fiルーターをレンタルしていくとよい。

●ホテルで

ホノルルのホテルには、客室でインターネットができるよう設備を整えているところも多くなってきている。客室になくてもホテルのロビーであったり、ビジネスセンターなどで利用できるところが多い。また、ワイヤレスインターネットがフリーで利用可能なホテルも増えている。

郵便・小包の送り方

●郵便

切手は郵便局やホテルのフロント、スーパーに設置されている自動販売機で購入できる。ABCストアなどの民間が所有する販売機では手数料がかかる。「JAPAN」「AIR MAIL」のみ英語で記入すれば他の宛先は日本語で問題ない。日本まで、はがきは$1.50、封書は1オンス(約28g) $1.50〜。小包は郵便局の窓口へ。所定の箱利用だと4〜20ポンドまでで$46.50〜121.30。税関用の書類記入も必要。
アメリカ合衆国郵便公社　URL www.usps.com(英語)

ホノルルから日本へ送る場合の目安

内容	所要日数	料金
定形はがき	4〜5日	$1.50
封書	4〜7日	$1.50〜
小包	6〜10日	$46.50〜121.30

●宅配便

ワイキキには日本の宅配便会社があり、日本語で依頼することができる。また、ワイキキ周辺のホテルなら、客室まで荷物をピックアップに来てくれる。料金は重さで設定され(5kgで$80程度)、荷物に保険もかけられる。発送後1〜2週間で日本へ届く。

佐川急便ハワイ	☎808-942-8000
ヤマト・トランスポートUSA	☎808-422-6000
米国日本通運(ホノルル支局)	☎808-833-0202

ホテルの部屋から国際電話をかける場合、料金はホテルにより異なるが1通話75¢〜$1.75など、公衆電話より割高になる。また、数回呼び出し音を鳴らすだけでも手数料がかかる場合があるので要注意。

その他　基本情報

●水道水は飲める？

ホノルルの水は、溶岩を通して浄化された地下水なので、水道水でもそのまま飲んで基本的には問題はない。心配な人は、ABCストアやホテルの売店などでミネラルウォーターを購入しよう。

種類豊富なミネラルウォーター

●トイレに行きたくなったら？

ワイキキ周辺はショッピングセンターやホテルも多いので不便は感じない。郊外ではカフェやガソリンスタンドで済ませよう。また、ドアの下端が大きく開き、足が丸見え。置き引きには注意しよう。

ハワイ語で男性を「Kane」、女性を「Wahine」という

●変圧器があると安心

ハワイの電圧は110～120V、周波数は60Hz。プラグは日本と同じAタイプ。日本の電圧は100Vなので、日本の電化製品もそのまま使用できるが、長時間使用するなら変圧器があると安心。変圧器内蔵型の海外用電気製品を持参するのもアリ。

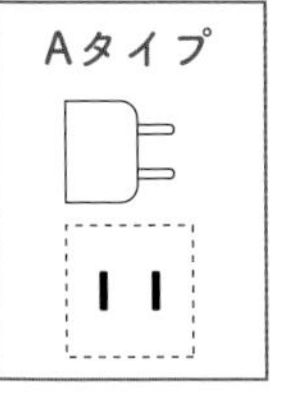

●ビジネスアワーはこちら

ハワイでの一般的な営業時間帯。店舗によって異なる。

銀行　㊕8時30分～16時（金曜は～18時）㊡土・日曜、祝日

郵便局　㊕8時～16時30分（場所により土曜は9～12時）㊡土・日曜、祝日

ショップ　㊕10～18時。アラモアナエリアは～20時、ワイキキエリアは～21時

レストラン　㊕朝食7時～10時30分、ランチ11～14時、ディナー18～21時

守りたいルールあれこれ

●たばこを吸うときは…

喫煙マナーは日本よりも厳しく、空港やレストラン、バーなどの公共の場所はいずれも禁煙。ホテルも喫煙ルーム以外は禁煙になっている。たばこを吸いたいときは、灰皿の置かれた喫煙スペースへ行こう。

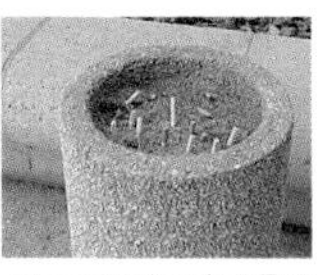
ハワイではなかなか見つからない喫煙スペース

●横断歩道以外を渡ると罰金

横断歩道以外の場所を渡ることを「ジェイウォーキング」といい、$130の罰金が科せられる。歩行者と車の接触事故が多発したため施行され、横断歩道でも「DON'T WALK」サインが点滅中に横断すると罰金の対象になっているほか、横断歩道を渡るときにスマートフォンなどを見ながら歩くのも禁止されている。特に、市内の取り締まりは強化されているので注意。

●子どもの放置厳禁

子どもを、保護者なしで放置することは法律で禁止されている。ホテルの客室に子供だけで留守番させることも放置行為に該当し、親や保護者は罪に問われ罰金が科せられるので注意しよう。どうしても大人だけで外出したい場合は、各大型ホテルが実施しているキッズプログラムやベビーシッターサービスなどを利用して子供を預けるのも手段のひとつ。

●お酒は21歳から

ハワイでは21歳未満の飲酒が禁止されている。取り締まりは厳しく、酒類を購入するときには身分証明書IDの提示を求められるので、買いに行くときには必ずパスポートを携帯しておこう。ビールはスーパーマーケットやデリで購入可能だが、そのほかのアルコール類はライセンスを取得している酒店でしか購入できない。また、公共の場所やビーチでの飲酒も禁止されている。

ハワイの物価

ミネラルウォーター（500㎖）
$2前後

ハンバーガー
$8.55～

スターバックス・コーヒーのブレンドコーヒー ショート（8oz）
$3.19～

生ビール コップ（16oz）
$8～

タクシー 初乗り
$3.50～
（会社により異なる）

トイレやレジなどは一列に並んで、空いたところから順番に使用するのがハワイ流。各ドアやレジに並ぶことはしない。もしわからなければ「Are you in line?（列に並んでいますか？）」と聞こう。

ルール&マナー

[ショッピング]

●ショッピングのマナー

店に入ったら「Hello」「Hi！」といった挨拶をしよう。特に欲しい商品がなく、見ているだけのときは「Just looking.Thank you.」、試着したいときは「Can I try it on?」と必ずスタッフに声をかけるのがマナー。また高級ブランド店では、勝手に商品に触れることを禁止しているところもあるので、触れる前にスタッフに声をかけよう。

●割引クーポン

ハワイの歩道には、専用ボックスなどに置かれているフリーペーパーがたくさんある。これらには割引クーポンが付いているので、見つけたらお目当ての店があるかどうかチェックして上手に活用しよう。

お得なクーポンがいっぱい

●営業時間

ワイキキ中心部、アラモアナセンターは21時ごろまで営業している店が多い。郊外のショッピングセンターは夕方18時ごろには閉店してしまうので、午前中か午後早めの時間に出かけるのがベスト。ほとんどの店は日曜も営業しているが、閉店時間が若干早くなる場合があるので、確認してから訪れよう。

[グルメ]

●営業時間と予約

一般にランチタイムが11～14時、ディナータイムが18～21時。高級店のなかにはディナー営業だけや、予約が必須のところもあるので確認を。観光や買い物が忙しく、きちんとした時間に食事がとれない場合は、朝から夜まで終日オープンの店を利用するのがベスト。

●服装とマナー

普通の店では特に服装を気にする必要はないが、高級レストランでは、ビーチサンダル履きや短パンにTシャツといった服装での入店は断られることもある。女性はワンピース、男性は長ズボンと襟の付いたシャツにジャケットを着用するなどのドレスコードがある。ただし、ハワイの正装であるアロハシャツやムームーはOK。

●チップ

レストランでのチップは15～20%が相場。サービスが悪ければ減らし、すごくよければはずんでもいい。高級店では20%以上のチップを置く人もいる。日本人の多いワイキキ中心部にあるレストランでは、あらかじめチップを加えた料金を請求している場合もある。その場合は払う必要がないので、レシートを確認してみよう。

[アクティビティ]

●ビーチでの注意点

公の場での飲酒は禁止されている。必ず禁止事項が書かれた看板があるので、よく読んでおこう。ごみのポイ捨てはもちろん、施設のない場所でのBBQや焚き火も禁止。また、波の状態にも注意が必要。ショア・ブレイクとよばれ予測不能な大波が波打ち際で崩れ、その波に巻き込まれることがあるので、油断しないように。

●マリンアクティビティ

必要以上に怖がることはないが、危険が伴うスポーツであることをまず自覚しよう。言葉に不安がある人は、日本語OKのスクールを選ぶと安心。波の状態を当日しっかり調べておくのも重要だ。

●ゴルフ

ハワイでゴルフをする際の注意点は、日焼けと水分補給。また、日本と違いハワイのゴルフはとてもカジュアル。キャディは同行せず、電動カートで移動するのが基本。

[ホテル]

●チェックイン／チェックアウト

チェックインは15時以降、チェックアウトは11時が一般的。ただし、日本の旅行者は、フライトの関係で午前中にホテルへ到着するケースが多いため、まずはホテルへ直行しチェックインできるかフロントで確認してみよう。

●客室の種類

一般的に海が見える角部屋で、上層階ほど料金が高くなる。海側の客室にも3種類あり、ビーチとの間に遮るものがなく海が一望できるオーシャンフロント、多少ビーチから離れていても客室からほぼ一面に海が見えるオーシャンビュー、客室またはラナイから一部海が望めるパーシャル・オーシャンビューがある。ほかにも山や庭に面した客室のカテゴリーもある。

●ホテルでのチップ

荷物を客室まで運んでくれた場合は、1つの荷物につき$2～3程度を渡すのが一般的。ハウスキーピングへは$2～3程度を毎朝ベッドサイドに置いておくのがよい。

[税金]

○食事や買い物などには、4.712%の州税が加算される。宿泊費は、州税に加え宿泊税10.25%（オアフ島の場合13.25%）が付加され、合計14.962%（オアフ島の場合17.962%）の税が加算される。さらに高級ホテルは、リゾートチャージが加算される場合が多い。

旅行中は慣れない場面も多いので子どもから目を離さないようにしましょう。また16歳未満の未成年は、保護者の同行がなければ22時～翌4時の間に外出することはできない。

トラブル対処法

凶悪犯罪は少ないが、窃盗、スリ、置き引きなどの軽犯罪は多い。警戒心が薄く、被害届を出さない傾向にある日本人は狙われやすいので注意しよう。また、食事が合わなかったり、不慣れな環境で体調を崩したりしやすいので気をつけて。トラブルが発生しても落ち着いて対処しよう。

●病気になったら

病気がひどくなったら、ためらわずに病院へ。救急車を呼ぶときは☎911(警察・消防も同じ番号)。ホテルならフロントに連絡をすれば、医師の手配をしてくれる。保険に加入している場合は、現地の日本語救急デスクへ連絡すると提携病院を紹介してくれる。また、普段から使い慣れた薬を持参しておくと安心。

●盗難・紛失の場合

〇パスポート
パスポートを紛失した場合は、まず警察に届けを出してポリスレポートを発行してもらう。そして日本国総領事館にてパスポートの失効手続きを行い、新規発給か帰国のための渡航書を申請しなければならない。

〇カード
カード会社の緊急電話窓口に連絡し、利用停止手続きを。万が一に備え、カード番号と有効期限、緊急電話番号は事前に控えて、カードとは別に保管しておこう。

●トラブル事例集

〇ホテルで食事をしている際(特にビュッフェ形式)、椅子や机の上に置いておいたバッグが置き引き被害に遭った。
⇒ホテル、ビーチ、ショップ、レストランなどでは絶対に手荷物から目を離さないこと。特にレストランでは椅子の背にかけるバッグや上着にも注意。

〇レンタカーの座席に貴重品や買ったばかりのブランド品などを置いていたところ、窓ガラスを割られ車上荒しの被害に遭った。また、トランクを開けられ、中の荷物を盗まれた。
⇒車を駐車する場合は、例えわずかな時間であっても貴重品を車内(トランク内を含む)に残さない。

〇ホテルの自室に鍵を開けて入ろうとしたところ、後ろから来た犯人に室内に押し込まれ強盗被害に遭った。
⇒部屋に入る際は、周りに不審者がいないかどうか、一度確認してからドアを開けること。

外務省 海外安全情報配信サービス「たびレジ」に登録しよう

「たびレジ」とは、外務省から最新の安全情報を日本語で受信できる海外安全情報無料配信サービス。旅行前に登録すれば、渡航先の最新安全情報や緊急時の現地大使館・総領事館からの安否確認、必要な支援を受けることができる。

URL www.ezairyu.mofa.go.jp/index.html

注意事項 道路横断中にスマートフォンを使用する「歩きスマホ」は条例で禁止されている。違反すると＄15～35の罰金が科されるので注意。

旅の便利帳

［ホノルル］

●在ホノルル日本国総領事館
㊟1742 Nuuanu Ave.
☎808-543-3111
㊕8～12時、13～16時
（窓口申請受付8時～11時30分、
13時～15時30分）
㊡土・日曜、祝日、休館日
URL www.honolulu.us.emb-japan.go.jp
付録MAP●P6A2

●病院
ストラウブ・メディカル・センター
（ドクター・オン・コール）
㊟2255 Kalakaua Ave.
Ⓗシェラトン・ワイキキ マノア・ウィング
☎808-971-6000（日本語） ㊕10～20時
㊡なし 付録MAP●P8B4

［緊急連絡先］

●警察・消防・救急車 ☎911
●カード会社緊急連絡先
24時間対応
JCB紛失盗難受付デスク
☎1-800-606-8871（トールフリー）
Visaグローバル・カスタマー・アシスタンス・サービス
☎1-866-670-0955（トールフリー）
アメリカン・エキスプレス グローバル・ホットライン
☎1-800-766-0106（トールフリー）
マスターカード グローバル・サービス
☎1-800-307-7309（トールフリー）

［最新情報はこちら］

●米国CDCホームページ（英語）
URL www.cdc.gov

●外務省海外安全ホームページ
URL www.anzen.mofa.go.jp/covid19/pdfhistory_world.html

●Visit Japan Web
URL vjw-lp.digital.go.jp/ja/

［日本］

●在日大使館と領事館
在日米国大使館と領事館
㊟東京都港区赤坂1-10-5
☎050-5533-2737
（ビザ申請サービス・コールセンター）
㊕10～18時
㊡土・日曜、日本・米国の休日
URL jp.usembassy.gov/ja/

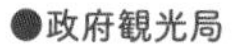

●政府観光局
・ハワイ州観光局
URL www.allhawaii.jp/

●主要空港
・成田国際空港
インフォメーション
☎0476-34-8000
URL www.narita-airport.jp/jp

・東京国際空港（羽田空港）
ターミナルインフォメーション
☎03-5757-8111（国際線）
URL tokyo-haneda.com

・関西国際空港案内所
☎072-455-2500
URL www.kansai-airport.or.jp

・セントレアテレホンセンター
（中部国際空港）
☎0569-38-1195
URL www.centrair.jp

持ち物LIST♥♥

手荷物に入れるもの

- □ **パスポート**
- □ **携帯電話**
- □ **筆記用具・メモ帳**
- □ **航空券**（eチケット）
- □ **ティッシュ・ハンカチ**
- □ **財布**（クレジットカード・現金）
- □ **コスメ類**
- □ **Wi-Fiルーター**
- □ **ガイドブック**
- □ **ストール・マスク**
- □ **カメラ**
- □ **予備バッテリー**

※液体物やクリーム類は100㎖以下の個々の容器に入っていること。ジッパー付透明袋にまとめて持ち込む→P126

スーツケースに入れるもの

- □ **着替え・下着類**
- □ **歯磨きセット**
- □ **コンタクトレンズ**
- □ **めがね**
- □ **コスメ類**
- □ **日焼け止め**
- □ **スリッパ**
- □ **常備薬**
- □ **虫よけスプレー**
- □ **生理用品**
- □ **プラグ変換機**
- □ **雨具**
- □ **水着**
- □ **サングラス**
- □ **靴**（ビーチサンダルなど）
- □ **帽子**
- □ **バスセット**（洗顔料・シャンプーなど）
- □ **折りたたみ式サブバッグ**

あると便利！女子旅グッズ

旅先でも快適生活をキープ

- □ **タオル**（割れ物を包むのにも便利♪）
- □ **ブラシ・くし・ヘアゴム**（ホテルにないことも！）
- □ **ビニール袋**（着用済みの衣類を入れるなど）
- □ **機内用トラベル枕**（長時間のフライトに）
- □ **入浴剤**（旅の疲れはその日のうちに）
- □ **除菌ウェットティッシュ**（おしぼりは出ないところが多い）
- □ **絆創膏**（靴ずれ対策に）

MEMO

パスポートNo.

パスポートの発行日　　年　　月　　日

パスポートの有効期限　　年　　月　　日

宿泊先の住所

フライトNo（行き）

フライトNo（帰り）

出発日　　年　　月　　日

帰国日　　年　　月　　日

Honolulu index

リラクゼーション

ホテル

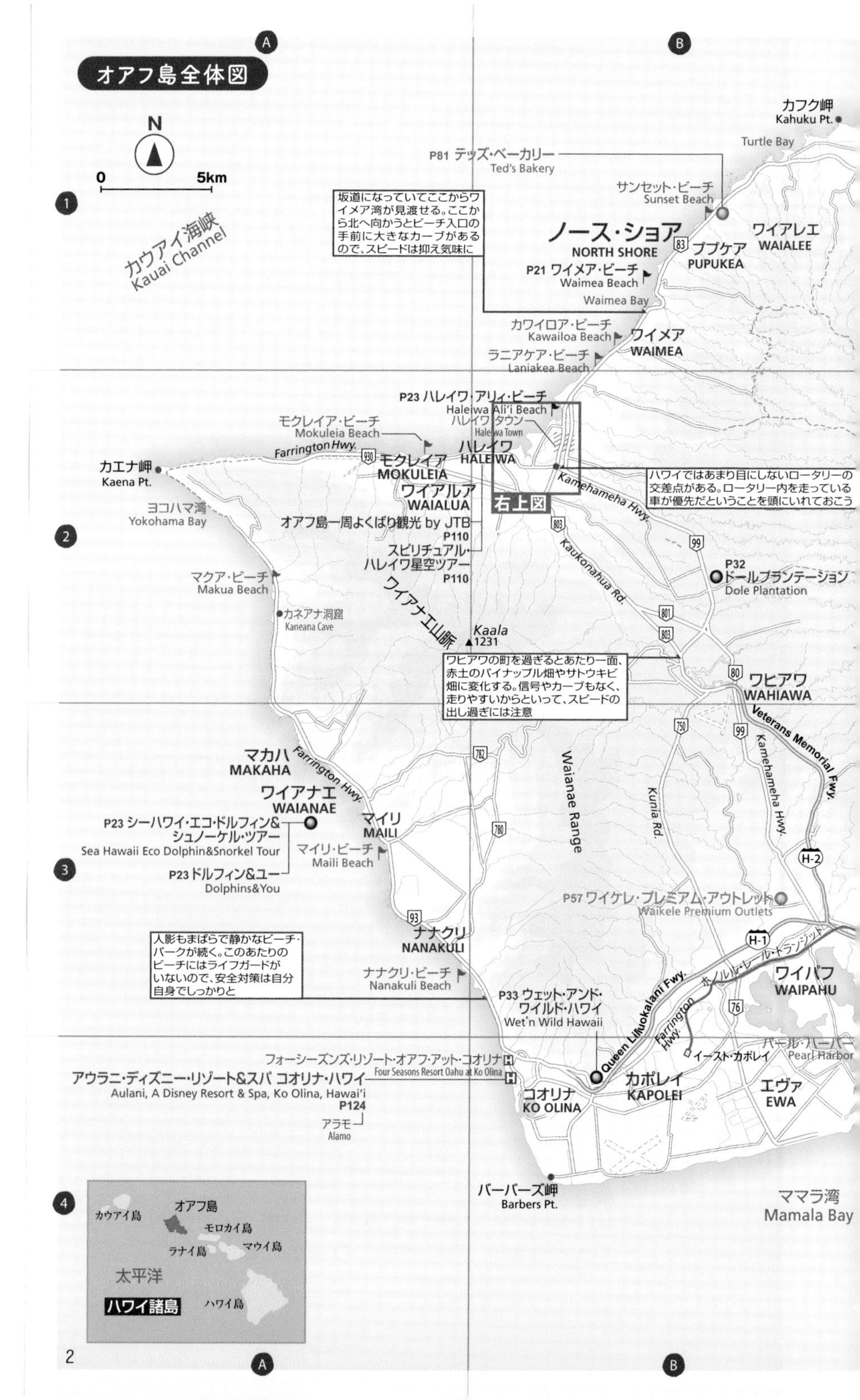

オアフ島全体図
N
0
5km
A
B
1
2
3
4
カフク岬
Kahuku Pt.
Turtle Bay
P81 テッズ・ベーカリー
Ted's Bakery
サンセット・ビーチ
Sunset Beach
坂道になっていてここからワイメア湾が見渡せる。ここから北へ向かうとビーチ入口の手前に大きなカーブがあるので、スピードは抑え気味に
カウアイ海峡
Kauai Channel
ノース・ショア
NORTH SHORE
ワイアレエ
WAIALEE
ププケア
PUPUKEA
P21 ワイメア・ビーチ
Waimea Beach
Waimea Bay
カワイロア・ビーチ
Kawailoa Beach
ワイメア
WAIMEA
ラニアケア・ビーチ
Laniakea Beach
P23 ハレイワ・アリィ・ビーチ
Haleiwa Ali'i Beach
ハレイワ・タウン
Haleiwa Town
モクレイア・ビーチ
Mokuleia Beach
Farrington Hwy.
ハレイワ
HALEIWA
カエナ岬
Kaena Pt.
モクレイア
MOKULEIA
ワイアルア
WAIALUA
Kamehameha Hwy.
ハワイではあまり目にしないロータリーの交差点がある。ロータリー内を走っている車が優先だということを頭にいれておこう
右上図
ヨコハマ湾
Yokohama Bay
オアフ島一周よくばり観光 by JTB
P110
スピリチュアル・ハレイワ星空ツアー
P110
Kaukonahua Rd.
P32
ドールプランテーション
Dole Plantation
マクア・ビーチ
Makua Beach
ワイアナエ山脈
カネアナ洞窟
Kaneana Cave
Kaala
1231
ワヒアワの町を過ぎるとあたり一面、赤土のパイナップル畑やサトウキビ畑に変化する。信号やカーブもなく、走りやすいからといって、スピードの出し過ぎには注意
ワヒアワ
WAHIAWA
Veterans Memorial Fwy.
マカハ
MAKAHA
Farrington Hwy.
Waianae Range
Kunia Rd.
Kamehameha Hwy.
ワイアナエ
WAIANAE
P23 シーハワイ・エコ・ドルフィン&シュノーケル・ツアー
Sea Hawaii Eco Dolphin&Snorkel Tour
マイリ
MAILI
マイリ・ビーチ
Maili Beach
P23 ドルフィン&ユー
Dolphins&You
H-2
P57 ワイケレ・プレミアム・アウトレット
Waikele Premium Outlets
ナナクリ
NANAKULI
H-1
ホノルル・レール・トランジット
人影もまばらで静かなビーチ・パークが続く。このあたりのビーチにはライフガードがいないので、安全対策は自分自身でしっかりと
ナナクリ・ビーチ
Nanakuli Beach
ワイパフ
WAIPAHU
P33 ウェット・アンド・ワイルド・ハワイ
Wet'n Wild Hawaii
Queen Liliuokalani Fwy.
Farrington Hwy.
イースト・カポレイ
パール・ハーバー
Pearl Harbor
フォーシーズンズ・リゾート・オアフ・アット・コオリナ
Four Seasons Resort Oahu at Ko Olina
アウラニ・ディズニー・リゾート&スパ コオリナ・ハワイ
Aulani, A Disney Resort & Spa, Ko Olina, Hawai'i
P124
アラモ
Alamo
コオリナ
KO OLINA
カポレイ
KAPOLEI
エヴァ
EWA
バーバーズ岬
Barbers Pt.
ママラ湾
Mamala Bay
カウアイ島
オアフ島
モロカイ島
ラナイ島
マウイ島
太平洋
ハワイ諸島
ハワイ島

ハレイワ
P121 ハレイワ・ボウルズ
Haleiwa Bowls
P120 サーフ・アンド・シー
Surf'n Sea
P23 ハレイワ・アリィ・ビーチ
Haleiwa Ali'i Beach
ハレイワ・アリィビーチ・パーク
レイズ・キアヴェ・ブロイルド・チキン P121
Ray's Kiawe Broiled Chicken
ワイアルア湾
Waialua Bay
P120 ハレイワ・ストア・ロッツ
Haleiwa Store Lots
P120 カイ・ク・ハレ
Kai Ku Hale
カイアカ・ベイ ビーチ・パーク
ハレイワ・タウン・センター
P101 ノースショア・ソープファクトリー
North Shore Soap Factory
P81 マツモト・シェイブアイス
Matsumoto Shave Ice
ワイアルア・ベーカリー
Waialua Bakery
P121
P121 カフェ・ハレイワ
Cafe Haleiwa
カイアカ湾
プウイキ墓地
Cane Haul Rd.
Haleiwa Rd.
Kamehameha Hwy.
Joseph P. Leong Hwy.
P121 ノースショア・クレープ・カフェ
Northshore Crepes Cafe
ワイアウラ ディストリクト・パーク
Waialua Beach Rd.
ノースショア・マーケットプレイス
North Shore Marketplace
P121 コーヒー・ギャラリー
Coffee Gallery
Goodale Ave.
N
0
500m
フク
AHUKU
フキラウ・マーケットプレイス P33
Hukilau Marketplace
P32 ポリネシア・カルチャー・センター
Polynesian Cultural Center
ライエ LAIE
ハウウラ
HAUULA
カメハメハ・ハイウェイ
Kamehameha Hwy.
プナルウ
PUNALUU
83号線が走るオアフ島東海岸からノース・ショアにかけては、海だけではなくコオラウ山脈の風景美も堪能できるシーサイド・ドライブ・コース。
途中、単調な道も続くので、居眠り運転に注意
コオラウ山脈
Koolau Range
カハナ
KAHANA
カアアワ
KAAAWA
クアロア牧場アクティビティー乗馬パッケージ P110
クアロア・ランチ P33
Kualoa Ranch Hawaii
太平洋
Pacific Ocean
ワイカネ
WAIKANE
別冊P4-5
83
カハルウ
KAHALUU
830
カネオヘ湾
Kaneohe Bay
アフイマヌ
AHUIMANU
ヘエイア
HEEIA
Kahekili Hwy.
モカプ半島
Mokapu Peninsula
カイルア・カヤック・アドベンチャーツアー2時間ガイド付き P110
カネオヘ
KANEOHE
H-3
カイルア
KAILUA
カイルア・ビーチ
Kailua Beach
ラニカイ・ビーチ P21
Lanikai Beach
カイヴァ・リッジ・トレイル P24
Kaiwa Ridge Trail
John A Burns Fwy.
Kailua Rd.
61
Aloha Stadium
アロハ・スタジアム
Aloha Stadium
Likelike Hwy.
リケリケ・ハイウェイ
パリ・ハイウェイ
Pali Hwy.
ヌアヌ・パリ展望台
Nuuanu Pali Lookout
H-1
Honolulu Rail Transit（建設中）
Moanalua Fwy.
63
マノア・フォールズ
Manoa Falls
ワイマナロ
WAIMANALO
Kalanianaole Hwy.
ワイマナロ・ビーチ
Waimanalo Beach
ダニエル・K・イノウエ国際空港
Daniel K Inouye International Airport
パンチボウル
Punchbowl
Keehi Lagoon
92
ホノルル
HONOLULU
マカプウ・ビーチ
Makapuu Beach
P22 シーライフ・パーク・ハワイ
Sea Life Park Hawaii
マカプウ岬
Makapuu Pt.
72
アラ・モアナ
ALA MOANA
Lunalilo Fwy.
ハワイ・カイ
HAWAII KAI
サンディ・ビーチ
Sandy Beach
ハロナ潮吹き穴
Halona Blowhole
ダイヤモンド・ヘッド
Diamond Head
カラニアナオレ・ハイウェイ
ワイキキ
WAIKIKI
マウナルア湾
Maunalua Bay
ハナウマ湾 P20
Hanauma Bay
C
D
1
2
3
4

オアフ島南東部/カイルア
N
0 2km
周辺図は
別冊P2-3参照
クアロアへ
アフイマヌ
AHUIMANU
カハルウ
KAHALUU
ヘエイア
HEEIA
平等院
Byodo-In Temple
Kahekili Hwy.
ワイマル
Waimalu
ワイケレへ
P35 ケアイワ・ヘイアウ
Keaiwa Heiau
EXIT 10
H-1
パール・カントリー・クラブ
Pearl Country Club
パールリッジ・センター
Pearlridge Center
Honolulu Rail Transit
ホノルル・レール・トランジット
John A Burns Fwy.
H-3
EXIT 9
ハラワ
HALAWA
East Loch
パール・ハーバー
Pearl Harbor
EXIT 13
Aloha Stadium
アロハ・スタジアム
Aloha Stadium
EXIT 1
Moanalua Fwy.
Likelike Hwy.
リケリケ・ハイウェイ
日立の樹
(この木なんの木)
フォード島
Ford Is.
パールハーバー国立記念館
アリゾナ記念館
戦艦ミズーリ記念館
真珠湾航空博物館
EXIT 2
モアナルア
MOANALUA
H-201
Salt Lake
モアナルア・ガーデンズ・パーク
Moanalua Gardens Park
EXIT 3
カリヒ・バレー
KALIHI VALLEY
パリ・ハイウェイ
Pali Hwy.
61
Queen Liliuokalani Fwy.
EXIT 15
EXIT 4
63
マノア・フォールズ
Manoa Falls
EXIT 16
EXIT 18
EXIT 19
Honolulu Rail Transit(建設中)
レイズ・カフェ P86
Ray's Cafe
P25 マノア・フォールズ・トレイル
Manoa Falls Trail
EXIT 20
N Nimitz Hwy.
日本国総領事館
タンタラスの丘(展望台)
Tantalus Lookout
パンチボウル
Punchbowl
ダニエル・K・イノウエ国際空港
Daniel K Inouye International Airport
EXIT 21
92
EXIT 22
EXIT 23
マノア
MANOA
ワイキキからホノルル空港へは、H-1(Lunalilo Fwy.)か92号線(Nimitz Hwy.)を利用する。急いでいる人はワイキキからすぐに H-1に乗ったほうが賢明。どちらも朝夕のラッシュ時はかなり渋滞する
ダウンタウン
DOWNTOWN
EXIT 24
Lunalilo Fwy.
ホノルル
HONOLULU
Ala Moana
アラ・モアナ
ALA MOANA
EXIT 25
ワイキキ・ショッピング・プラザ
ワイキキ
WAIKIKI
ママラ湾
Mamala Bay
ダイヤモンド・ヘッド
Diamond Head
P4
オアフ島南東部
P6
ホノルル
83
830

カイルア
ビートボックス・カフェ・カイルア P118
The Beet Box Cafe Kailua
カイルア湾
アリィ・アンティークス
Ali'i Antiques
P66
ウアヒ・アイランド・グリル P78
Uahi Island Grill
ミューズ・カイルア P119
MUSE Kailua
カイルア・タウン・ファーマーズ・マーケット P118
Kailua Town Farmers' Market
P119
ブルー ラニ ハワイ
Blue Lani Hawaii
モケズ・ブレッド&ブレックファスト P119
Moke's Bread & Breakfast
P118
オリーブ・ブティック
Olive Boutique
ホールフーズ・マーケット
Whole Foods Market
カイルア ショッピングセンター
ラニカイ・バス&ボディ P100
Lanikai Bath & Body
アイランドスノー P118
Island Snow
P39 ローレン・ロス・アート
Lauren Roth Art
P38 ビキニバード
Bikinibird
ソーハ・リビング・カイルア P119
Soha Living Kailua
P39
ニック・カッチャー・アート&デザイン
Nick Kucher Art & Design Co.
カイルア・タウンセンター
天使の海ピクニック・セイル P110
サンドバー P20
Sandbar
カネオヘ湾
Kaneohe Bay
モカプ半島
Mokapu Peninsula
カイルア湾
Kailua Bay
カイルア・ビーチへはカワイヌイ川を渡ってスーパーマーケットを越えたらKailua Rd.を右折。後は道に沿って進むのみ
右上図
カイルア
KAILUA
カイルア・カヤック・アドベンチャーツアー2時間ガイド付き P19、110
カイルア・ビーチ
Kailua Beach
カイルア・ショッピングセンター
Kailua Shopping Center
ラニカイ・ビーチ P21
Lanikai Beach
ラニカイ・ビーチに沿ったモクルア・ドライブ沿いには高級住宅街が並ぶ。付近には駐車場がないので、散策する際はカイルア・ビーチに停めるのがよい
カネオヘへ
KANEOHE
カイヴァ・リッジ・トレイル P24
Kaiwa Ridge Trail
ブーツ&キモズ P119
Boots & Kimo's
眼下にカイルアの町並みやオロマナ・ゴルフ・リンクスが見渡せる。ここからカイルアへの分岐点まで約5分。突き当たりを右折すればカイルアの町、左折すればヌアヌ・パリ展望台へ
ヌアヌ・パリ展望台
Nuuanu Pali Lookout
ヌアヌ・パリ展望台近くの急カーブが続くこの付近は、見通しもあまりよくないため、交通事故多発エリアとなっている。運転する際は細心の注意を払おう。また、このあたりで一瞬だけカネオヘ湾が一望できる箇所があるので要チェック
ベロウズ・フィールド・ビーチ
Bellows Field Beach
ワイマナロ湾
Waimanalo Bay
ワイキキからカイルアへ抜ける最短コースがパリ・ハイウェイ。途中にはヌアヌ・パリ展望台やクイーン・エマ・サマー・パレスなどの見どころもある。カイルアからの帰り道として利用すれば、ワイキキより西側へ出るので、アラモアナ周辺でショッピングや食事を楽しんでから戻るのもおすすめ
ワイマナロ
WAIMANALO
ワイマナロ・ベイ・ビーチ
Waimanalo Bay Beach
カウポ・ビーチ
Kaupo Beach
マカプウ・ビーチ
Makapuu Beach
シーライフパーク
P22 シーライフ・パーク・ハワイ
Sea Life Park Hawaii
マカプウ岬
Makapuu Pt.
ライトハウス(灯台)
P25
マカプウ・ライトハウス・トレイル
Makapuu Lighthouse Trail
別冊P6-7
ハワイ・カイ・ゴルフコース
Hawaii Kai Golf Course
ハワイ・カイ
HAWAII KAI
サンディ・ビーチ
Sandy Beach
ハロナ・ブロー・ホール
ハロナ潮吹き穴
Halona Blowhole
カラニアナオレ・ハイウェイ
Kalanianaole Hwy.
ココ・マリーナ
カイウイ海峡
Kaiwi Channel
ワイアラエ・ビーチ
Waialae Beach
ハナウマ湾 P20
Hanauma Bay
マウナルア湾
Maunalua Bay
ワイキキトロリー 凡例
ブルーライン(東海岸周遊/ローカルグルメ)
ワイキキトロリーの停留所
※他のラインはP6-7

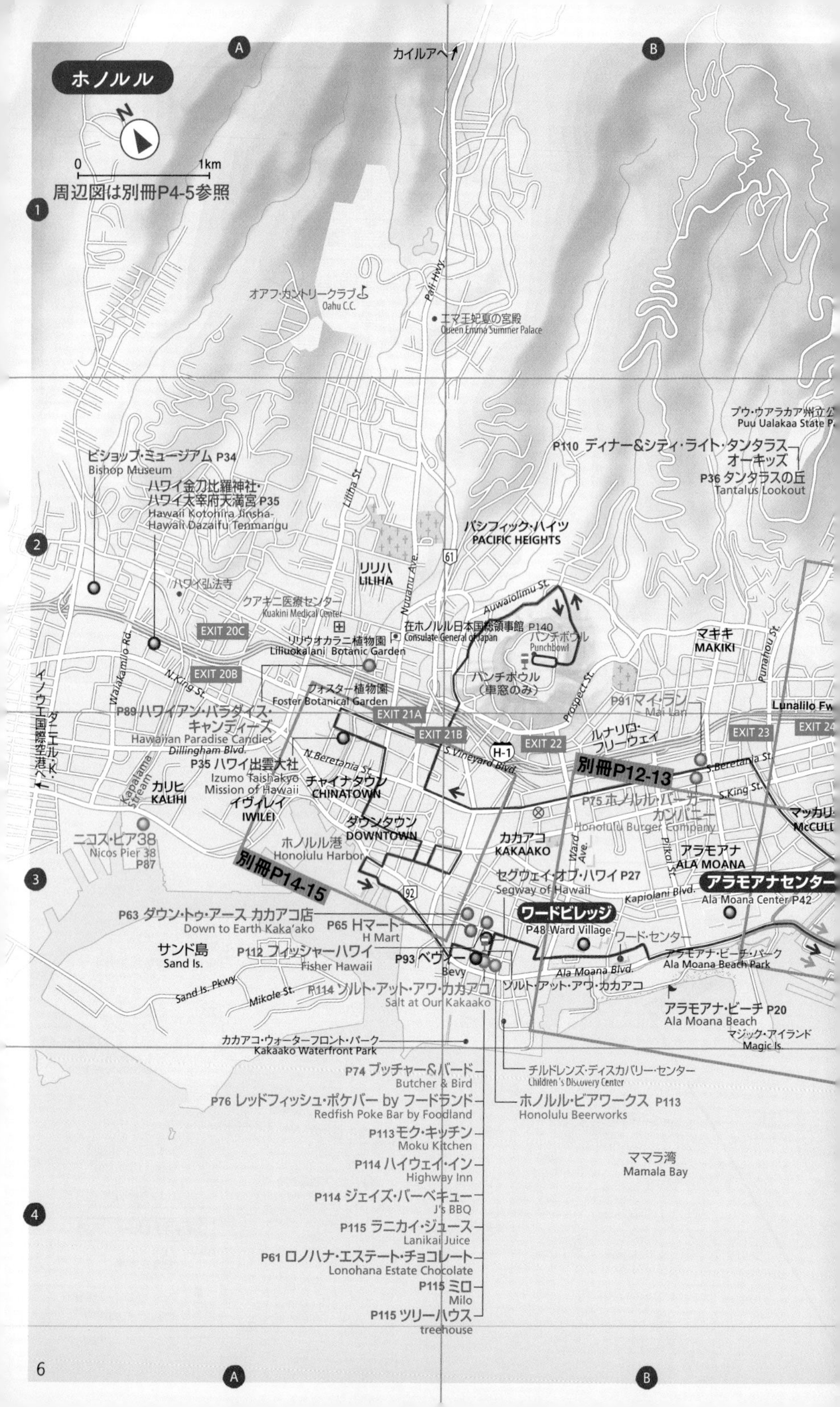

ホノルル
周辺図は別冊P4-5参照
カイルアへ
オアフ・カントリークラブ
Oahu C.C.
エマ王妃夏の宮殿
Queen Emma Summer Palace
Pali Hwy.
プウ・ウアラカア州立公
Puu Ualakaa State P
P110 ディナー&シティ・ライト・タンタラス・オーキッズ
P36 タンタラスの丘
Tantalus Lookout
ビショップ・ミュージアム P34
Bishop Museum
ハワイ金刀比羅神社・ハワイ太宰府天満宮 P35
Hawaii Kotohira Jinsha-Hawaii Dazaifu Tenmangu
パシフィック・ハイツ
PACIFIC HEIGHTS
リリハ
LILIHA
Liliha St.
Nuuanu Ave.
ハワイ弘法寺
クアキニ医療センター
Kuakini Medical Center
在ホノルル日本国総領事館
Consulate General of Japan
リリウオカラニ植物園
Liliuokalani Botanic Garden
P140 パンチボウル
Punchbowl
パンチボウル（車窓のみ）
Auwaiolimu St.
Prospect St.
マキキ
MAKIKI
Punahou St.
EXIT 20C
EXIT 20B
EXIT 21A
EXIT 21B
EXIT 22
EXIT 23
EXIT 24
Waiakamilo Rd.
N.King St.
フォスター植物園
Foster Botanical Garden
P91 マイ・ラン
Mai Lan
Lunalilo Fw
ルナリロ・フリーウェイ
ダニエル・K・イノウエ国際空港へ
P89 ハワイアン・パラダイス・キャンディーズ
Hawaiian Paradise Candies
Dillingham Blvd.
N.Beretania St.
S.Vineyard Blvd.
H-1
別冊P12-13
S.Beretania St.
S.King St.
P35 ハワイ出雲大社
Izumo Taishakyo Mission of Hawaii
チャイナタウン
CHINATOWN
カリヒ
KALIHI
Kapalama Stream
イヴィレイ
IWILEI
P75 ホノルル・バーガー・カンパニー
Honolulu Burger Company
マッカリ
McCULL
ニコス・ピア38
Nicos Pier 38
P87
ダウンタウン
DOWNTOWN
ホノルル港
Honolulu Harbor
カカアコ
KAKAAKO
Ward Ave.
Pikoi St.
アラモアナ
ALA MOANA
別冊P14-15
セグウェイ・オブ・ハワイ P27
Segway of Hawaii
アラモアナセンター
Kapiolani Blvd.
Ala Moana Center P42
P63 ダウン・トゥ・アース カカアコ店
Down to Earth Kaka'ako
ワードビレッジ
P48 Ward Village
P65 Hマート
H Mart
ワード・センター
サンド島
Sand Is.
P112 フィッシャーハワイ
Fisher Hawaii
P93 ベヴィー
Bevy
アラモアナ・ビーチ・パーク
Ala Moana Beach Park
Ala Moana Blvd.
Sand Is. Pkwy.
Mikole St.
P114 ソルト・アット・アワ・カカアコ
Salt at Our Kakaako
ソルト・アット・アワ・カカアコ
アラモアナ・ビーチ P20
Ala Moana Beach
マジック・アイランド
Magic Is.
カカアコ・ウォーターフロント・パーク
Kakaako Waterfront Park
P74 ブッチャー&バード
Butcher & Bird
チルドレンズ・ディスカバリー・センター
Children's Discovery Center
P76 レッドフィッシュ・ポケバー by フードランド
Redfish Poke Bar by Foodland
ホノルル・ビアワークス P113
Honolulu Beerworks
P113 モク・キッチン
Moku Kitchen
ママラ湾
Mamala Bay
P114 ハイウェイ・イン
Highway Inn
P114 ジェイズ・バーベキュー
J's BBQ
P115 ラニカイ・ジュース
Lanikai Juice
P61 ロノハナ・エステート・チョコレート
Lonohana Estate Chocolate
P115 ミロ
Milo
P115 ツリーハウス
treehouse

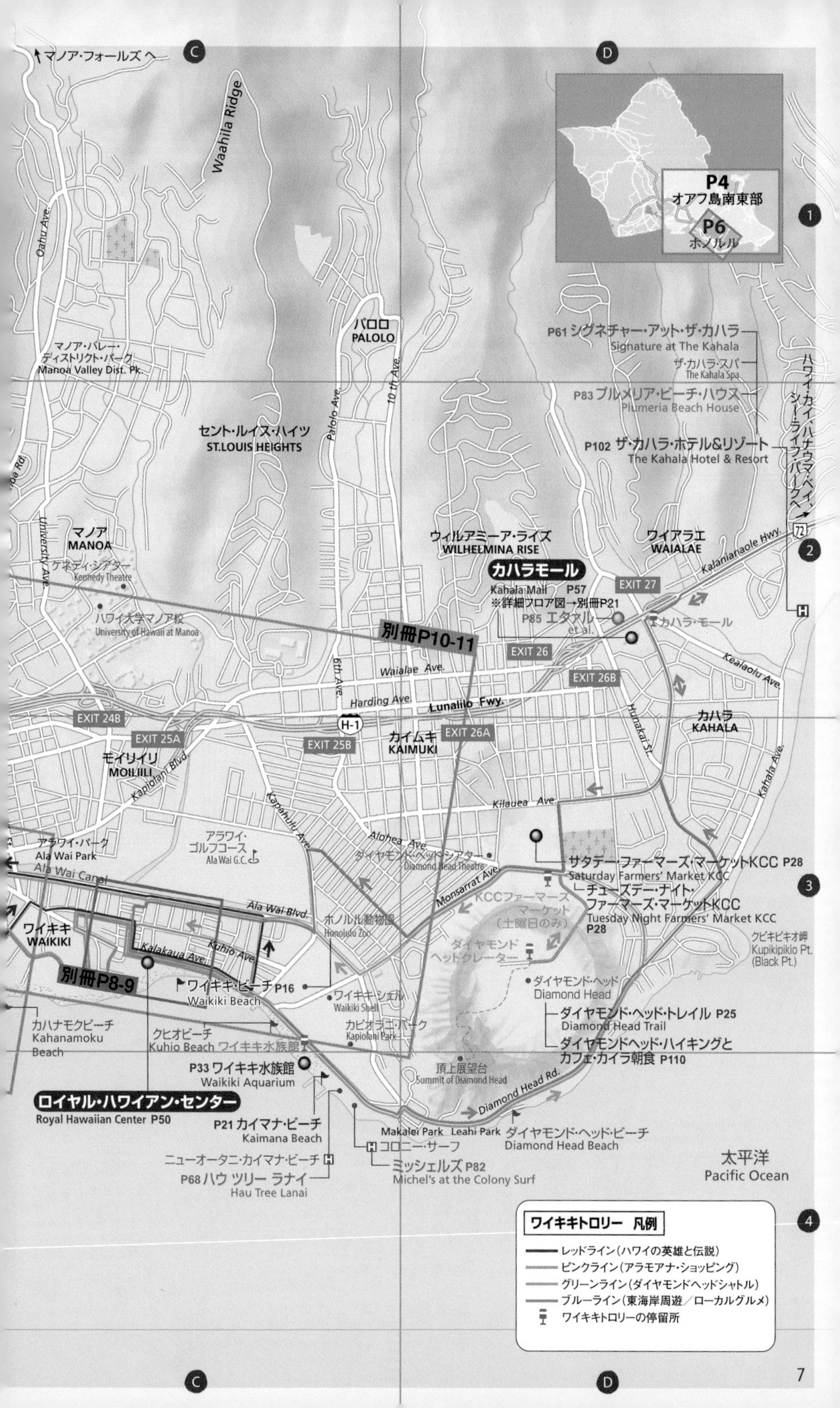

マノア・フォールズへ
Waahila Ridge
Oahu Ave.
P4
オアフ島南東部
P6
ホノルル
パロロ
PALOLO
10 th Ave.
Palolo Ave.
マノア・バレー・ディストリクト・パーク
Manoa Valley Dist. Pk.
セント・ルイス・ハイツ
ST.LOUIS HEIGHTS
P61 シグネチャー・アット・ザ・カハラ
Signature at The Kahala
ザ・カハラ・スパ
The Kahala Spa
P83 プルメリア・ビーチ・ハウス
Plumeria Beach House
P102 ザ・カハラ・ホテル&リゾート
The Kahala Hotel & Resort
ハワイ・カイ、ハナウマ・ベイ、シー・ライフ・パークへ
University Ave.
マノア
MANOA
ケネディ・シアター
Kennedy Theatre
ハワイ大学マノア校
University of Hawaii at Manoa
ウィルアミーア・ライズ
WILHELMINA RISE
ワイアラエ
WAIALAE
Kalanianaole Hwy.
72
カハラモール
Kahala Mall P57
※詳細フロア図→別冊P21
P85 エタアル
et al.
カハラ・モール
EXIT 27
EXIT 26
EXIT 26B
別冊P10-11
Waialae Ave.
Kealaolu Ave.
6th Ave.
Harding Ave.
Lunalilo Fwy.
Hunakai St.
H-1
EXIT 24B
EXIT 25A
EXIT 25B
EXIT 26A
カイムキ
KAIMUKI
カハラ
KAHALA
モイリイリ
MOILIILI
Kapiolani Blvd.
Kahala Ave.
Kapahulu Ave.
Kilauea Ave.
アラワイ・パーク
Ala Wai Park
アラワイ・ゴルフコース
Ala Wai G.C.
Alohea Ave.
ダイヤモンド・ヘッド・シアター
Diamond Head Theatre
サタデー・ファーマーズ・マーケットKCC P28
Saturday Farmers' Market KCC
Ala Wai Canal
Monsarrat Ave.
KCCファーマーズマーケット(土曜日のみ)
チューズデー・ナイト・ファーマーズ・マーケットKCC
Tuesday Night Farmers' Market KCC
P28
Ala Wai Blvd.
ホノルル動物園
Honolulu Zoo
ワイキキ
WAIKIKI
Kalakaua Ave.
Kuhio Ave.
ダイヤモンドヘッドクレーター
クピキピキオ岬
Kupikipikio Pt.
(Black Pt.)
別冊P8-9
ワイキキ・ビーチ P16
Waikiki Beach
ワイキキ・シェル
Waikiki Shell
ダイヤモンド・ヘッド
Diamond Head
ダイヤモンド・ヘッド・トレイル P25
Diamond Head Trail
カハナモクビーチ
Kahanamoku Beach
クヒオビーチ
Kuhio Beach
ワイキキ水族館
カピオラニ・パーク
Kapiolani Park
ダイヤモンドヘッド・ハイキングとカフェ・カイラ朝食 P110
P33 ワイキキ水族館
Waikiki Aquarium
頂上展望台
Summit of Diamond Head
Diamond Head Rd.
ロイヤル・ハワイアン・センター
Royal Hawaiian Center P50
P21 カイマナ・ビーチ
Kaimana Beach
Makalei Park
Leahi Park
ダイヤモンド・ヘッド・ビーチ
Diamond Head Beach
ニューオータニ・カイマナ・ビーチ
コロニー・サーフ
ミッシェルズ P82
Michel's at the Colony Surf
P68 ハウ ツリー ラナイ
Hau Tree Lanai
太平洋
Pacific Ocean
ワイキキトロリー 凡例
レッドライン(ハワイの英雄と伝説)
ピンクライン(アラモアナ・ショッピング)
グリーンライン(ダイヤモンドヘッドシャトル)
ブルーライン(東海岸周遊/ローカルグルメ)
ワイキキトロリーの停留所
C
D
1
2
3
4

ワイキキ中心部

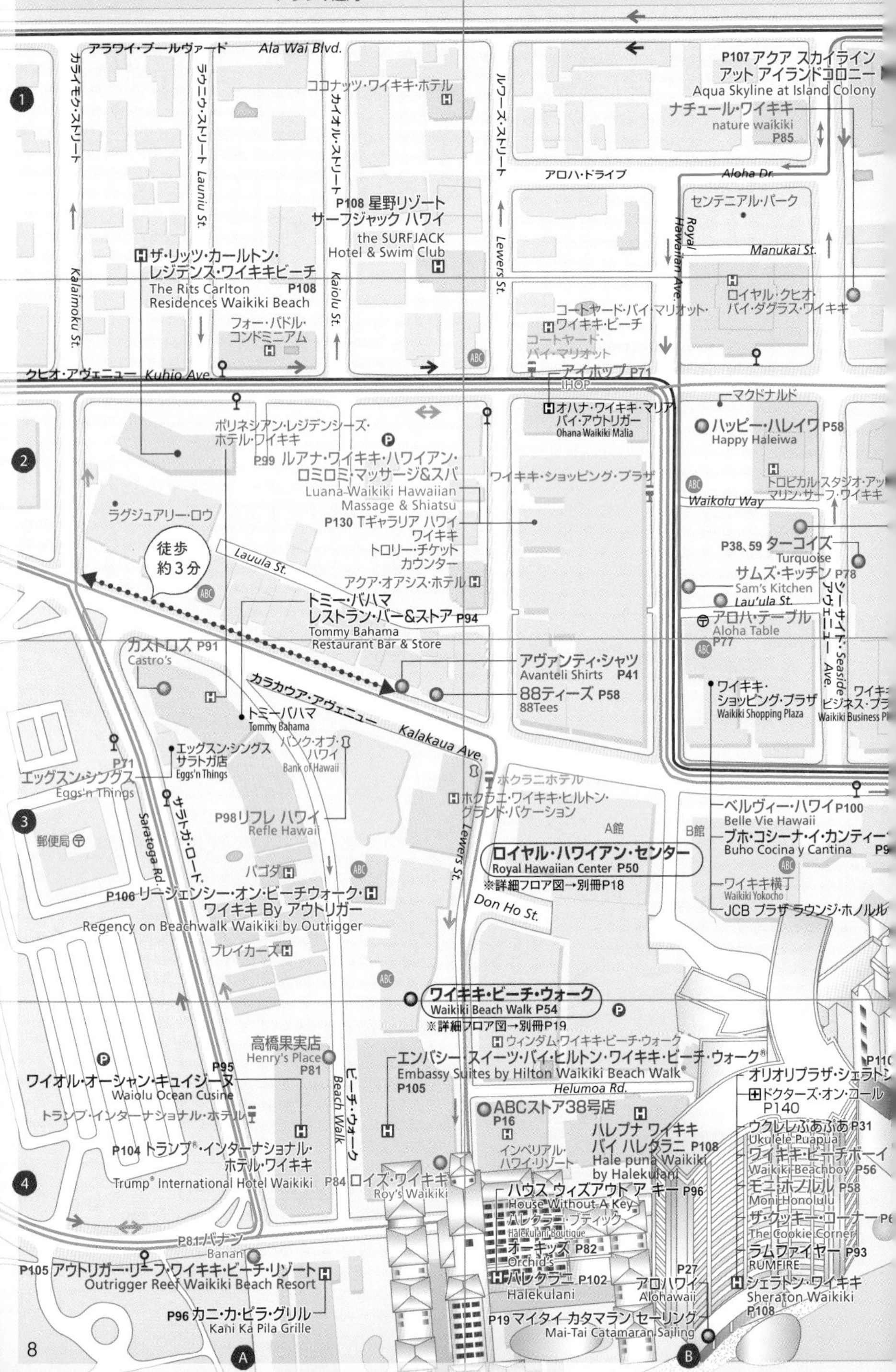

A
B
1
2
3
4
アラワイ運河
Ala Wai Canal
アラワイ・ブールヴァード
Ala Wai Blvd.
カライモク・ストリート
Kalaimoku St.
ラウニウ・ストリート
Launiu St.
カイオル・ストリート
Kaiolu St.
ルワーズ・ストリート
Lewers St.
ココナッツ・ワイキキ・ホテル
P107 アクア スカイライン アット アイランドコロニー
Aqua Skyline at Island Colony
ナチュール・ワイキキ
nature waikiki
P85
アロハ・ドライブ
Aloha Dr.
センテニアル・パーク
Royal Hawaiian Ave.
Manukai St.
ロイヤル・クヒオ・バイ・ダグラス・ワイキキ
P108 星野リゾート サーフジャック ハワイ
the SURFJACK Hotel & Swim Club
ザ・リッツ・カールトン・レジデンス・ワイキキビーチ
The Rits Carlton Residences Waikiki Beach
P108
フォー・パドル・コンドミニアム
コートヤード・バイ・マリオット・ワイキキ・ビーチ
コートヤード・バイ・マリオット
クヒオ・アヴェニュー
Kuhio Ave.
アイホップ P71
IHOP
マクドナルド
オハナ・ワイキキ・マリア バイ・アウトリガー
Ohana Waikiki Malia
ハッピー・ハレイワ P58
Happy Haleiwa
ポリネシアン・レジデンシーズ・ホテル・ワイキキ
P99 ルアナ・ワイキキ・ハワイアン・ロミロミ・マッサージ&スパ
Luana Waikiki Hawaiian Massage & Shiatsu
ワイキキ・ショッピング・プラザ
Waikolu Way
P130 Tギャラリア ハワイ ワイキキ
トロリー・チケット カウンター
ラグジュアリー・ロウ
徒歩 約3分
Lauula St.
アクア・オアシス・ホテル
P38、59 ターコイズ
Turquoise
サムズ・キッチン P78
Sam's Kitchen
Lau'ula St.
アロハ・テーブル
Aloha Table
P77
シーサイド・アヴェニュー
Seaside Ave.
トミー・バハマ レストラン・バー&ストア P94
Tommy Bahama Restaurant Bar & Store
カストロズ P91
Castro's
アヴァンティ・シャツ
Avanteli Shirts P41
88ティーズ P58
88Tees
ワイキキ・ショッピング・プラザ
Waikiki Shopping Plaza
カラカウア・アヴェニュー
Kalakaua Ave.
トミーバハマ
Tommy Bahama
エッグスン・シングス サラトガ店
Eggs'n Things
バンク・オブ・ハワイ
Bank of Hawaii
P71
エッグスン・シングス
Eggs'n Things
サラトガ・ロード
Saratoga Rd.
郵便局
P98 リフレ ハワイ
Refle Hawaii
ホクラニホテル
ホクラニ・ワイキキ・ヒルトン・グランド・バケーション
A館
B館
ロイヤル・ハワイアン・センター
Royal Hawaiian Center P50
※詳細フロア図→別冊P18
ベルヴィー・ハワイ P100
Belle Vie Hawaii
ブホ・コシーナ・イ・カンティーナ
Buho Cocina y Cantina
ワイキキ横丁
Waikiki Yokocho
JCB プラザ ラウンジ・ホノルル
パゴダ
P106 リージェンシー・オン・ビーチウォーク・ワイキキ By アウトリガー
Regency on Beachwalk Waikiki by Outrigger
Don Ho St.
ブレイカーズ
ワイキキ・ビーチ・ウォーク
Waikiki Beach Walk P54
※詳細フロア図→別冊P19
ウィンダム・ワイキキ・ビーチ・ウォーク
高橋果実店
Henry's Place
P81
ビーチ・ウォーク
Beach Walk
P95
ワイオル・オーシャン・キュイジーヌ
Waiolu Ocean Cusine
トランプ・インターナショナル・ホテル
エンバシー・スイーツ・バイ・ヒルトン・ワイキキ・ビーチ・ウォーク
Embassy Suites by Hilton Waikiki Beach Walk
P105
Helumoa Rd.
ABCストア38号店
P16
インペリアル・ハワイ・リゾート
ハレプナ ワイキキ バイ ハレクラニ P108
Hale puna Waikiki by Halekulani
オリオリプラザ・シェラトン
ドクターズ・オン・コール
P140
ウクレレぷあぷあ P31
Ukulele Puapua
ワイキキ・ビーチボーイ
Waikiki Beachboy P56
モニ・ホノルル P58
Moni Honolulu
ザ・クッキー・コーナー
The Cookie Corner
ラムファイヤー P93
RUMFIRE
P104 トランプ®・インターナショナル・ホテル・ワイキキ
Trump® International Hotel Waikiki
P84 ロイズ・ワイキキ
Roy's Waikiki
ハウス ウィズアウト ア キー P96
House Without A Key
ハレクラニ・ブティック
Halekulani Boutique
オーキッズ P82
Orchid's
ハレクラニ P102
Halekulani
P27
アロハワイ
Alohawaii
シェラトン・ワイキキ
Sheraton Waikiki
P108
P81 バナン
Banan
P105 アウトリガー・リーフ・ワイキキ・ビーチ・リゾート
Outrigger Reef Waikiki Beach Resort
P96 カニ・カ・ピラ・グリル
Kani Ka Pila Grille
P19 マイタイ カタマラン セーリング
Mai-Tai Catamaran Sailing

ホリデイ・サーフ
ワイキキ・ビーチ・コンドミニアム
イリマ
ホワイトサンズ
ノホナニ・ストリート Nohonani St.
ナフア・ストリート Nahua St.
ワリナ・ストリート Walina St.
アクア・アロハ・サーフ・ワイキキ
パール・ホテル・ワイキキ
カネカポレイ・ストリート Kanekapolei St.
ウェイフィンダー・ワイキキ
Kaiulani Ave. カイウラニ・アベニュー
Tusitala St.
ワイキキ・スカイタワー
Cleghorn St.
バサルト P70 Basalt
アクア オヒア ワイキキ
ノードストローム・ラック ワイキキ店 Nordstrom Rack
デュークス・レーン・マーケット&イータリー P79 Dukes Lane Market & Eatery
丸亀製麺
ヒルトン・ガーデン・イン・ワイキキビーチ
ワイキキマーケット
アロ・カフェ・ハワイ P88 ALO cafe Hawaii
パイプ・ホテル・ワイキキ
Kuhio Ave. クヒオ・アヴェニュー
ホノルア・サーフ・カンパニー P53 Honolua Surf Co.
ヘリンボーン P87 Herringbone
リリハ・ベーカリー P77 Liliha Bakery
スカイボックス・タップハウス P53 Skybox Taphouse
アンクル・シャーキイ・ポキ・バー P53 Uncle Sharkii Poke Bar
イーティング・ハウス 1849 P53 Eating House 1849 by Roy Yamaguchi
オハナ・ワイキキ・イースト・by アウトリガー
P105 ザ・レイロウ・オートグラフ・コレクション The Laylow, Autograph Collection
ハイアット・セントリック・ワイキキ・ビーチ
P95 ハイドアウト・アット・ザ・レイロウ Hideout at the Laylow
ヘブンリー・アイランド・ライフスタイル P73 Heavenly Island Lifestyle
バンブー・ワイキキ
アクア・パシフィック・モナーク Aqua Pacific Monarch
P79 むすびカフェいやす夢 Musubi Café Iyasume
プリンス・エドワード・ストリート Prince Edward St.
インターナショナル・マーケットプレイス International Market Place P52
シェラトン・プリンセス・カイウラニ Sheraton Princess Kaiulani
P72 カイ・フレッシュ Kai Fresh
P40 エンジェルズ・バイ・ザ・シー Angels by the Sea Hawaii
スカイワイキキ P94 SKY WAIKIKI
カイウラニ・アヴェニュー Kaiulani Ave.
コア・アヴェニュー Koa Ave.
Uluniu Ave.
アウトリガー・ワイキキ・ビーチコマー・ホテル P109 Outrigger Waikiki Beachcomber Hotel
Dukes Ln.
ABCストア37号店 ABC Store #37 P64
Kalakaua Ave. カラカウア・アヴェニュー
P103 モアナ サーフライダー ウェスティン リゾート&スパ Moana Surfrider, A Westin Resort & Spa
C館
アウトリガー・ワイキキ・ビーチ・リゾート Outrigger Waikikion Beach Resort
コーチ Coach
P61 コホ KOHO
P83・96 デュークス・ワイキキ Duke's Waikiki
P69 フラ・グリル Hula Grill
P73 サンライズ・シャック The Sunrise Shack
P56 ホノルル・コーヒー Honolulu Coffee
P69 ザ・ベランダ The Veranda
P56 モアナ・バイ・デザイン Moana by Design
P56 アロハコレクション Aloha Collection
P99 モアナラニ スパ～ヘブンリー スパ バイ ウェスティン Moana Lani Spa, A Heavenly Spa by Westin
ホノルル警察 ワイキキ分署 Honolulu Police Waikiki Beach
P104 ハイアット リージェンシー ワイキキ ビーチ リゾート アンド スパ Hyatt Regency Waikiki Beach Resort and Spa
プアレイラニ アトリウム ショップス P55 Pualeilani Atrium Shops
※詳細フロア図→別冊P19
P29 ワイキキ ファーマーズ マーケット Waikiki Farmers Market
P79 タッカー&ベヴィー・ピクニックフード Tucker & Bevvy Picnic Food
P110 ナ・ホオラ・スパ(ハワイアン・ロミロミ・マッサージ50分)
デューク・カハナモク像
ステージ Stage
デューク・カハナモク像 P16 Duke Kahanamoku Statue
ワイキキ・ビーチ P16 Waikiki Beach
P36 クヒオ・ビーチ・トーチ・ライティング&フラ・ショー Kuhio Beach Torch Lighting&Hula Show
ママラ湾 Mamala Bay
ロイヤル ハワイアン ラグジュアリー コレクション リゾート P103 The Royal Hawaiian, a Luxury Collection Resort
マイタイ バー P96 Mai Tai Bar
マリエ・オーガニクス P56 Malie Organics
TRHインスパイアード P66 TRH Inspired
サーフ ラナイ P68 Surf Lanai
アバサ ワイキキ スパ P98 Abhasa Waikiki Spa
ワイキキ・ビーチ・サービス P17 Waikiki Beach Services
周辺図は別冊P10-11参照
P10 マッカリー～カイムキ
ダウンタウン P14
P12 アラモアナ
P8 ワイキキ中心部
ザ・バス
主要バス停
ワイキキトロリー 凡例
レッドライン
ピンクライン
グリーンライン
ブルーライン
ワイキキトロリーの停留所
0 100m
N
C D 1 2 3 4

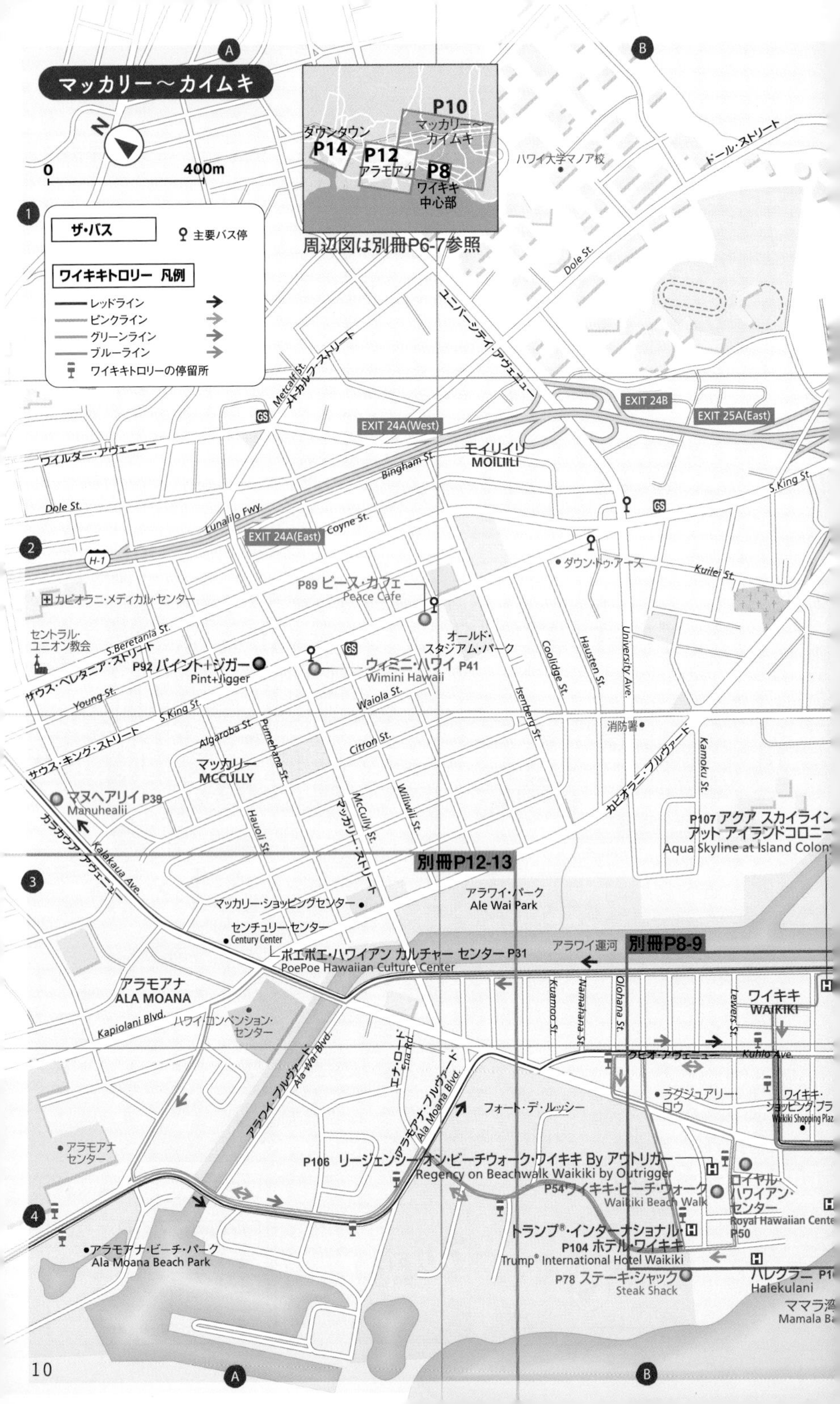
マッカリー～カイムキ
0
400m
ザ・バス
主要バス停
ワイキキトロリー 凡例
レッドライン
ピンクライン
グリーンライン
ブルーライン
ワイキキトロリーの停留所
P10
マッカリー～カイムキ
ダウンタウン
P14
P12
アラモアナ
P8
ワイキキ中心部
周辺図は別冊P6-7参照
ハワイ大学マノア校
ドール・ストリート
Dole St.
ユニバーシティ・アヴェニュー
メトカルフ・ストリート
Metcalf St.
EXIT 24B
EXIT 25A(East)
EXIT 24A(West)
ワイルダー・アヴェニュー
モイリイリ
MOILIILI
Bingham St.
S.King St.
Dole St.
Lunalilo Fwy.
Coyne St.
EXIT 24A(East)
H-1
ダウン・トゥ・アース
Kuilei St.
P89 ピース・カフェ
Peace Cafe
カピオラニ・メディカル・センター
セントラル・ユニオン教会
S.Beretania St.
サウス・ベレタニア・ストリート
P92 パイント+ジガー
Pint+Jigger
ウィミニ・ハワイ P41
Wimini Hawaii
オールド・スタジアム・パーク
Coolidge St.
Hausten St.
University Ave.
Isenberg St.
Young St.
Waiola St.
S.King St.
サウス・キング・ストリート
Algaroba St.
Citron St.
Pumehana St.
マッカリー
MCCULLY
消防署
カピオラニ・ブルヴァード
Kamoku St.
マヌヘアリイ P39
Manuhealii
カラカウア・アヴェニュー
Kalakaua Ave.
Hauoli St.
McCully St.
マッカリー・ストリート
Wiliwili St.
P107 アクア スカイライン アット アイランドコロニー
Aqua Skyline at Island Colony
別冊P12-13
マッカリー・ショッピングセンター
アラワイ・パーク
Ale Wai Park
センチュリー・センター
Century Center
ポエポエ・ハワイアン カルチャー センター P31
PoePoe Hawaiian Culture Center
アラワイ運河
別冊P8-9
アラモアナ
ALA MOANA
Kuamoo St.
Namahana St.
Olohana St.
Lewers St.
ワイキキ
WAIKIKI
Kapiolani Blvd.
ハワイ・コンベンション・センター
アラワイ・ブルヴァード
Ala Wai Blvd.
エナ・ロード
Ena Rd.
アラモアナ・ブルヴァード
Ala Moana Blvd.
クヒオ・アヴェニュー
Kuhio Ave.
ラグジュアリー・ロウ
ワイキキ・ショッピング・プラ
Waikiki Shopping Plaz
フォート・デ・ルッシー
アラモアナセンター
P106 リージェンシー・オン・ビーチウォーク・ワイキキ By アウトリガー
Regency on Beachwalk Waikiki by Outrigger
P54 ワイキキ・ビーチ・ウォーク
Waikiki Beach Walk
ロイヤル・ハワイアン・センター
Royal Hawaiian Cente
P50
トランプ®・インターナショナル・ホテル・ワイキキ
P104
Trump® International Hotel Waikiki
アラモアナ・ビーチ・パーク
Ala Moana Beach Park
P78 ステーキ・シャック
Steak Shack
ハレクラニ
Halekulani
ママラ湾
Mamala B

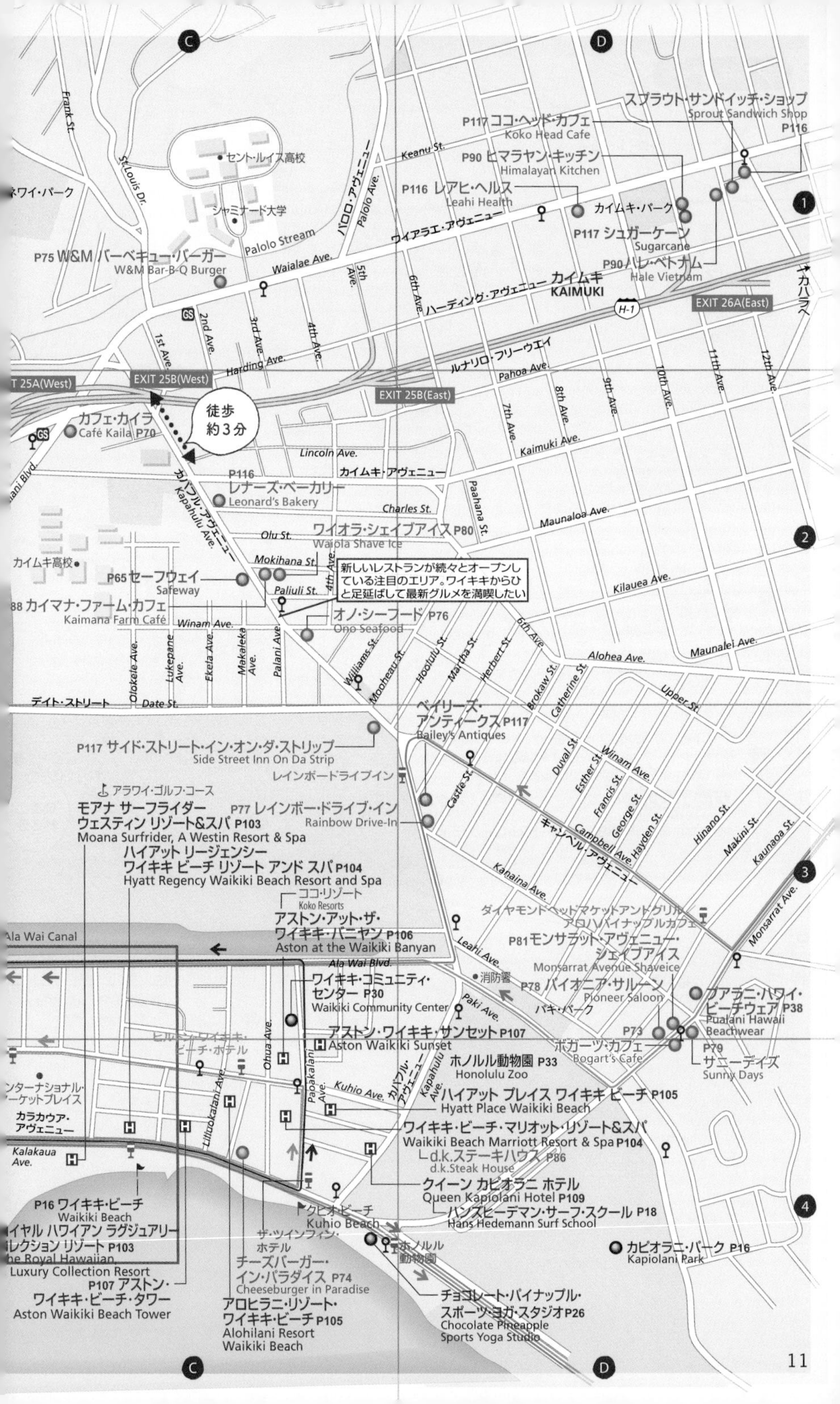

スプラウト・サンドイッチ・ショップ
Sprout Sandwich Shop
P116
P117 ココ・ヘッド・カフェ
Koko Head Cafe
P90 ヒマラヤン・キッチン
Himalayan Kitchen
P116 レアヒ・ヘルス
Leahi Health
カイムキ・パーク
P117 シュガーケーン
Sugarcane
P90 ハレ・ベトナム
Hale Vietnam
カイムキ
KAIMUKI
カハラへ
EXIT 26A(East)
セント・ルイス高校
シャミナード大学
Palolo Stream
P75 W&M バーベキュー・バーガー
W&M Bar-B-Q Burger
ネワイ・パーク
ワイアラエ・アヴェニュー
Waialae Ave.
パロロ・アヴェニュー
Palolo Ave.
ハーディング・アヴェニュー
Harding Ave.
ルナリロ・フリーウエイ
H-1
Keanu St.
Frank St.
St.Louis Dr.
EXIT 25A(West)
EXIT 25B(West)
EXIT 25B(East)
徒歩 約3分
カフェ・カイラ
Café Kaila P70
Lincoln Ave.
カイムキ・アヴェニュー
Kaimuki Ave.
P116 レナーズ・ベーカリー
Leonard's Bakery
カパフル・アヴェニュー
Kapahulu Ave.
Charles St.
Maunaloa Ave.
Paahana St.
ワイオラ・シェイブアイス P80
Waiola Shave Ice
Olu St.
Mokihana St.
カイムキ高校
P65 セーフウェイ
Safeway
88 カイマナ・ファーム・カフェ
Kaimana Farm Café
新しいレストランが続々とオープンしている注目のエリア。ワイキキからひと足延ばして最新グルメを満喫したい
Paliuli St.
オノ・シーフード P76
Ono Seafood
Winam Ave.
Kilauea Ave.
Maunalei Ave.
Alohea Ave.
Upper St.
デイト・ストリート
Date St.
ベイリーズ・アンティークス P117
Bailey's Antiques
P117 サイド・ストリート・イン・オン・ダ・ストリップ
Side Street Inn On Da Strip
レインボードライブイン
アラワイ・ゴルフ・コース
モアナ サーフライダー ウェスティン リゾート&スパ P103
Moana Surfrider, A Westin Resort & Spa
P77 レインボー・ドライブ・イン
Rainbow Drive-In
ハイアット リージェンシー ワイキキ ビーチ リゾート アンド スパ P104
Hyatt Regency Waikiki Beach Resort and Spa
ココ・リゾート
Koko Resorts
アストン・アット・ザ・ワイキキ・バニヤン P106
Aston at the Waikiki Banyan
キャンベル・アヴェニュー
Campbell Ave.
Kanaina Ave.
ダイヤモンドヘッドマケットアンドグリル
アロハパイナップルカフェ
P81 モンサラット・アヴェニュー・シェイブアイス
Monsarrat Avenue Shaveice
Monsarrat Ave.
Ala Wai Canal
Ala Wai Blvd.
ワイキキ・コミュニティ・センター P30
Waikiki Community Center
消防署
P78 パイオニア・サルーン
Pioneer Saloon
パキ・パーク
Paki Ave.
Leahi Ave.
プアラニ・ハワイ・ビーチウェア P38
Pualani Hawaii Beachwear
アストン・ワイキキ・サンセット P107
Aston Waikiki Sunset
ヒルトン・ワイキキ・ビーチ・ホテル
P73
ボガーツ・カフェ
Bogart's Cafe
P79 サニーデイズ
Sunny Days
ホノルル動物園 P33
Honolulu Zoo
ンターナショナル・マーケットプレイス
カラカウア・アヴェニュー
Kalakaua Ave.
Kuhio Ave.
ハイアット プレイス ワイキキ ビーチ P105
Hyatt Place Waikiki Beach
ワイキキ・ビーチ・マリオット・リゾート&スパ
Waikiki Beach Marriott Resort & Spa P104
d.k.ステーキハウス P86
d.k.Steak House
クイーン カピオラニ ホテル
Queen Kapiolani Hotel P109
ハンズヒーデマン・サーフ・スクール P18
Hans Hedemann Surf School
P16 ワイキキ・ビーチ
Waikiki Beach
クヒオビーチ
Kuhio Beach
イヤル ハワイアン ラグジュアリー レクション リゾート P103
he Royal Hawaiian, Luxury Collection Resort
ザ・ツインフィン・ホテル
ホノルル動物園
カピオラニ・パーク P16
Kapiolani Park
P107 アストン・ワイキキ・ビーチ・タワー
Aston Waikiki Beach Tower
チーズバーガー・イン・パラダイス P74
Cheeseburger in Paradise
アロヒラニ・リゾート・ワイキキ・ビーチ P105
Alohilani Resort Waikiki Beach
チョコレート・パイナップル・スポーツ・ヨガ・スタジオ P26
Chocolate Pineapple Sports Yoga Studio

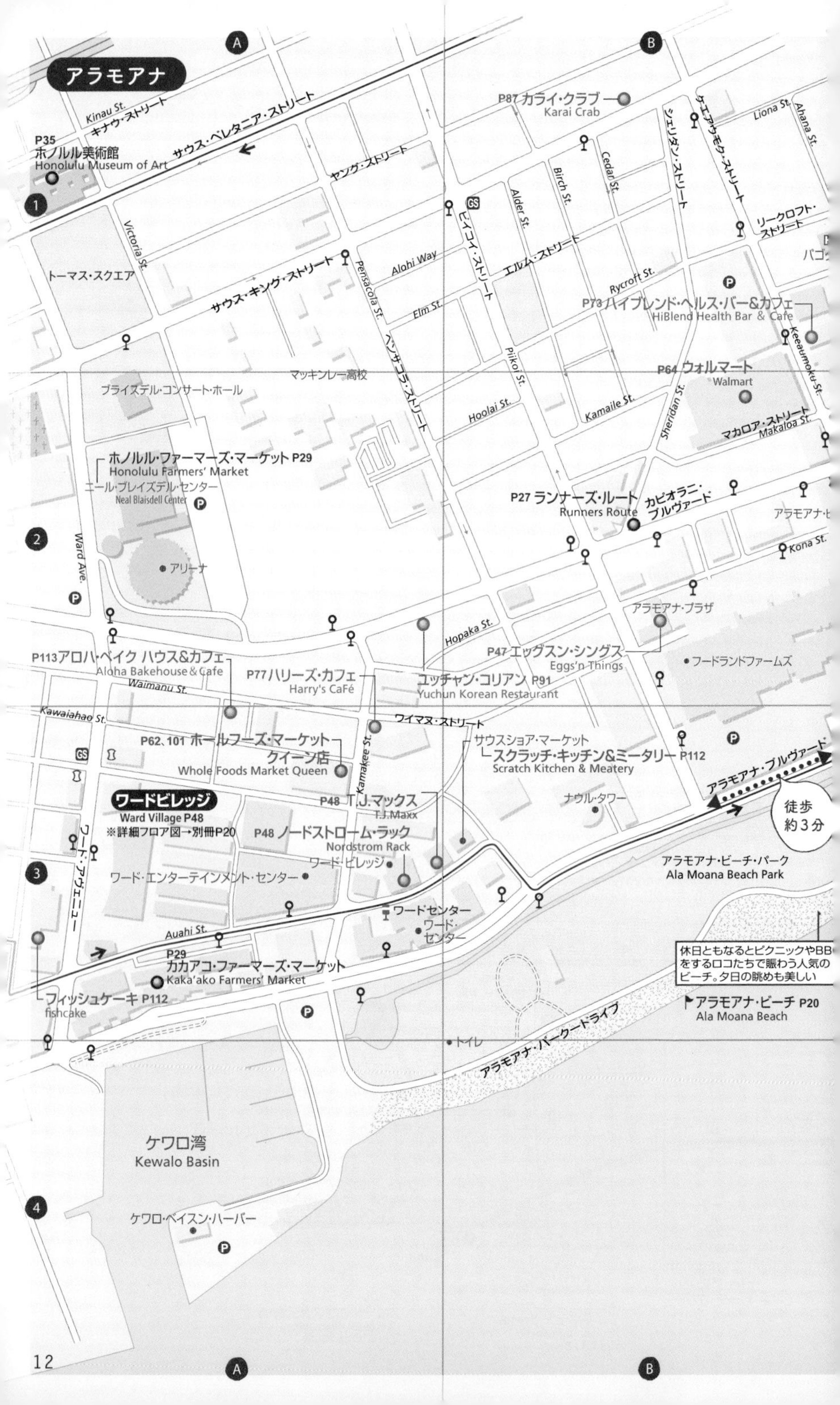
アラモアナ
P35 ホノルル美術館 Honolulu Museum of Art
Kinau St.
キナウ・ストリート
サウス・ベレタニア・ストリート
ヤング・ストリート
P87 カライ・クラブ Karai Crab
Victoria St.
トーマス・スクエア
サウス・キング・ストリート
Pensacola St.
ペンサコラ・ストリート
Alohi Way
Elm St.
ピイコイ・ストリート
Alder St.
Birch St.
Cedar St.
エルム・ストリート
シェリダン・ストリート
ケアウモク・ストリート
Liona St.
Ahana St.
リークロフト・ストリート
Rycroft St.
P73 ハイブレンド・ヘルス・バー&カフェ HiBlend Health Bar & Cafe
Keeaumoku St.
P64 ウォルマート Walmart
マッキンレー高校
ブライズデル・コンサート・ホール
Piikoi St.
Hoolai St.
Kamaile St.
Sheridan St.
マカロア・ストリート Makaloa St.
ホノルル・ファーマーズ・マーケット P29 Honolulu Farmers' Market
ニール・ブレイズデル・センター Neal Blaisdell Center
P27 ランナーズ・ルート Runners Route
カピオラニ・ブルヴァード
Kona St.
Ward Ave.
アリーナ
アラモアナ・プラザ
Hopaka St.
P47 エッグスン・シングス Eggs'n Things
フードランドファームズ
P113 アロハ・ベイク ハウス&カフェ Aloha Bakehouse & Cafe
P77 ハリーズ・カフェ Harry's CaFé
ユッチャン・コリアン P91 Yuchun Korean Restaurant
Waimanu St.
Kawaiahao St.
ワイマヌ・ストリート
P62、101 ホールフーズ・マーケット クイーン店 Whole Foods Market Queen
Kamakee St.
サウスショア・マーケット
スクラッチ・キッチン&ミータリー P112 Scratch Kitchen & Meatery
アラモアナ・ブルヴァード
ワードビレッジ Ward Village P48
※詳細フロア図→別冊P20
P48 T.J.マックス T.J.Maxx
P48 ノードストローム・ラック Nordstrom Rack
ナウル・タワー
徒歩 約3分
ワード・アヴェニュー
ワード・ビレッジ
ワード・エンターテインメント・センター
アラモアナ・ビーチ・パーク Ala Moana Beach Park
ワードセンター
ワード・センター
Auahi St.
P29 カカアコ・ファーマーズ・マーケット Kaka'ako Farmers' Market
休日ともなるとピクニックやBBQをするロコたちで賑わう人気のビーチ。夕日の眺めも美しい
フィッシュケーキ P112 fishcake
アラモアナ・ビーチ P20 Ala Moana Beach
トイレ
アラモアナ・パーク・ドライブ
ケワロ湾 Kewalo Basin
ケワロ・ベイスン・ハーバー

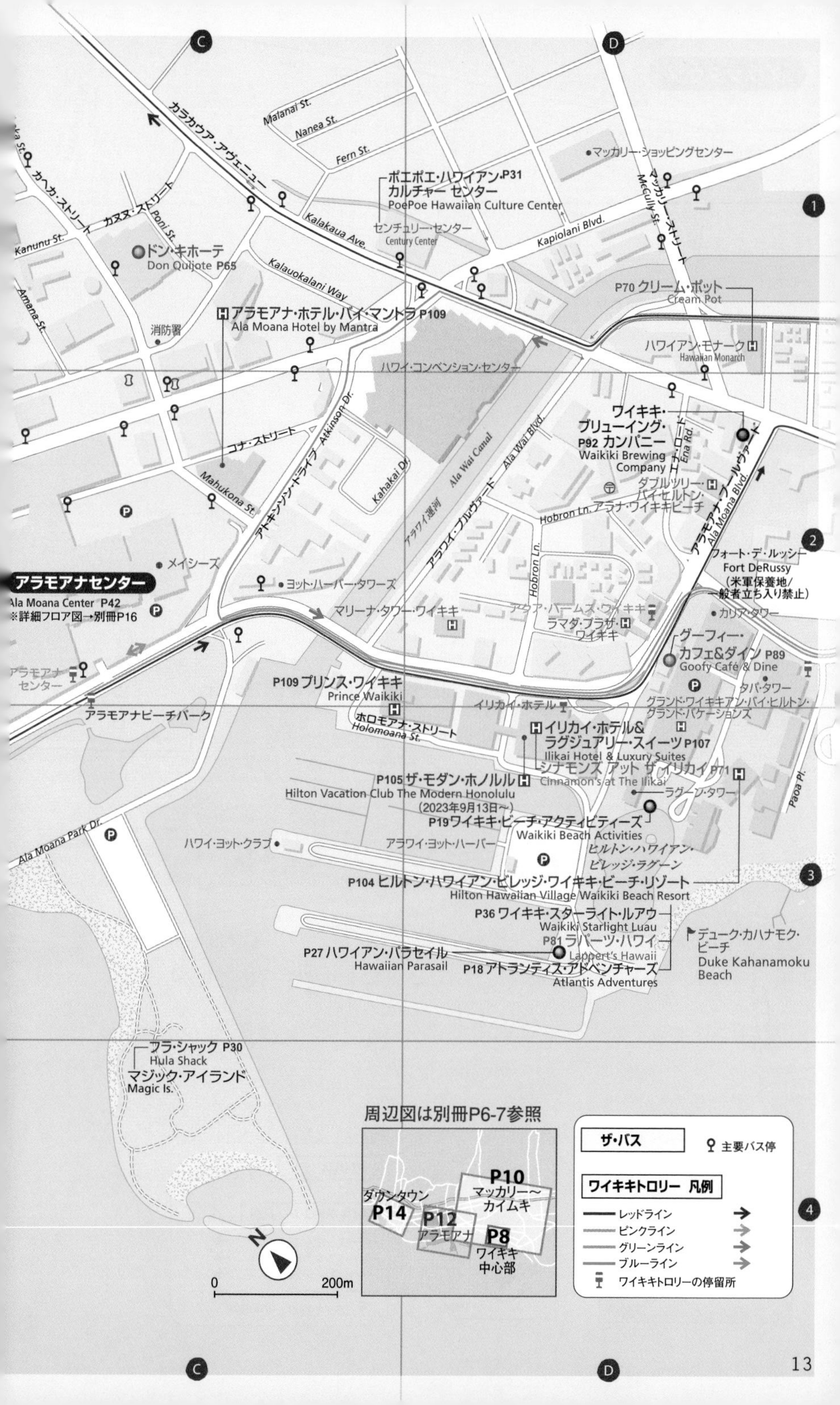

カラカウア・アヴェニュー
Kalakaua Ave.
Malanai St.
Nanea St.
Fern St.
マッカリー・ショッピングセンター
ポエポエ・ハワイアン・カルチャー センター P31
PoePoe Hawaiian Culture Center
センチュリー・センター
Century Center
Kapiolani Blvd.
マッカリー・ストリート
McCully St.
カヘカ・ストリート
カヌヌ・ストリート
Kanunu St.
Poni St.
ドン・キホーテ
Don Quijote P65
Kalauokalani Way
Amana St.
P70 クリーム・ポット
Cream Pot
アラモアナ・ホテル・バイ・マントラ P109
Ala Moana Hotel by Mantra
消防署
ハワイアン・モナーク
Hawaiian Monarch
ハワイ・コンベンション・センター
Atkinson Dr.
ワイキキ・ブリューイング・カンパニー P92
Waikiki Brewing Company
コナ・ストリート
Ala Wai Canal
アラワイ運河
Kahakai Dr.
Ala Wai Blvd.
アラワイ・ブルヴァード
Ena Rd.
エナ・ロード
Mahukona St.
アトキンソン・ドライブ
ダブルツリー・バイ・ヒルトン・アラナ・ワイキキ・ビーチ
Hobron Ln.
アラモアナ・ブールヴァード
Ala Moana Blvd.
フォート・デ・ルッシー
Fort DeRussy
(米軍保養地/一般者立ち入り禁止)
メイシーズ
アラモアナセンター
Ala Moana Center P42
※詳細フロア図→別冊P16
ヨット・ハーバー・タワーズ
マリーナ・タワー・ワイキキ
アクア・パームス・ワイキキ
ラマダ・プラザ・ワイキキ
カリア・タワー
グーフィー・カフェ&ダイン P89
Goofy Café & Dine
アラモアナ センター
P109 プリンス・ワイキキ
Prince Waikiki
イリカイ・ホテル
タパ・タワー
グランド・ワイキキアン・バイ・ヒルトン・グランド・バケーションズ
アラモアナビーチパーク
ホロモアナ・ストリート
Holomoana St.
イリカイ・ホテル&ラグジュアリー・スイーツ P107
Ilikai Hotel & Luxury Suites
シナモンズ アット ザ イリカイ P71
Cinnamon's at The Ilikai
P105 ザ・モダン・ホノルル
Hilton Vacation Club The Modern Honolulu
(2023年9月13日～)
ラグーン・タワー
Paoa Pl.
P19 ワイキキ・ビーチ・アクティビティーズ
Waikiki Beach Activities
Ala Moana Park Dr.
ハワイ・ヨット・クラブ
アラワイ・ヨット・ハーバー
ヒルトン・ハワイアン・ビレッジ・ラグーン
P104 ヒルトン・ハワイアン・ビレッジ・ワイキキ・ビーチ・リゾート
Hilton Hawaiian Village Waikiki Beach Resort
P36 ワイキキ・スターライト・ルアウ
Waikiki Starlight Luau
P81 ラパーツ・ハワイ
Lappert's Hawaii
デューク・カハナモク・ビーチ
Duke Kahanamoku Beach
P27 ハワイアン・パラセイル
Hawaiian Parasail
P18 アトランティス・アドベンチャーズ
Atlantis Adventures
フラ・シャック P30
Hula Shack
マジック・アイランド
Magic Is.
周辺図は別冊P6-7参照
ダウンタウン
P14
P12
アラモアナ
P10
マッカリー～カイムキ
P8
ワイキキ中心部
ザ・バス
主要バス停
ワイキキトロリー 凡例
レッドライン
ピンクライン
グリーンライン
ブルーライン
ワイキキトロリーの停留所
N
0
200m
C
D
1
2
3
4

ダウンタウン
フォスター植物園
観音寺
ノース・ヴィンヤード・ブルヴァード
N. Vineyard Blvd.
マウナケア・ストリート
セーフウェイ
Nuuanu Ave.
パリ・ハイウェイ
Pali Hwy.
Aala St.
ノース・ククイ・ストリート
N. Kukui St.
ヌアヌ・アヴェニュー
ククイ・プラザ
カマリイ・パーク
出雲大社
P35 ハワイ出雲大社
Izumo Taishakyo Mission of Hawaii
ロイヤル・キッチン P123
Royal Kitchen
チャイナタウン カルチュラル・プラザ
Chinatown Cultural Plaza
ベレタニア・コミュニティ・パーク
アアラ・ストリート
College Walk
River St.
Maunakea St.
ホノルル・タワー
カトリック大聖堂
Bethel St.
N. Beretania St.
ノース・ベレタニア・ストリート
Chaplain Ln.
Ft. St.Mall
P122 ジンジャー13
Ginger 13
P122 ロベルタ・オークス
Roberta Oaks
ハワイ・シアター
Nuuanu Stream
アアラ・パーク
N. Pauahi St.
チャイナタウン
P123 フェテ
Fete Hawaii
ノース・キング・ストリート
P123 ライブストック・タバーン
Livestock Tavern
マウナケア・マーケットプレイス
N.Hotel St.
ノース・ホテル・ストリート
ベセル・ストリート
P122 ティン・カン・メールマン
Tin Can Mailman
チャイナタウン
CHINATOWN
Kekaulike St.
N. King St.
Smith St.
ウォルマート
オアフマーケット
クム・カフア・シアター
Marin St.
Awa St.
Merchant St.
ザ・ピッグ&ザ・レディ P85
The Pig & The Lady
ハーバー・コート
N.Nimitz Hwy.
92
ウォーカー・パーク
アトランティス・クルーズ
Majestic by Atlantis Cruises
N.Nimitz Hwy.
ノース・ニミッツ・ハイウェイ
ホノルル港
Honolulu Harbor
周辺図は別冊P6参照
ダウンタウン
P14
P12
アラモアナ
P10
マッカリー～カイムキ
P8
ワイキキ中心部
N
0
100m
ザ・バス
主要バス停
ワイキキトロリー 凡例
レッドライン
ピンクライン
グリーンライン
ブルーライン
ワイキキトロリーの停留所
アロハ・タワー
A
B
1
2
3
4

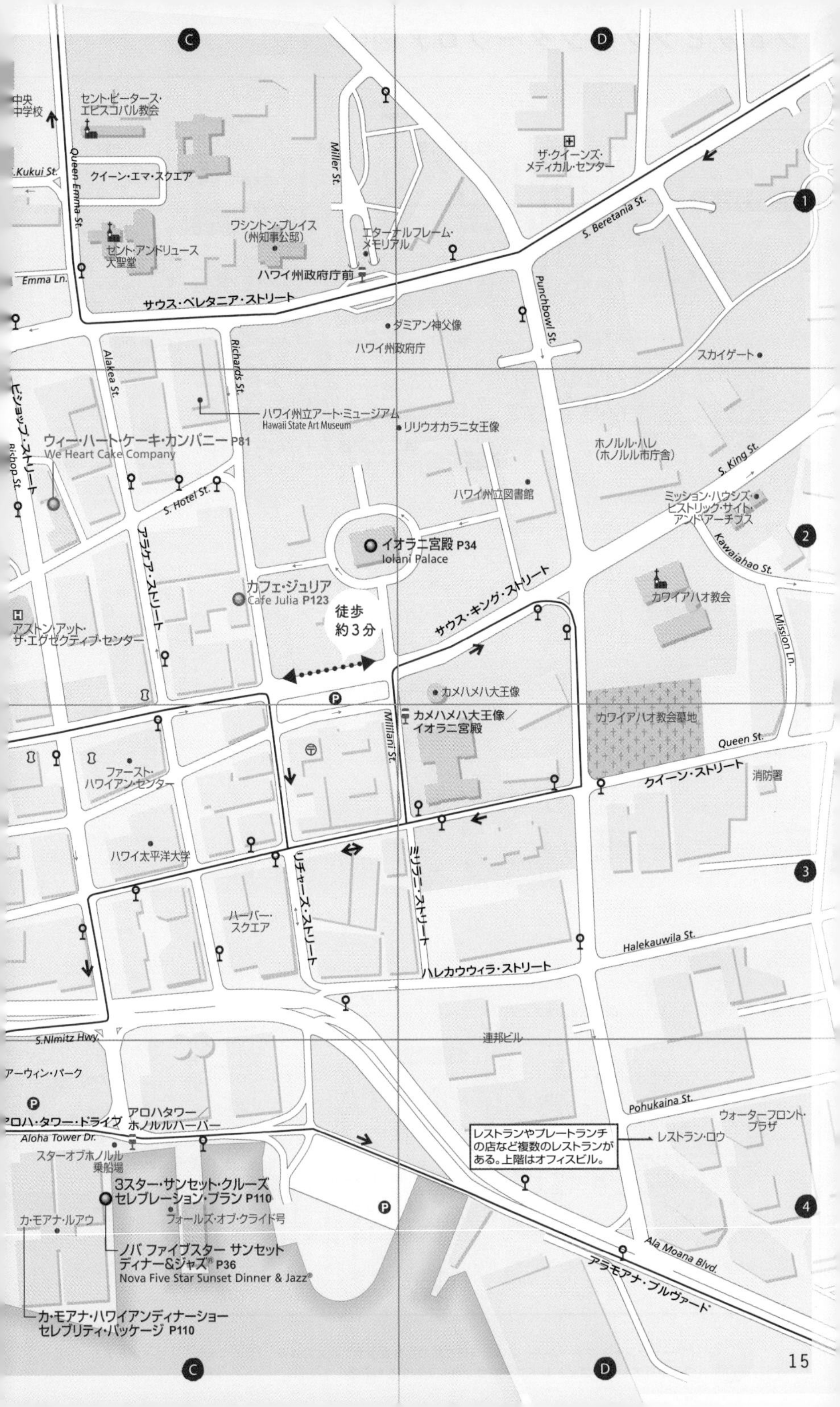

C
D
中央中学校
セント・ピーターズ・エピスコパル教会
Kukui St.
Queen Emma St.
クイーン・エマ・スクエア
Miller St.
ザ・クイーンズ・メディカル・センター
S. Beretania St.
ワシントン・プレイス（州知事公邸）
エターナルフレーム・メモリアル
セント・アンドリュース大聖堂
ハワイ州政府庁前
Emma Ln.
サウス・ベレタニア・ストリート
ダミアン神父像
Punchbowl St.
ハワイ州政府庁
スカイゲート
Alakea St.
Richards St.
ハワイ州立アート・ミュージアム
Hawaii State Art Museum
リリウオカラニ女王像
ビショップ・ストリート
Bishop St.
ウィー・ハート・ケーキ・カンパニー P81
We Heart Cake Company
ホノルル・ハレ（ホノルル市庁舎）
S. King St.
S. Hotel St.
ハワイ州立図書館
ミッション・ハウシズ・ヒストリック・サイト・アンド・アーカイブス
アラケア・ストリート
イオラニ宮殿 P34
Iolani Palace
Kawaiahao St.
カフェ・ジュリア
Cafe Julia P123
カワイアハオ教会
アストン・アット・ザ・エグゼクティブ・センター
徒歩約３分
サウス・キング・ストリート
Mission Ln.
カメハメハ大王像
Mililani St.
カメハメハ大王像／イオラニ宮殿
カワイアハオ教会墓地
Queen St.
ファースト・ハワイアン・センター
クイーン・ストリート
消防署
ハワイ太平洋大学
リチャーズ・ストリート
ミリラニ・ストリート
ハーバー・スクエア
Halekauwila St.
ハレカウウィラ・ストリート
S.Nimitz Hwy.
連邦ビル
アーウィン・パーク
アロハタワー／ホノルルハーバー
Pohukaina St.
アロハ・タワー・ドライブ
Aloha Tower Dr.
ウォーターフロント・プラザ
レストランやプレートランチの店など複数のレストランがある。上階はオフィスビル。
レストラン・ロウ
スターオブホノルル乗船場
3スター・サンセット・クルーズ セレブレーション・プラン P110
フォールズ・オブ・クライド号
カ・モアナ・ルアウ
ノバ ファイブスター サンセット ディナー&ジャズ® P36
Nova Five Star Sunset Dinner & Jazz®
Ala Moana Blvd.
アラモアナ・ブルヴァード
カ・モアナ・ハワイアンディナーショー セレブリティ・パッケージ P110
1
2
3
4

ショッピングセンターフロア図①

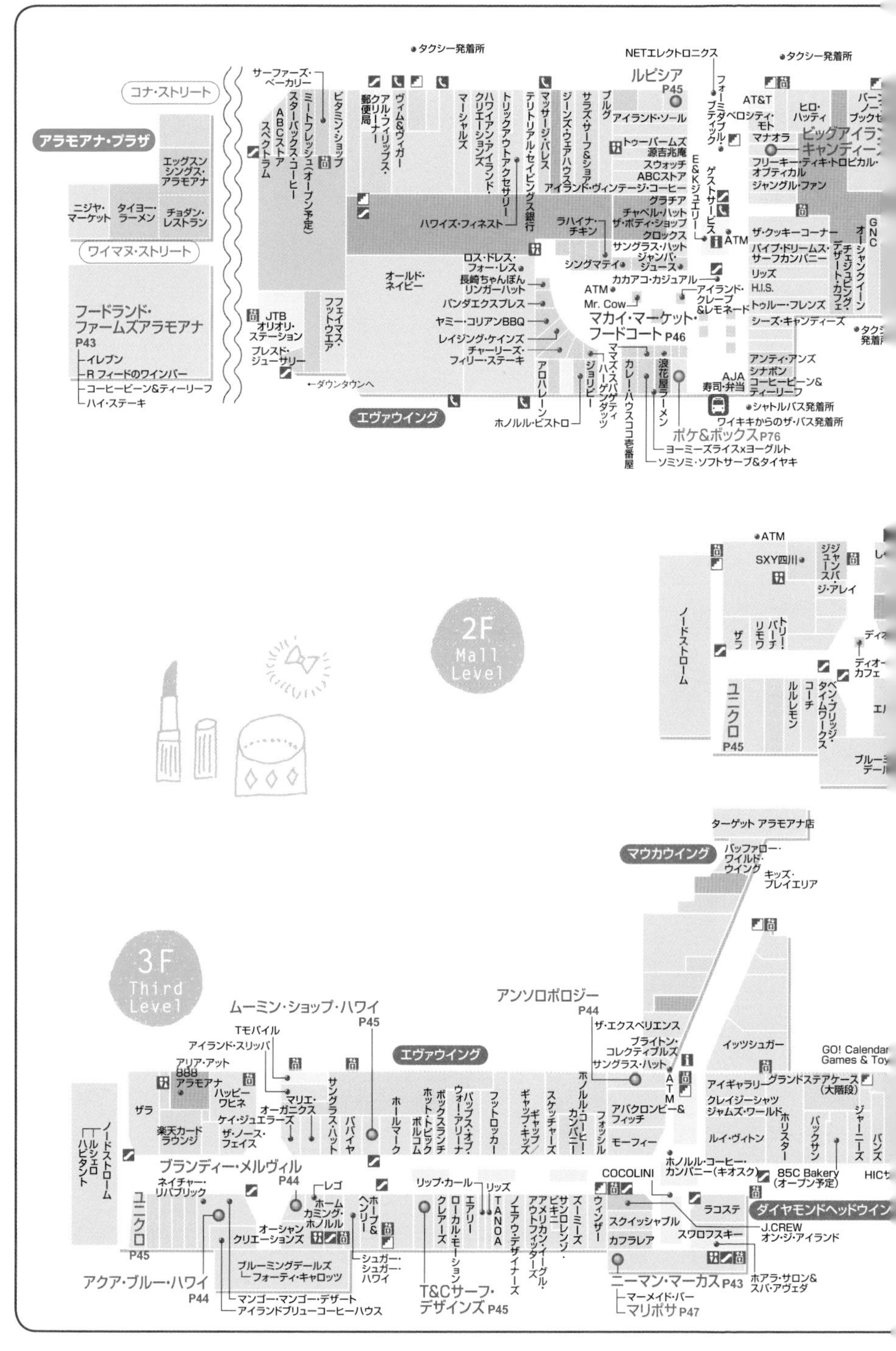

プチ情報 「フードランド・ファームズ」には、ハワイ産の生鮮食品やグルメのほか、「ザ・コーヒー・ビーン&ティー・リーフ」や「アール・フィールドワインカンパニー」なども入店。

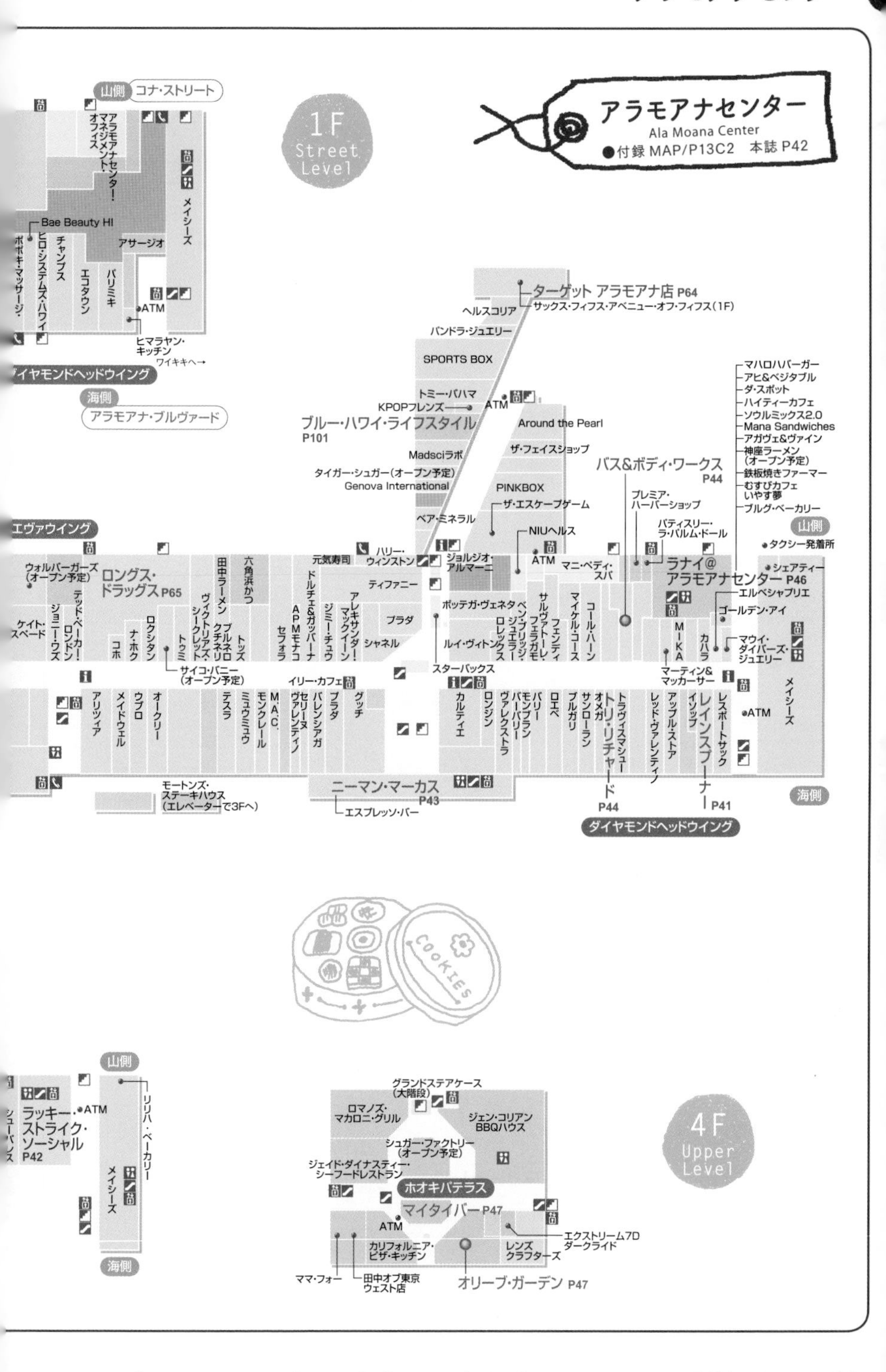
アラモアナセンター
Ala Moana Center
●付録 MAP/P13C2 本誌 P42
1F Street Level
山側
コナ・ストリート
アラモアナセンター・マネジメント・オフィス
Bae Beauty HI
ポポキ・マッサージ・
ヒロ・システムズ・ハワイ
チャンプス
エコタウン
パリミキ
アサージオ
メイシーズ
ATM
ヒマラヤン・キッチン
ワイキキへ→
ダイヤモンドヘッドウイング
海側
アラモアナ・ブルヴァード
ターゲット アラモアナ店 P64
サックス・フィフス・アベニュー・オフ・フィフス(1F)
ヘルスコリア
パンドラ・ジュエリー
SPORTS BOX
トミー・バハマ
KPOPフレンズ
ATM
ブルー・ハワイ・ライフスタイル
P101
Around the Pearl
ザ・フェイスショップ
Madsciラボ
タイガー・シュガー(オープン予定)
Genova International
PINKBOX
ザ・エスケープゲーム
ベア・ミネラル
NIUヘルス
バス&ボディ・ワークス
P44
プレミア・ハーバーショップ
パティスリー・ラ・パルム・ドール
マハロハバーガー
アヒ&ベジタブル
ダ・スポット
ハイティーカフェ
ソウルミックス2.0
Mana Sandwiches
アガヴェ&ヴァイン
神座ラーメン(オープン予定)
鉄板焼きファーマー
むすびカフェ いやす夢
ブルグ・ベーカリー
山側
タクシー発着所
エヴァウイング
ウォルバーガーズ(オープン予定)
ロングス・ドラッグス P65
田中ラーメン
六角浜かつ
元気寿司
ハリー・ウィンストン
ジョルジオ・アルマーニ
ATM
マニ・ペディ・スパ
ラナイ@アラモアナセンター P46
シェアティー
エルベシャプリエ
ゴールデン・アイ
ケイト・スペード
ジョニー・ウズ
テッド・ベーカー・ロンドン
コホ
ナ・ホク
ロクシタン
トゥミ
ヴィクトリアズ・シークレット
ブルネロ・クチネリ
トッズ
セフォラ
APMモナコ
ドルチェ&ガッバーナ
ジミー・チュウ
アレキサンダー・マックイーン
シャネル
プラダ
ティファニー
ボッテガ・ヴェネタ
ルイ・ヴィトン
ロレックス
ベン・ブリッジ・ジュエラー
サルヴァトーレ・フェラガモ
フェンディ
マイケル・コース
コール・ハーン
M・I・K・A
カハラ
マウイ・ダイバーズ・ジュエリー
マーティン&マッカーサー
サイコ・バニー(オープン予定)
イリー・カフェ
スターバックス
アリツイア
メイドウェル
ウブロ
オークリー
テスラ
ミュウミュウ
モンクレール
M.A.C.
セリーヌ
ヴァレンティノ
バレンシアガ
プラダ
グッチ
カルティエ
ロンジン
ヴァレクストラ
バーバリー
モンブラン
バリー
ロエベ
ブルガリ
サンローラン
オメガ
トリ・リチャード
P44
トラヴィスマシュー
レッド・ヴァレンティノ
アップル・ストア
イソップ
レインスプーナー
P41
レスポートサック
ATM
メイシーズ
モートンズ・ステーキハウス(エレベーターで3Fへ)
ニーマン・マーカス
P43
エスプレッソ・バー
ダイヤモンドヘッドウイング
海側
COOKIES
山側
ラッキー・ストライク・ソーシャル
P42
ATM
シュー・パレス
リリハ・ベーカリー
メイシーズ
海側
グランドステアケース(大階段)
ロマノズ・マカロニ・グリル
ジェン・コリアンBBQハウス
シュガー・ファクトリー(オープン予定)
ジェイド・ダイナスティ・シーフードレストラン
ホオキパテラス
マイタイバー P47
ATM
エクストリーム7Dダークライド
カリフォルニア・ピザ・キッチン
レンズクラフターズ
ママ・フォー
田中オブ東京ウェスト店
オリーブ・ガーデン P47
4F Upper Level

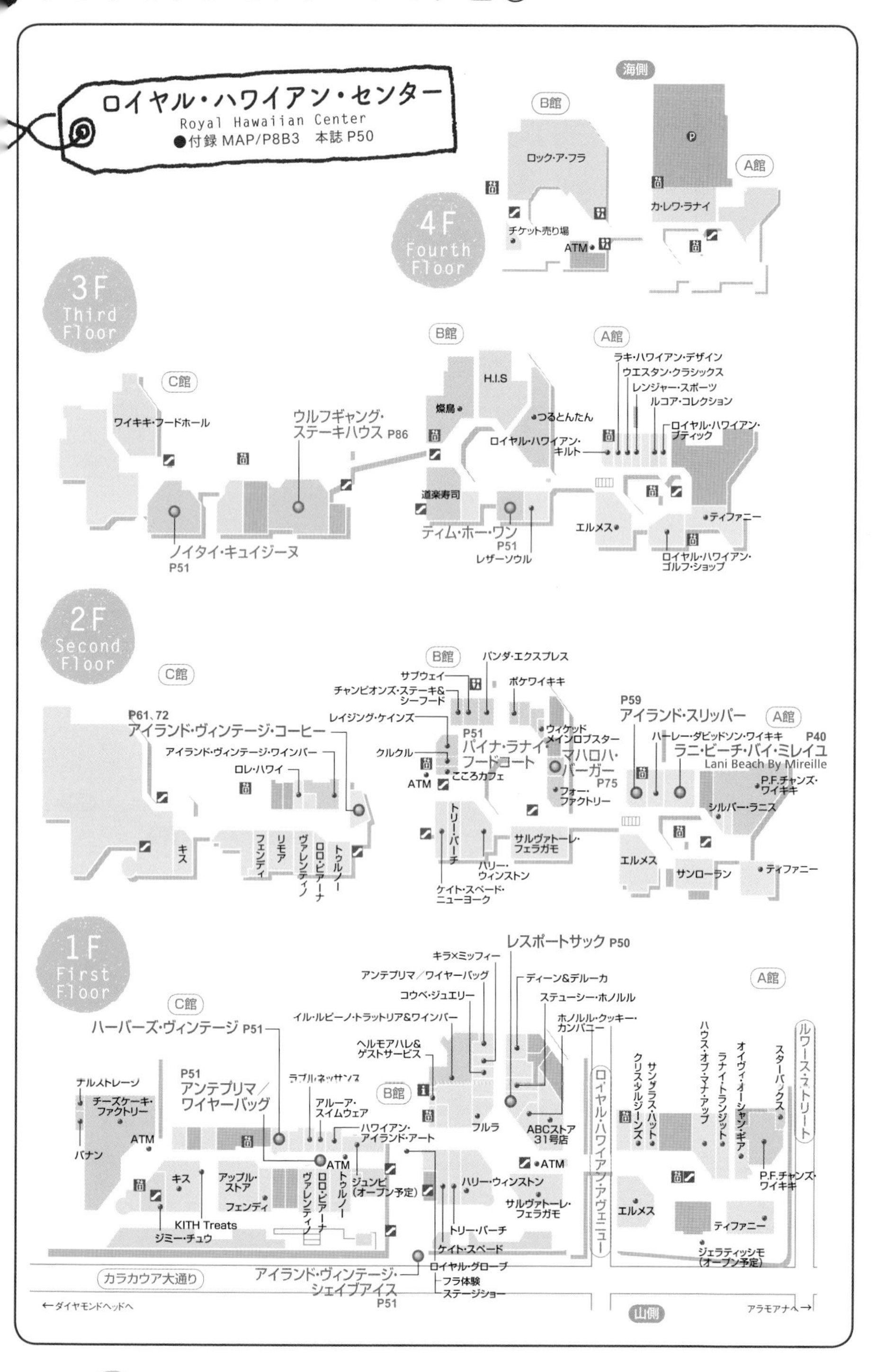

プチ情報　ショップやレストランの場所から、イベントやプロモーションなどさまざまな情報を提供してくれるのが、B館1階ロイヤル・グローブ横にあるヘルモアハレ&ゲスト・サービス。何か困ったことがあれば尋ねてみよう。

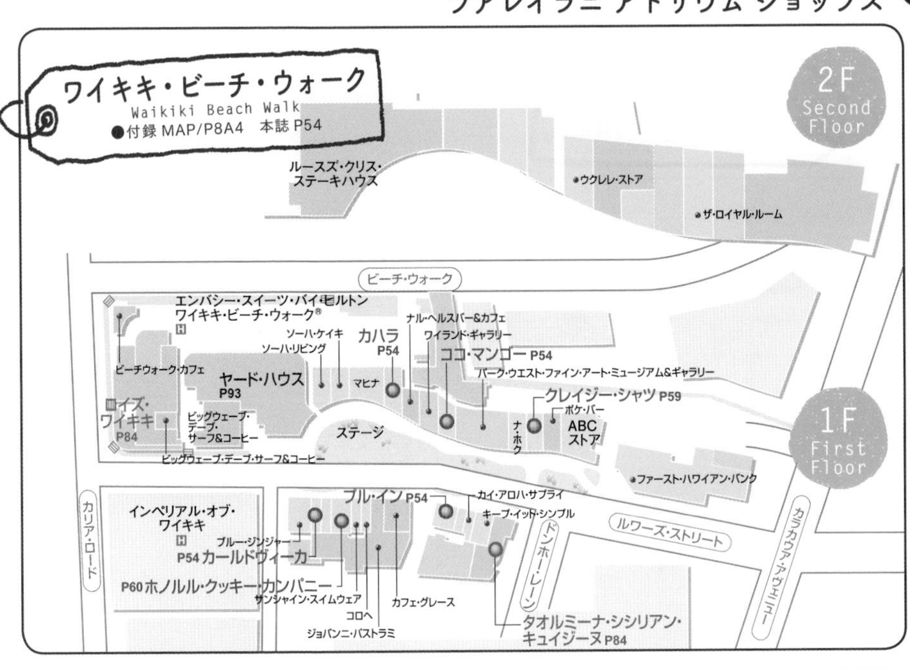
ワイキキ・ビーチ・ウォーク
Waikiki Beach Walk
●付録 MAP/P8A4 本誌 P54
2F Second Floor
1F First Floor
ルースズ・クリス・ステーキハウス
ウクレレ・ストア
ザ・ロイヤル・ルーム
ビーチ・ウォーク
エンバシー・スイーツ・バイ・ヒルトン ワイキキ・ビーチ・ウォーク®
ナル・ヘルスバー&カフェ
ソーハ・ケイキ
カハラ P54
ワイランド・ギャラリー
ソーハ・リビング
ココ・マンゴー P54
ビーチウォーク・カフェ
ヤード・ハウス P93
マヒナ
パーク・ウエスト・ファイン・アート・ミュージアム&ギャラリー
クレイジー・シャツ P59
イズ・ワイキキ P84
ビッグウェーブ・デーブ・サーフ&コーヒー
ステージ
ナ・ホク
ポケ・バー
ABCストア
ビッグウェーブ・デーブ・サーフ&コーヒー
ファースト・ハワイアン・バンク
カリア・ロード
インペリアル・オブ・ワイキキ
ブル・イン P54
カイ・アロハ・サプライ
キープ・イット・シンプル
ルワーズ・ストリート
ドンホー・レーン
カラカウア・アヴェニュー
ブルー・ジンジャー
P54 カールドヴィーカ
P60 ホノルル・クッキー・カンパニー
サンシャイン・スイムウェア
コロヘ
カフェ・グレース
ジョバンニ・パストラミ
タオルミーナ・シシリアン・キュイジーヌ P84

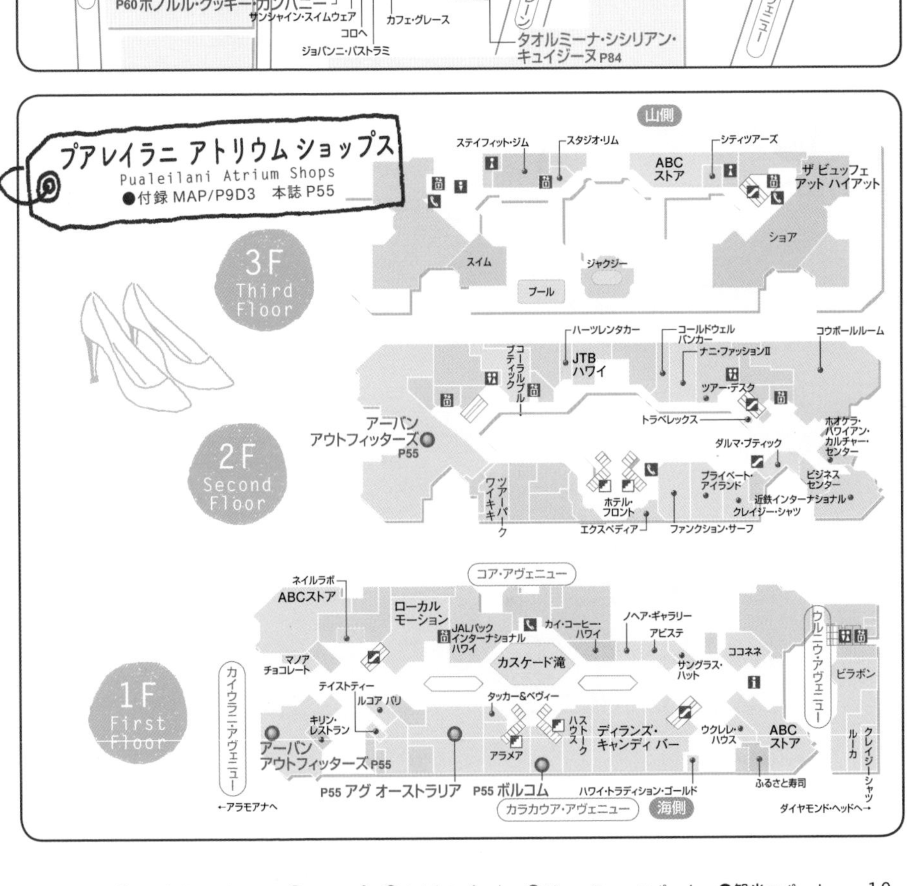
プアレイラニ アトリウム ショップス
Pualeilani Atrium Shops
●付録 MAP/P9D3 本誌 P55
山側
3F Third Floor
ステイフィット・ジム
スタジオ・リム
シティツアーズ
ABCストア
ザ ビュッフェ アット ハイアット
ショア
スイム
ジャクジー
プール
ハーツレンタカー
コールドウエル バンカー
コウボールルーム
ナニ・ファッションII
ココ・ブティック
ラルフ・ブル
JTB ハワイ
ツアー・デスク
トラベレックス
アーバン アウトフィッターズ P55
2F Second Floor
ホオケラ・ハワイアン・カルチャー・センター
ダルマ・ブティック
プライベート・アイランド
ビジネス センター
ワイキキ・ツアーパーク
ホテル・フロント
近鉄インターナショナル
クレイジー・シャツ
エクスペディア
ファンクション・サーフ
コア・アヴェニュー
ネイルラボ
ABCストア
ローカル モーション
JALパック インターナショナル ハワイ
カイ・コーヒー・ハワイ
ノヘア・ギャラリー
アピステ
ウルニウ・アヴェニュー
ココネネ
マノア チョコレート
カスケード滝
サングラス・ハット
ビラボン
テイストティー
ルコア パリ
タッカー&ベヴィー
キリン・レストラン
1F First Floor
カイウラニ・アヴェニュー
アーバン アウトフィッターズ P55
アラメア
ハウス・ストーク
ディランズ・キャンディ バー
ウクレレ・ハウス
ABCストア
ルーカ
クレイジー・シャツ
ふるさと寿司
P55 アグ オーストラリア
P55 ボルコム
ハワイ・トラディション・ゴールド
←アラモアナへ
カラカウア・アヴェニュー
海側
ダイヤモンド・ヘッドへ→

ショッピングセンターフロア図③

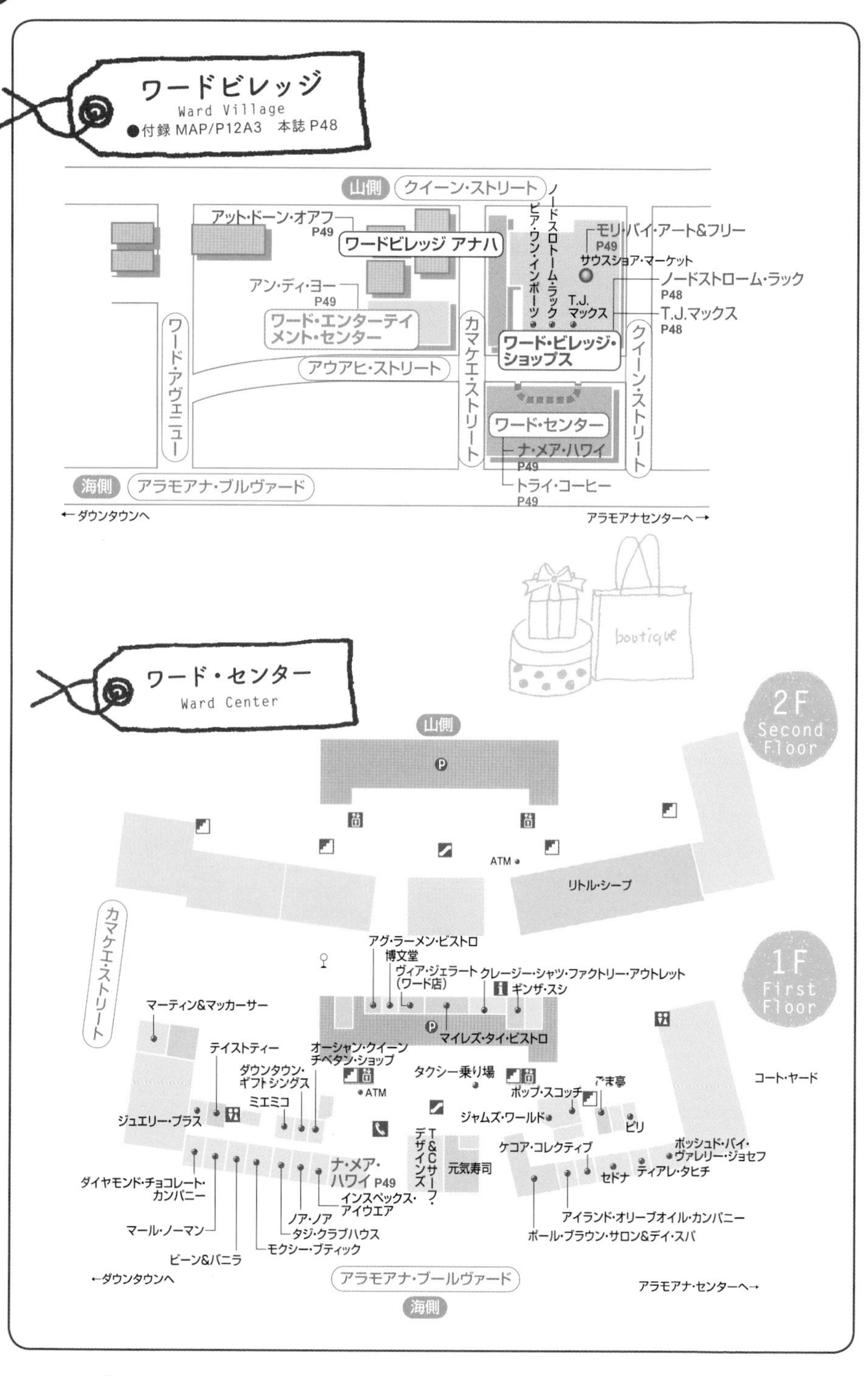

プチ情報　ワードビレッジでは一大開発プロジェクトが展開された。開発時期をまたいでの再訪だと、その変貌ぶりに驚かされるかも。

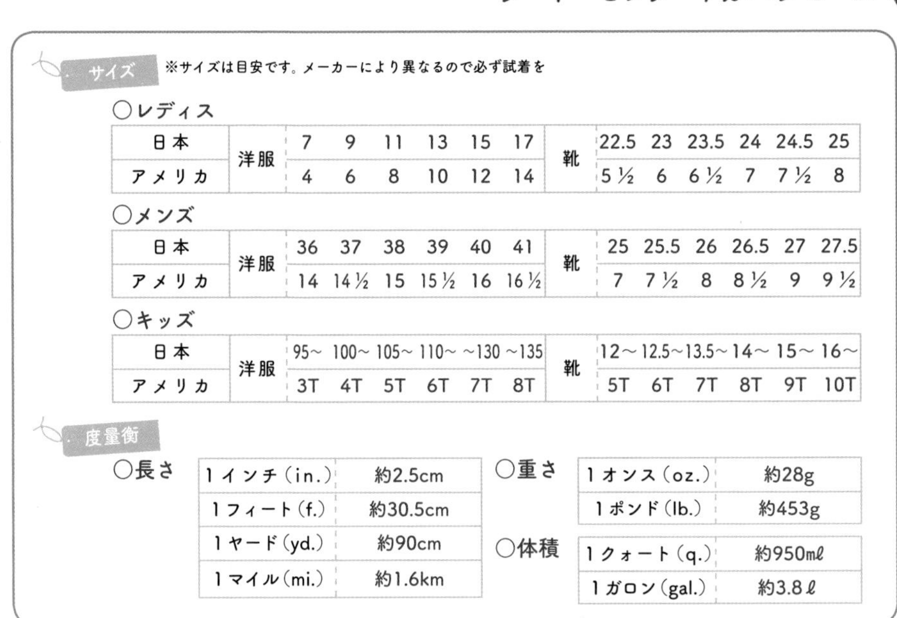

サイズ ※サイズは目安です。メーカーにより異なるので必ず試着を

○レディス

日本	洋服	7	9	11	13	15	17	靴	22.5	23	23.5	24	24.5	25
アメリカ		4	6	8	10	12	14		5½	6	6½	7	7½	8

○メンズ

日本	洋服	36	37	38	39	40	41	靴	25	25.5	26	26.5	27	27.5
アメリカ		14	14½	15	15½	16	16½		7	7½	8	8½	9	9½

○キッズ

日本	洋服	95～	100～	105～	110～	～130	～135	靴	12～	12.5～	13.5～	14～	15～	16～
アメリカ		3T	4T	5T	6T	7T	8T		5T	6T	7T	8T	9T	10T

度量衡

○長さ

1インチ(in.)	約2.5cm
1フィート(f.)	約30.5cm
1ヤード(yd.)	約90cm
1マイル(mi.)	約1.6km

○重さ

1オンス(oz.)	約28g
1ポンド(lb.)	約453g

○体積

1クォート(q.)	約950mℓ
1ガロン(gal.)	約3.8ℓ

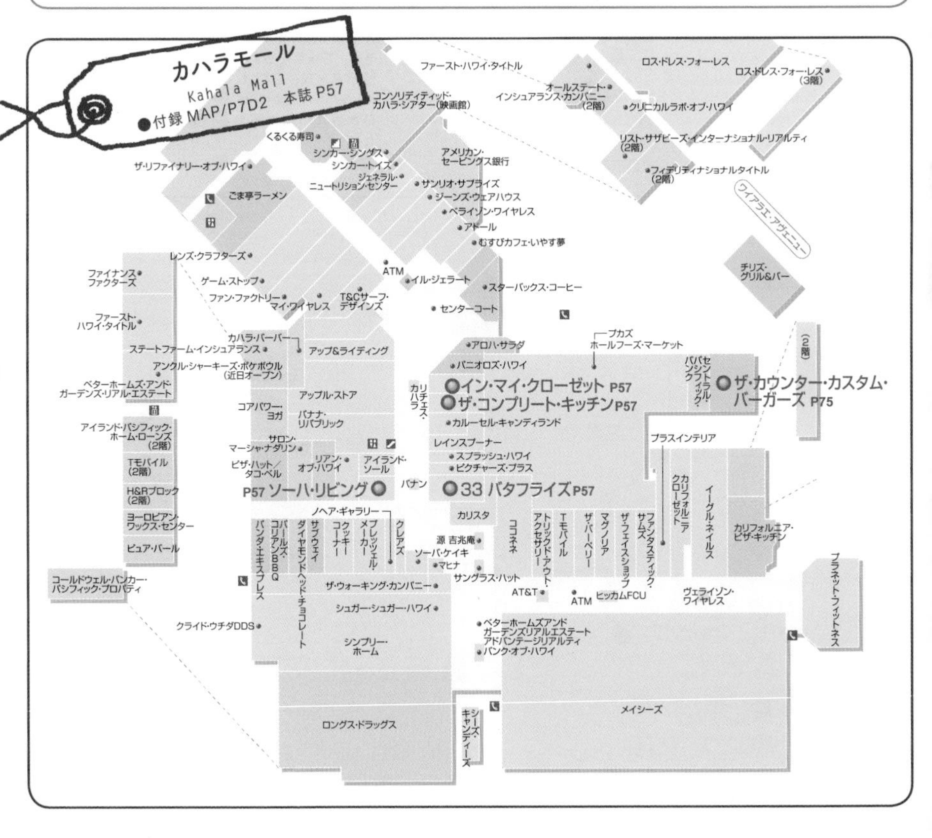

ワイキキトロリー Waikiki Trolley

旅行者に便利な交通手段であり、観光名物でもあるワイキキトロリー。現在、レッドライン、ピンクライン、グリーンライン、ブルーラインの6ラインが運行している。※記載は2023年6月現在の情報です。

○チケットの種類
シングルライン
・グリーン：大人$18、子ども$11
・ブルー：大人$30、子ども$20
・レッド：大人$30、子ども$20
・ピンク：$5
全ライン乗り放題
・1日：大人$55、子ども$30
・4日：大人$65、子ども$40
・7日：大人$75、子ども$50
※子どもは3〜11歳　※乗車時現金払いの片道乗車料金が適用されるのは、ピンクラインのみ

○トロリーチケット販売所
ワイキキ・ショッピング・プラザ・メインロビー
☎808-465-5543　㊋8〜17時
㊡なし　Ⓙ
別冊MAP●P8B3
URL waikikitrolley.com/ja

●乗ってみよう

1 チケットを買う

チケットはワイキキ・ショッピング・プラザ1階のトロリーチケット販売所またはツアーデスクで販売とネット購入の引渡しを行っている。すぐ横にトロリーの乗車場もある。

チケットカウンターと乗車場

2 停留所を探す

トロリーのイラストと「TROLLEY STOP」と書かれた縦長の看板がトロリーの停留所。また、どのラインが停まるか分かるように、ラインの色分けをしている。

トロリーのイラストが目印

3 乗車する

トロリーは停留所以外では停車できないので、必ず停留所で乗車しよう。身長114cm以下の子どもはトロリー中央部分に大人と一緒に座る。トロリー内では飲食、喫煙も禁止。

手足や顔を外に出さないなど基本的なマナーを守ろう

4 下車する

各停留所に停車するときは、運転手が必ず停留所名を知らせてくれる。トロリーによっては日本語アナウンスが流れることもある。

夕方や閉店間際は混雑のため乗れないこともある

コース名	運行時間／頻度／所要時間	コースルート
レッドライン（ダウンタウン/ホノルル観光コース）	10〜15時（ワイキキ・ショッピング・プラザ発）／約60分間隔／1周約110分 ※ワイキキ・ショッピング・プラザを10時に出発するバスのみ、イリカイホテル、トランプ・インターナショナル・ホテルに停車する	ワイキキ・ショッピング・プラザ→デューク・カハナモク像→ザ・ツインフィン・ホテル→ホノルル美術館→ハワイ州政府庁前→パンチボウル（車窓より見学）→フォスター植物園→出雲神社→チャイナタウン→カメハメハ大王像／イオラニ宮殿→アロハタワー／ホノルルハーバー→ソルト・アット・カカアコ→ワードセンター→アラモアナビーチパーク→ワイキキ・ショッピング・プラザ
ピンクライン（ワイキキ／アラモアナ・ショッピングコース）	10時〜20時17分（ワイキキ・ショッピング・プラザ発）／約15分間隔／1周約60分	ワイキキ・ショッピング・プラザ→デューク・カハナモク像→ザ・ツインフィン・ホテル→ヒルトン・ワイキキ・ビーチ・ホテル→丸亀製麺→コートヤード・バイ・マリオット→ホテル・ラ・クロワ→ホクラニホテル→アクア・パームズ・ワイキキ→アラモアナセンター→イリカイホテル→ハレコア・ホテルのバス停→トランプ・インターナショナル・ホテル
グリーンライン（ダイヤモンド・ヘッド観光コース）	7時30分〜13時30分（ワイキキ・ショッピング・プラザ発）／約60分間隔／1周約60分 ※ワイキキ・ショッピング・プラザを7時30分に出発するバスのみ、イリカイホテルに停車する	ハレコアホテル→トランプ・インターナショナル・ホテル→ワイキキ・ショッピング・プラザ→デューク・カハナモク像→ホノルル動物園→ダイヤモンドヘッドクレーター→KCCファーマーズマーケット（土曜のみ）
ブルーライン（パノラマコースと観光コース）	8時30分〜13時50分（ワイキキ・ショッピング・プラザ発）／約40分間隔／1周約110分 ※ワイキキ・ショッピング・プラザを8時30分に出発するバスのみ、イリカイホテル、トランプ・インターナショナル・ホテルに停車する	ワイキキ・ショッピング・プラザ→デューク・カハナモク像→ホノルル動物園→ワイキキ水族館→カハラモール→ハロナ潮吹き穴→シーライフパーク→ココマリーナセンター→カハラモール→ダイヤモンドヘッドマーケット＆グリル→レインボードライブイン

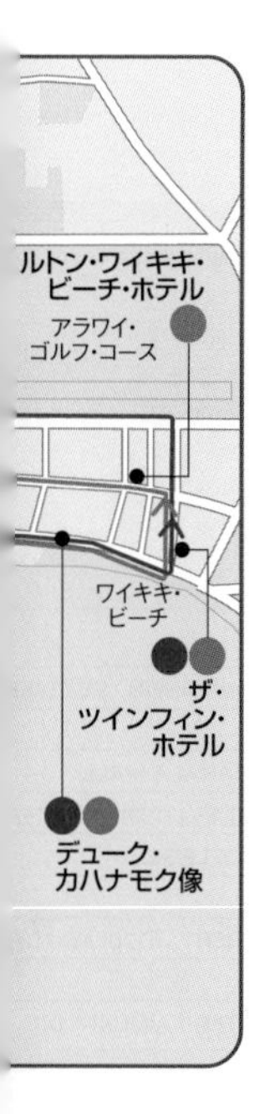

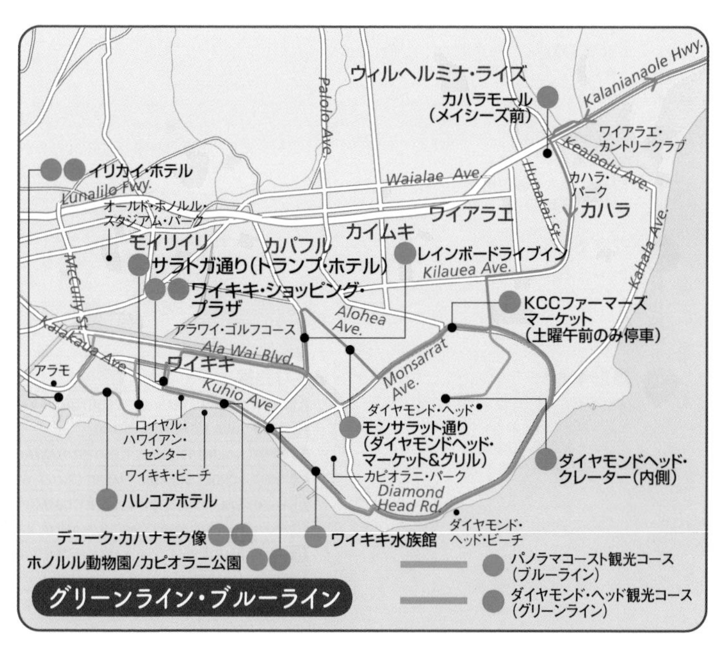

ザ・バス  The Bus

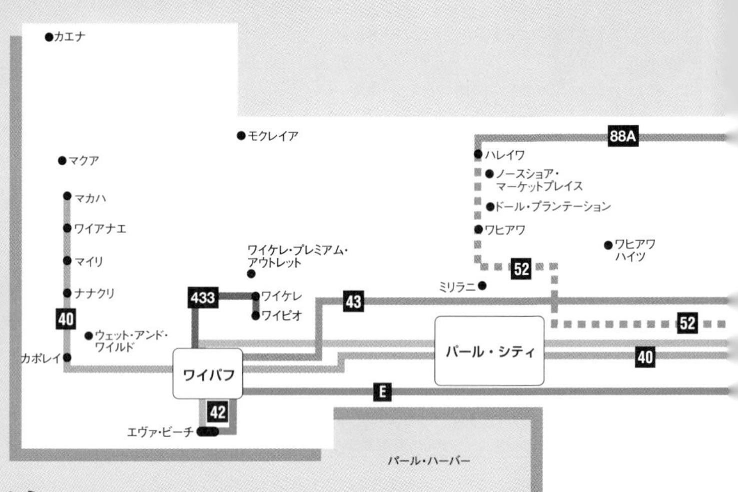

●乗ってみよう

ワイキキ中心部ではクヒオ通りがメインのバス通り。2ブロックごとにバス停があるのですぐに見つかる。

1 乗車する

バスの正面には路線番号と行き先の終点名が大きく書かれているので、必ず確認してから乗車する。不安な場合は、乗車時に運転手に尋ねよう。

2 料金を支払う

料金は先払い。乗車時に$2.75を料金箱に入れる。釣り銭は出ないので小銭を用意しておこう。

3 車内で

ひざに乗せられない荷物の持込みは禁止。ベビーカーは折りたためば持ち込める。車内は冷房がよく効いているので、上着があるとよい。

4 降車する

降車のタイミングは自分で路線図を見ながら判断。降りるバス停が近づいたら窓脇のひもを引っ張るか、降車ボタンを押す。

○料金
距離に関係なく一律$3、子供(6～17歳) $1.50。
○運行時間
6～24時ごろ

○乗り換えや1日に複数回利用ならHOLOカードがおすすめ！

交通系ICカードであるHOLOカード。HOLOカードを利用すると、最初に$3を支払い後、2時間30分は無料でバス乗り放題。また、1日の乗車回数が3回以上になると、自動でワンデーパス$7.50に変わる。HOLOカードは、フードランド・ファームズ(→P43)、ABCストア(→P64)などで購入可能。

●主な路線

路線	
A	KALAUAO PEARLRIDGE STATION/ UH-MANOA /KAMEHAMEHA - SALT LAKE
E	EWA BEACH/WAIKIKI
1	KALIHI TRANSIT CENTER/HAWAII KAI/KAHALA MALL
2	SCHOOL ST.KALIHI TRANSIT CENTER/WAIKIKI/ALAPAI TRANSIT CENTER
3	SALT LAKE/KAPIOLANI COMMUNITY COLLEGE
5	ALA MOANA CENTER/MANOA VALLEY
6	PAUOA VALLEY/ALA MOANA CENTER/UNIVERCITY WOODLAWN DR
8	MAKIKI/ALA MOANA/WAIKIKI
9	NAVY-NIMITZ GATE/ALAPAI TRANSIT CENTER/KAIMUKI-KCC

ザ・バスの時刻表は一応あるものの、運行間隔はあまりあてにならない。途中下車して乗り継ぎする場合、次のバスまで延々と待つ可能性もあるので、常に余裕を持って行動したい。

オアフ島全土を網羅するザ・バスは、約80の路線、4000を超える停留所をもつ。旅行者にも比較的利用しやすいので、アラモアナセンター（→P42）1階ゲストサービスでルート・マップ（無料）をゲットして乗りこなそう。

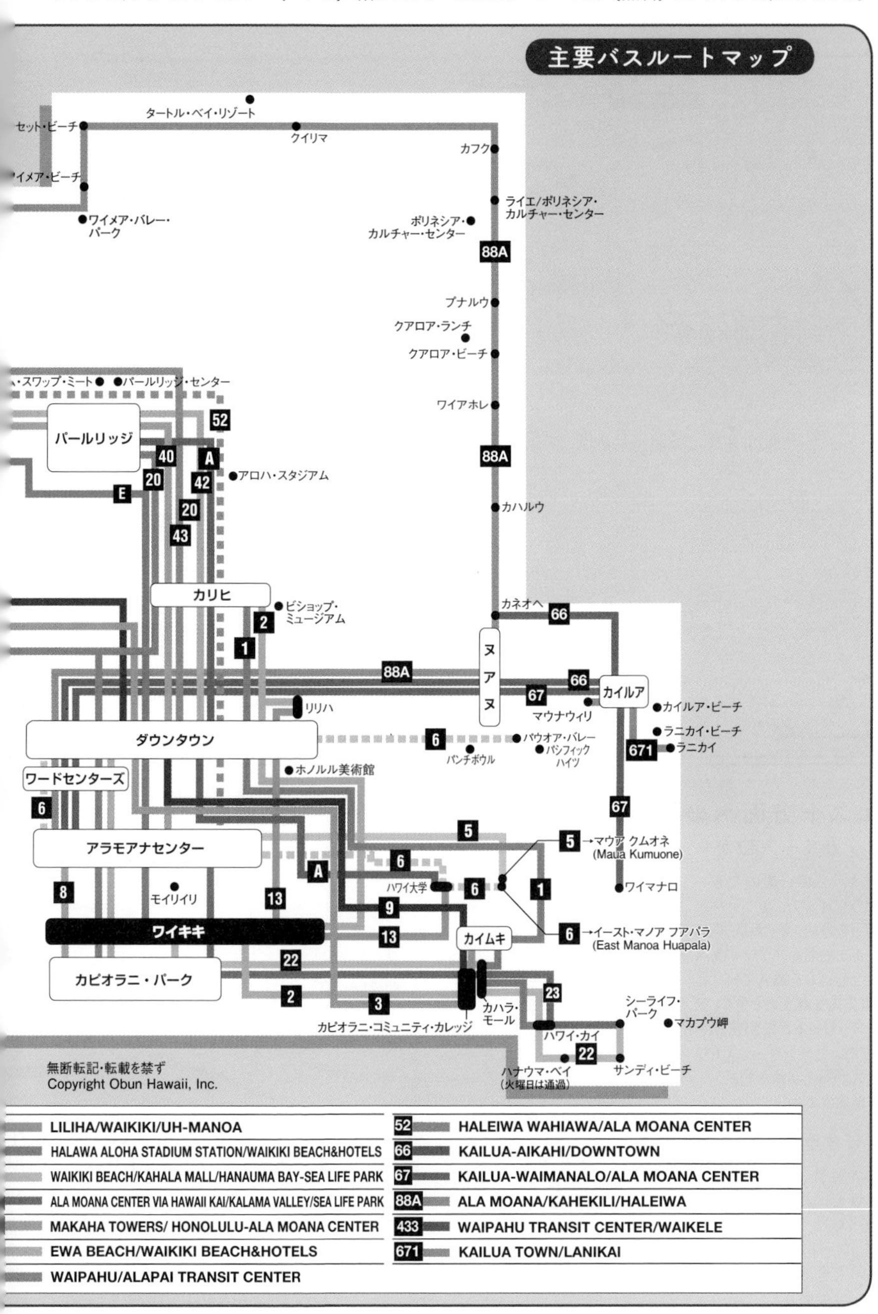

注意事項 ※バスの運行ルートは変更になることがありますので、ご利用の際はご確認ください。
URL www.thebus.org/Route/Routes.asp?l=eng （英語）

ドライブマップ

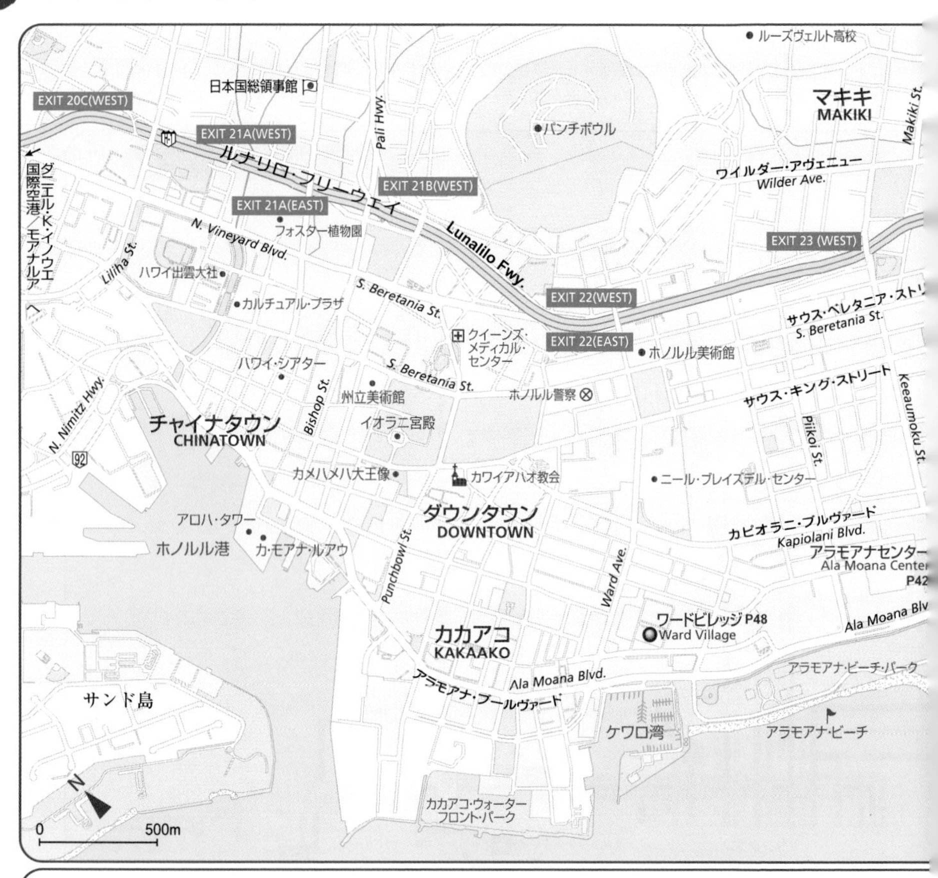

《基点となる高速道路H-1へ》

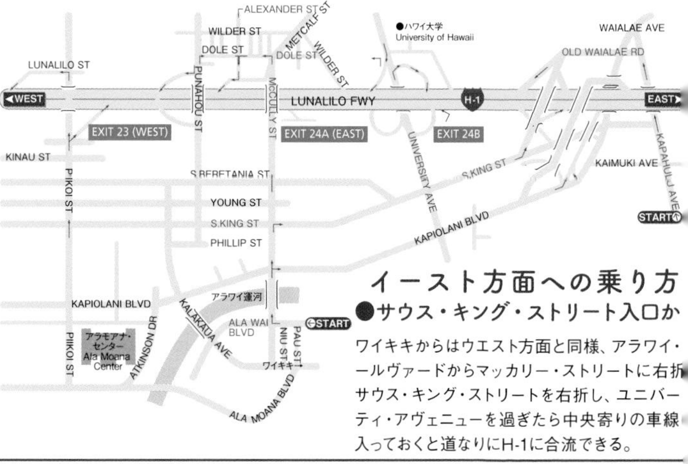

ウエスト方面への乗り方

●マッカリー入口から

ワイキキからの一般的なルート。アラワイ・ブールヴァードに出て、その後、マッカリー・ストリートを右折。アラワイ運河を渡り、しばらく進んでH-1との立体交差を越えたらすぐ、ドール・ストリートとの交差点を左折。アレキサンダー・ストリートを左折後T字路を右折し、H-1と合流する。

●カピオラニ入口から

ホノルル動物園の前のカパフル・アヴェニューを北上。H-1の下をくぐり、オールド・ワイアラエ・ロードを左折、直進すればH-1と合流。（右ページ、上段マップ参照）

イースト方面への乗り方

●サウス・キング・ストリート入口か

ワイキキからはウエスト方面と同様、アラワイ・ールヴァードからマッカリー・ストリートに右折サウス・キング・ストリートを右折し、ユニバーティ・アヴェニューを過ぎたら中央寄りの車線入っておくと道なりにH-1に合流できる。

エリア Navi　ハワイの道路は一方通行が多い。カラカウア通りやアラワイ通りのように通り全部が一方通行になっているところも少なくないので、事前に地図を見て確認しておこう。

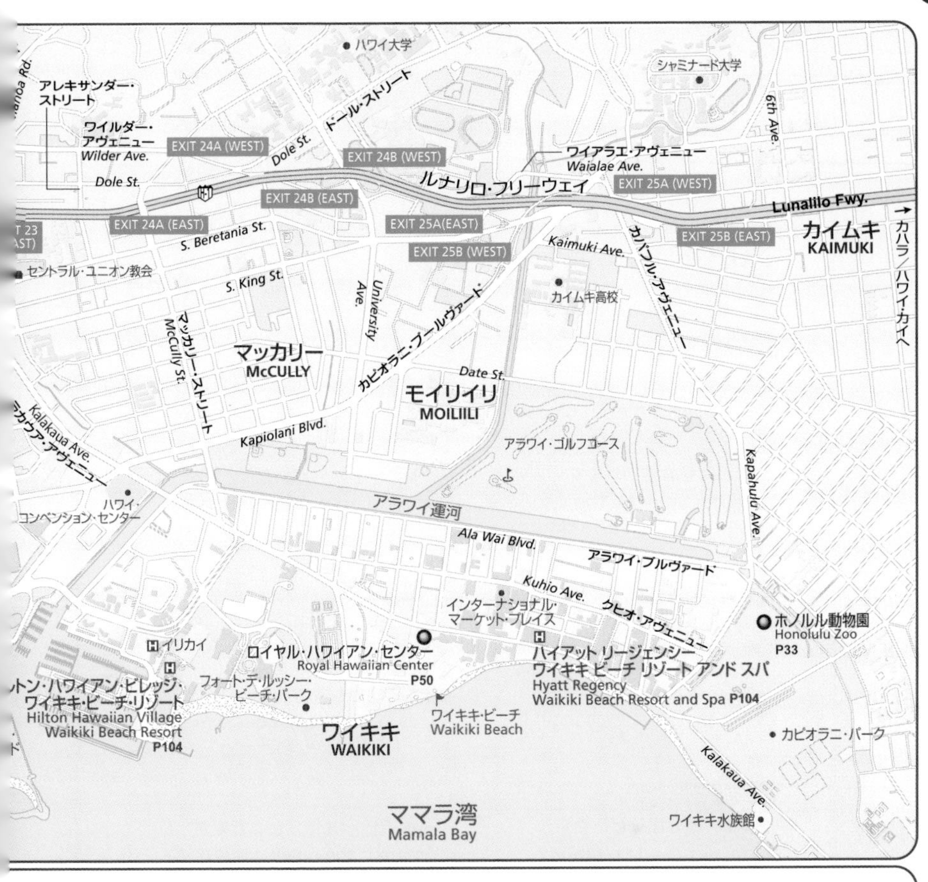

《ワイキキから主な目的地までの時間と距離の目安》

目的地	km	時間
ハナウマ湾	17	25分
シーライフ・パーク・ハワイ	25	30分
カイルア	27	35分
クアロア・ランチ	40	50分
ポリネシア・カルチャー・センター	59	70分
ハレイワ	52	60分
モアナルア・ガーデンズ・パーク	16	30分
ダニエル・K・イノウエ国際空港	18	25分
ワイケレ・プレミアム・アウトレット	32	35分
ウェット・アンド・ワイルド	43	40分
ドール・プランテーション	48	45分

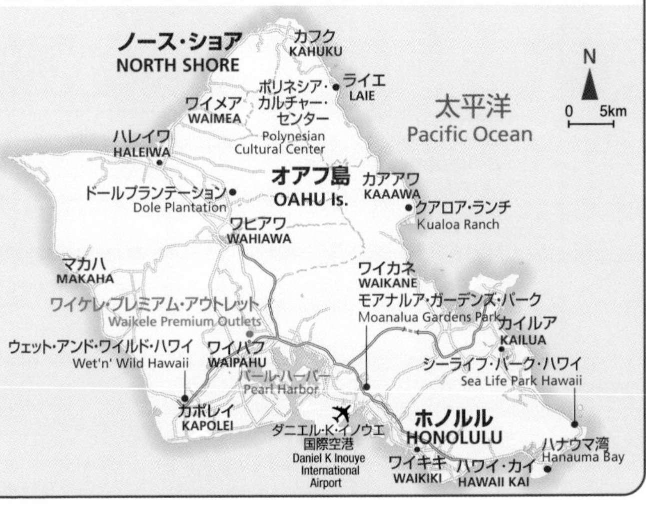

シーン別 カンタン 会話

Scene 1 あいさつ

こんにちは
Aloha.
アロハ

ありがとう
Mahalo.
マハロ

おいしい
Ono.
オノ

Scene 2 レストランで

メニューをください
May I have a menu, please?
メアイ ハヴァ メニュ プリーズ

おすすめの料理はどれですか
What do you recommend?
ウワット ドゥ ユー レカメンド

窓際の席をお願いします
I'd like a table by the window.
アイド ライカ テイブウ バイ ダ ウィンドゥ

クレジットカードは使えますか
Do you accept credit cards?
ドゥ ユー アクセプト クレディット カァズ

Scene 3 ショップで

試着をしてみていいですか
Can I try this on?
キャナイ トライ ディス オン

領収書をください
Can I have a receipt, please?
キャナイ ハヴァ リシート プリーズ

返品（交換）したいのですが
I'd like to return (exchange) this.
アイド ライク トゥ リタァン（エクスチェインジ）ディス

サイズが合いません
This is not my size.
ディスィズ ナット マイ サイズ

Scene 4 観光で

タクシー乗り場はどこですか
Where is the taxi stand?
ウエアリズ ダ タクスィ スタンド

一番近いバス停はどこですか
Where is the nearest bus stop?
ウエアリズ ダ ニアレスト バス スタップ

タクシーを呼んでください
Could you call a taxi for me?
クッジュー コーウ ア タクスィ フォア ミー

この住所へはどのように行ったらよいでしょう
How can I get to this address?
ハウ キャナイ ゲット トゥ ディス アドレス

Scene 5 困ったときは

（地図を見せながら）
この地図で教えてください
Could you show me the way on this map?
クッジュー ショウ ミー ダ ウェイ オン ディス マプ

病院へ連れて行ってください
Could you take me to a hospital, please?
クッジュー テイク ミー トゥ ア ハスピタウ プリーズ

財布を盗まれました
My purse was stolen.
マイ パァス ウォズ ストゥルン

警察（救急車）を呼んでください
Please call the police(an ambulance).
プリーズ コール ダ パリース（アン ナンビュランス）

レート $1≒約142円
（2023年8月現在）

両替時のレート
$1≒